Presentado a:

_____

Para:

_____

Fecha:

_____

Jesús
siempre

Descubre el gozo en Su presencia

Sarah Young

GRUPO NELSON
Una división de Thomas Nelson Publishers
Desde 1798

NASHVILLE   MÉXICO DF.   RÍO DE JANEIRO

© 2017 por Grupo Nelson*

Publicado en Nashville, Tennessee, Estados Unidos de América.
Grupo Nelson es una subsidiaria que pertenece completamente a Thomas Nelson.

Grupo Nelson es una marca registrada de Thomas Nelson.
www.gruponelson.com
Título en inglés: *Jesus Always*

© 2016 por Sarah Young

Publicado por Thomas Nelson

Traducción: *Eugenio Orellana*
Adaptación del diseño al español: *Mauricio Diaz*

ISBN: 978-1-40410-845-5

Impreso en China
18 19 20 21 22 23 WAI 9 8 7 6 5 4 3 2 1

Dedico este libro a Jesús:
mi Señor y mi Dios, mi Salvador y Amigo.

Llegaré entonces al altar de Dios,

del Dios de mi alegría y mi deleite.

—Salmos 43.4

Me has dado a conocer la senda de la vida;

me llenarás de alegría en tu presencia,

y de dicha eterna a tu derecha.

—Salmos 16.11

Ustedes lo aman a pesar de no haberlo visto;

y aunque no lo ven ahora,

creen en él y se alegran con un

gozo indescriptible y glorioso.

—1 Pedro 1.8

RECONOCIMIENTOS

Es una bendición para mí trabajar con un equipo tan talentoso: Jennifer Gott, mi directora del proyecto editorial, ha trabajado con denuedo en la producción de este libro, desempeñando una variedad de funciones de manera muy eficiente. Estoy agradecida con Kris Bearss, mi editor, que conoce mi trabajo maravillosamente bien y edita mis escritos con el toque exacto. Finalmente, siento gratitud hacia mi editora, Laura Minchew, quien tiene una gran abundancia de ideas creativas y además «pastorea» mis publicaciones.

INTRODUCCIÓN

Escribir *Jesús siempre* ha sido una verdadera maratón para mí. Lo empecé en septiembre de 2012 mientras todavía vivía en Perth, Australia. En el año 2013, mi esposo y yo volvimos a los Estados Unidos, un cambio realmente complicado al ir de un punto en el planeta a otro. A lo largo de medio año viví abriendo y cerrando maletas. Nos quedamos en siete hogares diferentes, yendo y viniendo entre uno y otro múltiples veces. No hace falta decirlo, pero durante estos seis meses no avancé mucho en el libro.

Cuando finalmente nos instalamos en nuestra casa permanente en Tennessee, me sentí feliz de poder retomar la escritura. Trabajar en *Jesús siempre* se convirtió en mi prioridad número uno: para terminar de escribir este libro decidí posponer una serie de actividades importantes. Fue un placer y un privilegio poder separar tiempo a fin de concentrarme en Jesús y su Palabra.

Jesús siempre ha sido concebido para acrecentar su gozo y fortalecer su relación con Jesús. Si usted le pertenece a él, su historia tiene un final indescriptiblemente feliz, sea cual fuere la situación que esté viviendo en este momento. Y el solo hecho de saber que su historia finaliza tan maravillosamente bien puede llenar de gozo su presente. Si no conoce aun a Cristo como su Salvador, le aseguro que estoy orando por usted cada día para que le pida que perdone sus pecados y le conceda el glorioso regalo de la vida eterna. Entonces podrá también experimentar el asombroso gozo de ser el amigo amado de Jesús.

Durante muchos años, desde agosto de 2001, he tenido que luchar con la enfermedad. En mi búsqueda de salud he visitado a numerosos

doctores y recurrido a una variedad de tratamientos médicos. Sigo teniendo serias limitaciones en mi vida, pero he encontrado el gozo para seguir viviendo.

Mi incapacidad de estarme moviendo de un lado al otro me ha dado más tiempo para enfocarme en Jesús y disfrutar de su Presencia. También me ha provisto de oportunidades para pasar tiempo con amigos queridos y conocidos. Ya no manejo debido al vértigo crónico que padezco desde 2008. Como resultado, amigos de buen corazón me han llevado a varios lugares, quedándose a menudo conmigo durante largas horas de espera en las consultas médicas. Pasar tiempo con esta gente extraordinaria ha sido una fuente de mucha alegría para mí.

Llevar una vida de quietud me ha ayudado a buscar y encontrar pequeños tesoros que le dan brillo a mi día: un cardenal o una urraca azul en vuelo, una «coincidencia» que me recuerda que Dios está obrando aun en los detalles de mi vida. Trato de dedicar un tiempo cada día para escribir en mi cuaderno algo de las recientes bendiciones que he recibido. Lo llamo mi «Libro de gratitud». Observar las cosas buenas y agradecerle a Dios por ellas me anima y cambia mi perspectiva, ayudándome a ver mi vida a través de un prisma de gratitud.

Me encanta la historia de aquel minero anciano y débil cuyo cuerpo se había desgastado por sus muchos años de duro trabajo en las minas. En su humilde hogar había una mesa con un pequeño pocillo lleno de avena. En su mano tiznada de carbón sostenía un pedazo de pan y se aprestaba a servirse su pobre desayuno. Sin embargo, primero se arrodilló junto a la mesa y alegremente exclamó una y otra vez: «¡Todo esto, y también Jesús! ¡Todo esto, y también Jesús!».

Esta historia me inspira y ayuda a entender la hermosa verdad de que tener a Jesús en mi vida significa que estoy siendo bendecida más

allá de mi fe. Estoy convencida de que la gratitud es uno de los ingredientes más importantes de un corazón gozoso.

Me gusta cantar por las mañanas esta canción breve y sencilla: «Este es el día que el Señor ha hecho. Regocijémonos y alegrémonos en él». Eso me ayuda a ver el día como un regalo precioso de Dios y a recordar que hasta cada aliento que respiro proviene de él.

El subtítulo de *Jesús siempre* es *Descubre el gozo en su presencia*. Abrazamos el Gozo al abrazar a Jesús: al amarlo, confiar en él, estar en comunicación con él. Podemos optar por vivir de esta manera aun en los tiempos más difíciles. En realidad, mientras más duras resulten nuestras circunstancias, más brillante será nuestro Gozo, en vívido contraste con el oscuro telón de fondo de la adversidad. De esta manera hacemos la Luz de la Presencia de Jesús visible a las personas que nos rodean.

Considero a la Biblia un tesoro apreciable; es la única Palabra de Dios inspirada, inerrante e incambiable. Me gozo leyéndola, meditando en la *profundidad de las riquezas de la sabiduría y el conocimiento de Dios*. Durante los últimos cinco años, memorizar las Escrituras se ha convertido en algo cada vez más precioso para mí. ¡Es muy consolador tener la Palabra de Dios en mi corazón todo el tiempo, guiándome y alentándome día y noche!

Como todos mis libros devocionales, *Jesús siempre* ha sido escrito desde la perspectiva de Jesús hablándole a usted, el lector. Debido a que reverencio la Biblia, siempre me esfuerzo para lograr que mis escritos se correspondan con la verdad bíblica. Incluyo principios de las Escrituras en los devocionales (indicados en cursivas), y cada sección es seguida por tres o cuatro referencias bíblicas. Lo animo a que busque y lea estos versículos cuidadosamente. ¡Son palabras de Vida!

Unos cuantos de los devocionales que aparecen en este libro reflejan ideas que se encuentran en *Jesús vive*. Las he incluido en *Jesús siempre* para aumentar el «cociente de gozo» en el libro.

Desde la publicación de *Jesús te llama*, he orado diariamente por las personas que están leyendo mis libros. Con el paso de los años, estas oraciones se han hecho más extensas cubriendo una variedad de temas. Aun cuando he estado hospitalizada, no he dejado pasar un día sin orar por mis lectores. Lo considero una responsabilidad que me ha dado Dios y un privilegio gratificante. Me siento feliz de agregar a los lectores de *Jesús siempre* a esta preciosa comunidad. Una de mis oraciones diarias más fervientes es que el Señor traiga a muchos lectores a su Reino de *Gozo inexpresable y glorioso*.

Querido lector, mientras usted recorre las páginas de este libro, mi deseo es que abrace el Gozo de una relación íntima con Jesús. Él está con usted en todo tiempo y en su Presencia hay *plenitud de Gozo*.

¡ABUNDANTES BENDICIONES!

Sarah Young

Enero

*Tu palabra es una lámpara que guía mis pies
y una luz para mi camino.*

SALMOS 119.105 NTV

NO TE QUEDES EN EL PASADO. *¡Mira, yo estoy haciendo algo nuevo!* Al comenzar otro año, alégrate de que no dejo de hacer cosas nuevas en tu vida. No permitas que las desilusiones y los fracasos recientes te definan o disminuyan tus expectativas. ¡Este es el momento de disfrutar de un nuevo comienzo! Yo soy un Dios con una creatividad sin límites; espera a ver las cosas sorprendentes que haré este año y tendrán que ver contigo.

El día de hoy es un regalo precioso. El momento presente es donde me encuentro contigo, mi amado. Así que búscame a lo largo de *este día que he hecho*. Lo he preparado cuidadosamente para ti, con tierna atención por cada detalle. Quiero que te *regocijes y te alegres en él*.

Identifica las señales de mi Presencia amorosa mientras vas por *la senda de la vida*. Busca los pequeños placeres que he sembrado a lo largo de tu ruta, a veces en lugares sorprendentes, y agradéceme por cada uno de ellos. Tu agradecimiento te mantendrá cerca de mí y te ayudará a encontrar el Gozo en tu viaje.

> *«Olviden las cosas de antaño;*
> *ya no vivan en el pasado.*
> *¡Voy a hacer algo nuevo!*
> *Ya está sucediendo, ¿no se dan cuenta?*
> *Estoy abriendo un camino en el desierto,*
> *y ríos en lugares desolados.*
> —ISAÍAS 43.18, 19

> *Este es el día en que el SEÑOR actuó;*
> *regocijémonos y alegrémonos en él.*
> —SALMOS 118.24

LEE TAMBIÉN: SALMOS 16.11

¡YO SOY TU GOZO! Estas cuatro palabras pueden iluminar tu vida. Ya que estoy siempre contigo, *el Gozo de mi Presencia* siempre se encuentra accesible para ti. Puedes llegar a mi Presencia a través de tu confianza en mí, de tu amor por mí. Intenta decir: «Jesús, tú eres mi Gozo». Mi Luz brillará sobre ti y dentro de ti al *alegrarte en mí*, tu Salvador. Medita en todo lo que he hecho por ti y en todo lo que soy para ti. Esto te llevará más allá de tus circunstancias.

Cuando te convertiste en mi seguidor, te di poder para elevarte por sobre las condiciones de tu vida. Te llené con mi Espíritu, y este Santo Ayudador tiene Poder ilimitado. Prometí que *volvería y te llevaría conmigo* al cielo, *para que estés donde yo estoy* para siempre. Cuando tu mundo parezca oscuro, ilumina tu perspectiva enfocándote en mí. Descansa en mi Presencia y escúchame decir: «¡Mi amado, yo soy tu Gozo!».

> *Has hecho de él manantial de bendiciones;*
> *tu presencia lo ha llenado de alegría.*
> —SALMOS 21.6

> *Alégrense siempre en el Señor. Insisto: ¡Alégrense!*
> —FILIPENSES 4.4

> *Y, si me voy y se lo preparo, vendré para llevármelos*
> *conmigo. Así ustedes estarán donde yo esté.*
> —JUAN 14.3

Q́UÉDENSE QUIETOS, RECONOZCAN *que yo soy Dios.* Muchos cristianos están familiarizados con este mandamiento, pero no tanto como para tomarlo en serio. Sin embargo, para quienes lo *hacen,* las bendiciones fluyen como *corrientes de agua viva.* En la medida en que estos creyentes permanecen en quietud —concentrados en mí y mi Palabra— su percepción de mí se expandirá y la importancia de sus problemas disminuirá.

Quiero que participes de estas bendiciones, mi amado. Aparta tiempo. Aparta tiempo para estar conmigo. Mientras descansas en mi Presencia, esclarezco tus pensamientos y te ayudo a ver las cosas más bíblicamente. Recuerda: *mi Palabra es una lámpara que guía tus pasos y alumbra tu camino.* Los pensamientos bíblicos van alumbrando delante de ti, de modo que no tengas posibilidad de extraviarte.

Es absolutamente importante saber no solo que *yo soy* Dios, sino que *yo te hice y eres mío.* Tú eres una *oveja de mi prado.* Las ovejas tienen una comprensión bastante limitada en cuanto a lo que su pastor está haciendo por ella, pero de todos modos lo siguen. De igual manera, como mi «oveja», tu deber es confiar en mí e ir a donde yo te guíe.

> *«Quédense quietos, reconozcan que yo soy Dios.*
> *¡Yo seré exaltado entre las naciones!*
> *¡Yo seré enaltecido en la tierra!»*
> —SALMOS 46.10

De aquel que cree en mí, como dice la Escritura, brotarán ríos de agua viva.

—JUAN 7.38

LEE TAMBIÉN: SALMOS 119.105; SALMOS 100.3

HALLA TU GOZO EN MÍ, porque yo soy tu Fuerza. Resulta vital que mantengas vivo tu Gozo, especialmente cuando te encuentras en medio de las angustias de la adversidad. Cada vez que estés luchando con las dificultades, necesitas tener cuidado de tus pensamientos y lo que dices. Si le prestas demasiada atención a todas las cosas que están mal, te vas a sentir más y más desalentado, y tu fuerza tenderá a agotarse. Tan pronto como te des cuenta de que eso está sucediendo, detén de inmediato este proceso que te hiere. Vuélvete a mí y pídeme que te ayude con todas tus luchas.

Dedica un tiempo a alabarme. Pronuncia o canta palabras de adoración. Lee pasajes bíblicos que te ayuden a regocijarte en mí.

Recuerda que tus problemas son temporales, pero que yo soy eterno e igual de eterna es tu relación conmigo. Al hallar tu Gozo en mí y deleitarte en *mi amor inagotable* hacia ti, tus fuerzas se acrecentarán. ¡Este es *el Gozo del Señor*, que es tuyo todo el tiempo y hasta la eternidad!

Luego Nehemías añadió: «Ya pueden irse. Coman bien, tomen bebidas dulces y compartan su comida con quienes no tengan nada, porque este día ha sido consagrado a nuestro SEÑOR. No estén tristes, pues el gozo del SEÑOR es nuestra fortaleza».
—NEHEMÍAS 8.10

Por la mañana hazme saber de tu gran amor,
porque en ti he puesto mi confianza.
Señálame el camino que debo seguir,
porque a ti elevo mi alma.
—SALMOS 143.8

LEE TAMBIÉN: SALMOS 66.1-3

Deja que *mi consuelo*, mi consolación, *lleven Gozo a tu alma*. Cuando la ansiedad se acumule sobre ti, acércate a mí y *vuelca tu corazón*. Luego quédate quieto en mi Presencia mientras yo te consuelo y te ayudo a ver las cosas desde mi perspectiva. ¡Yo te hago recordar que tienes un destino celestial, porque indudablemente te encuentras camino de la Gloria! Infundo mi Gozo y mi Paz en tu corazón, mente y alma.

Cuando estás contento, este Gozo cambia la forma en que ves el mundo a tu alrededor. Y aunque notes mucha oscuridad, también podrás *ver* la Luz de mi Presencia alumbrando de forma continua. Además, el Gozo en tu alma te dará optimismo y firmeza para superar los muchos problemas que pudieras tener en tu vida. Una vez que hayas alcanzado esta perspectiva, descubrirás que puedes consolar a otros que estén pasando por tribulaciones. Y estos otros encontrarán en ti la consolación que tú has hallado en mí. Así, tu Gozo se hará contagioso, «infectando» las almas de *todos* los que te rodean.

Cuando en mí la angustia iba en aumento,
tu consuelo llenaba mi alma de alegría.
—Salmos 94.19

Confía siempre en él, pueblo mío;
ábrele tu corazón cuando estés ante él.
¡Dios es nuestro refugio!
—Salmos 62.8

Lee también: 2 Corintios 1.3, 4

Es POSIBLE que mis seguidores experimenten alegría y miedo al mismo tiempo. Cuando un ángel les dijo a las mujeres que fueron a mi tumba que yo había resucitado de la muerte, ellas se sintieron «asustadas pero muy alegres». No dejes que el miedo te prive de experimentar el Gozo de mi Presencia. Esto no es un lujo reservado para los tiempos en que tus problemas —y las crisis en el mundo— parezcan bajo control. Mi amorosa Presencia es tuya para que la disfrutes hoy, mañana y siempre.

No des lugar a una vida sin alegría al permitir que las preocupaciones por el presente o el futuro te agobien. En cambio, recuerda que *ni lo presente ni lo por venir, ni los poderes, ni cosa alguna en toda la creación, podrá apartarte de mi Amor.*

Cuéntame tus miedos, exprésame libremente tus pensamientos y sentimientos. Relájate en mi Presencia y entrégame todas tus preocupaciones. Luego pídeme que te bendiga con mi Gozo, el cual *nadie te quitará.*

> *Así que las mujeres se alejaron a toda prisa del sepulcro, asustadas pero muy alegres, y corrieron a dar la noticia a los discípulos.*
> —MATEO 28.8

> *Pues estoy convencido de que ni la muerte ni la vida, ni los ángeles ni los demonios, ni lo presente ni lo por venir, ni los poderes, ni lo alto ni lo profundo, ni cosa alguna en toda la creación podrá apartarnos del amor que Dios nos ha manifestado en Cristo Jesús nuestro Señor.*
> —ROMANOS 8.38, 39

LEE TAMBIÉN: JUAN 16.22

MIENTRAS MÁS VUELVAS tus pensamientos a mí, más disfrutarás de mi *perfecta Paz*. Este es un reto desafiante, pero también es un don glorioso. *Yo, el Pastor de tu alma*, estoy siempre cerca de ti.

Entrena tu mente para apartarla de otras cosas y que se concentre en mí. Cuando experimentes algo hermoso, agradécemelo. Cuando un ser querido te produzca gozo, recuerda que yo soy la fuente de esa alegría. Coloca recordatorios de mi Presencia en tu casa, automóvil y oficina. También es sabio memorizar versículos bíblicos, porque todos confluyen en mí.

Volver tus pensamientos hacia mí es prueba de que te inspiro confianza. Incluso ciertas cosas desagradables como el dolor y los problemas pueden recordarte comunicarte conmigo. Enfocarte en mi Presencia te protege de quedarte atascado en los problemas, de estar pensando una y otra vez en ellos sin hacer ningún tipo de progreso.

Sé creativo para buscar nuevas formas de volver tus pensamientos a mí. Así podrás disfrutar del maravilloso don de mi Paz.

Al de carácter firme
lo guardarás en perfecta paz,
porque en ti confía.
—ISAÍAS 26.3

Antes eran ustedes como ovejas descarriadas, pero ahora
han vuelto al Pastor que cuida de sus vidas.
—1 PEDRO 2.25

LEE TAMBIÉN: FILIPENSES 4.6, 7

¡En mí, tú puedes descubrir un *Gozo indescriptible y glorioso*! Esta clase de placer no la podrás encontrar en ninguna otra parte; está disponible solo en tu relación conmigo. Por eso, confía en mí, mi amado, y avanza con seguridad por el camino de la vida. Mientras vamos juntos, encontrarás muchos obstáculos, algunos muy dolorosos. Espera estas dificultades cada día y no dejes que te desvíen de tu curso ni que la adversidad te prive de alegrarte en mí. En mi Presencia las profundas penas pueden coexistir con un Gozo aun más profundo.

Tu vida conmigo es una aventura, y en un viaje aventurado siempre hay peligros. Pídeme que te dé valor para que puedas enfrentar las pruebas con fortaleza. Mantén tu esperanza fuertemente sujeta a mí y a la recompensa celestial que te espera. Tu Gozo se expandirá astronómicamente, más allá de todo lo que te puedas imaginar, cuando llegues a tu hogar eterno. ¡Allí me verás *cara a Cara*, y tu Gozo no conocerá fronteras!

> *Ustedes lo aman a pesar de no haberlo visto; y, aunque no lo ven ahora, creen en él y se alegran con un gozo indescriptible y glorioso.*
> —1 Pedro 1.8

> *...aparentemente tristes, pero siempre alegres; pobres en apariencia, pero enriqueciendo a muchos; como si no tuviéramos nada, pero poseyéndolo todo.*
> —2 Corintios 6.10

> *Ahora vemos de manera indirecta y velada, como en un espejo; pero entonces veremos cara a cara. Ahora conozco de manera imperfecta, pero entonces conoceré tal y como soy conocido.*
> —1 Corintios 13.12

¡YO SOY TU TESORO! A veces te sientes cansado, llevado de un lado a otro por las personas y las circunstancias. Tu anhelo de significado y conexión profunda te lleva a más y más actividad. Aun cuando tu cuerpo puede estar quieto, tu mente tiende a correr, anticipándose a los problemas futuros y buscando soluciones. Necesitas recordar que *todos los tesoros de la sabiduría y el conocimiento se encuentran escondidos en mí*. Trae con frecuencia a tu memoria esta gloriosa verdad y declara en un susurro: «Jesús, tú eres mi Tesoro. En ti estoy completo».

Cuando me aprecias sobre todo lo demás y me haces tu *Primer Amor*, te estás protegiendo de tener sentimientos divididos. Siempre que sientas que tus pensamientos se extravían, entrena tu mente para que regrese al Único que te llena completamente. Esto le da un enfoque a tu vida y te ayuda a permanecer cerca de mí. Vivir cerca de mí y disfrutar de mi Presencia implica *obedecer mis mandamientos*. Te estoy diciendo esto *para que tengas mi Gozo y así tu Gozo sea cumplido*.

Quiero que lo sepan para que cobren ánimo, permanezcan unidos por amor, y tengan toda la riqueza que proviene de la convicción y del entendimiento. Así conocerán el misterio de Dios, es decir, a Cristo, en quien están escondidos todos los tesoros de la sabiduría y del conocimiento.

—COLOSENSES 2.2, 3

Sin embargo, tengo en tu contra que has abandonado tu primer amor.

—APOCALIPSIS 2.4

Si guardareis mis mandamientos, permaneceréis en mi amor; así como yo he guardado los mandamientos de mi Padre, y permanezco en su amor. Estas cosas os he hablado, para que mi gozo esté en vosotros, y vuestro gozo sea cumplido.

—JUAN 15.10, 11 RVR1960

TEN CUIDADO DE PENSAR EN EXCESO EN LAS COSAS, obsesionándote con ciertos asuntos sin importancia. Cuando tu mente está ociosa, tiendes a planificar: a tratar de entender las cosas, a hacer decisiones antes de que en realidad necesites hacerlas. Esta es una manera improductiva de tratar de controlarlo todo, además de ser una pérdida de tiempo precioso. A menudo, terminas pensando en otras cosas o simplemente olvidándote de la decisión que habías hecho. Hay un tiempo para planificar, pero definitivamente no debemos hacerlo *todo* el tiempo... o incluso la mayor parte del tiempo.

Trata de vivir en el momento presente, donde mi Presencia te espera continuamente. Refréscate en mi cercanía, dejando que mi Amor trabaje en tu ser interior. Relájate conmigo, poniendo a un lado tus problemas para que puedas estar atento a mí y recibir más de mi Amor. *Tu alma tiene sed de mí*, pero a menudo no te das cuenta de lo que realmente estás anhelando: ser consciente de mi Presencia. Déjame *llevarte junto a aguas tranquilas y restaurar tu alma*. Del mismo modo que los enamorados no necesitan decir mucho para tener una comunicación profunda, así debe ser tu relación conmigo, el Amor de tu alma.

...para que por fe Cristo habite en sus corazones. Y pido que, arraigados y cimentados en amor, puedan comprender, junto con todos los santos, cuán ancho y largo, alto y profundo es el amor de Cristo; en fin, que conozcan ese amor que sobrepasa nuestro conocimiento, para que sean llenos de la plenitud de Dios.

—EFESIOS 3.17-19

LEE TAMBIÉN: SALMOS 63.1; SALMOS 23.2, 3

HAY UN TIEMPO PARA TODO, *y todo lo que se hace debajo del cielo tiene su hora.* Cuando buscas mi rostro y mi voluntad —buscando orientación— puedo mostrarte el siguiente paso en tu caminar sin revelarte el momento en que darás ese paso. En lugar de ir a toda velocidad tan pronto sabes cuál es el próximo paso, debes esperar hasta que te muestre *cuándo* quiero que avances.

Hay un tiempo para todo. Esto significa que incluso en los momentos más gratificantes de la vida hay que dar paso a algo nuevo. Mientras que algunos de mis seguidores se muestran impacientes por avanzar a un nuevo territorio, otros se detienen cuando estoy claramente dirigiéndolos para que sigan adelante. Pasar de un tiempo tranquilo y confortable en la vida a una nueva situación puede causar miedo, sobre todo a aquellos a los que no les gustan los cambios. Sin embargo, quiero que confíes en mí lo suficiente como para que te aferres a mí y vayas a donde yo te guíe *cuando* yo lo quiera. *Tu vida entera está en mis manos.*

> *Todo tiene su momento oportuno; hay un tiempo*
> *para todo lo que se hace bajo el cielo.*
> —ECLESIASTÉS 3.1

> *¡Voy a hacer algo nuevo!*
> *Ya está sucediendo, ¿no se dan cuenta?*
> *Estoy abriendo un camino en el desierto,*
> *y ríos en lugares desolados.*
> —ISAÍAS 43.19

LEE TAMBIÉN: 2 CORINTIOS 5.17; SALMOS 31.15

SÉ VALIENTE Y NO TE DESANIMES, porque yo estoy contigo adondequiera que vayas. Es fácil para mis seguidores sentirse asustados y pesimistas cuando las voces dominantes de este mundo hablan con tanta fuerza contra ellos. Ver la vida a través de lentes sesgadas e incrédulas sin duda que desmoraliza a cualquiera. El valor cristiano es el antídoto contra esta influencia venenosa, y se nutre por medio de la convicción de que estoy siempre contigo.

Es importante recordar que lo que puedes ver de la realidad es solo una parte muy pequeña del todo. Cuando Elías estaba profundamente desalentado, dijo que él era *el único* que había permanecido fiel. Sin embargo, había millares en Israel que no se habían inclinado ante Baal. Elías estaba cegado por su aislamiento y su desánimo. Del mismo modo, el criado de Eliseo se encontraba aterrorizado, ya que no podía percibir lo que veía Eliseo: *caballos y carros de fuego alrededor* de ellos para protegerlos de las fuerzas enemigas. Amado, yo no solo estoy contigo, sino que tengo recursos ilimitados para ayudarte. ¡Así que mira más allá de la apariencia de las cosas, y *no tengas miedo!*

Ya te lo he ordenado: ¡Sé fuerte y valiente! ¡No tengas miedo ni te desanimes!
Porque el SEÑOR tu Dios te acompañará dondequiera que vayas.
—JOSUÉ 1.9

Él respondió:
—Me consume mi amor por ti, SEÑOR, Dios Todopoderoso. Los
israelitas han rechazado tu pacto, han derribado tus altares, y a
tus profetas los han matado a filo de espada. Yo soy el único que ha
quedado con vida, ¡y ahora quieren matarme a mí también!
—1 REYES 19.14

LEE TAMBIÉN: 2 REYES 6.17; MATEO 14.27

¡CONMIGO TODAS LAS COSAS SON POSIBLES! Deja que estas poderosas palabras iluminen tu mente y alienten tu corazón. Rehúsate a ser intimidado por la forma en que las cosas se ven en el momento. Yo te estoy preparando para que *vivas por fe, no por vista.*

El sentido de la vista es un regalo espectacular que proviene de mí, a fin de que sea utilizado de forma alegre y agradecida. Sin embargo, es fácil quedar hipnotizado por todos los estímulos visuales que te rodean y olvidarte de mí. La fe es un tipo de visión que te conecta conmigo. En lugar de concentrarte en el mundo visible, atrévete a confiar en mí y en mis promesas.

Vive cerca de mí, tu Salvador y Amigo, pero recuerda: también soy Dios infinito. Cuando viví en tu planeta, mis *milagrosas señales revelaron mi Gloria, y mis discípulos pusieron su fe en mí.* Yo continúo haciendo milagros en tu mundo, de acuerdo con mi voluntad y propósitos. Trata de alinear tu voluntad con la mía y ver las cosas desde mi perspectiva. Ejerce tu fe para pedir cosas grandes, y obsérvame trabajar con esperanza.

> — *Para los hombres es imposible —aclaró Jesús, mirándolos fijamente—,*
> *pero no para Dios; de hecho, para Dios todo es posible.*
> —MARCOS 10.27

> *Vivimos por fe, no por vista.*
> —2 CORINTIOS 5.7

> *Esta, la primera de sus señales, la hizo Jesús en Caná de Galilea.*
> *Así reveló su gloria, y sus discípulos creyeron en él.*
> —JUAN 2.11

LEE TAMBIÉN: MIQUEAS 7.7

YO TE CONOZCO MUY BIEN. Sé absolutamente todo acerca de ti, y te amo con un *Amor perfecto e inagotable.* Muchas personas andan en busca de una mayor comprensión y aceptación de sí mismas. Implícito en su búsqueda está un deseo de encontrar a alguien que realmente las entienda y acepte como son. Yo soy ese Alguien que puede satisfacer plenamente este anhelo tan profundamente arraigado en ti. Es en tu relación conmigo que descubres lo que realmente eres.

Te animo a que seas auténtico conmigo, entregándome todas tus pretensiones y abriéndote totalmente a mí. Al acercarte, pronuncia estas palabras inspiradas: *«Examíname, oh Dios, y sondea mi corazón; ponme a prueba y sondea mis pensamientos».* En la Luz de mi santa mirada, verás cosas que necesitas cambiar. Sin embargo, no te desesperes; yo te ayudaré. Continúa descansando en mi Presencia, recibiendo mi Amor que fluye libremente hacia ti en la medida en que te abres a mí. Dale tiempo a este poderoso Amor para que penetre profundamente en tu vida, llenando espacios vacíos y desbordándose en gozosa adoración. ¡Regocíjate porque eres perfectamente conocido y para siempre amado!

Ahora vemos de manera indirecta y velada, como en un espejo; pero entonces veremos cara a cara. Ahora conozco de manera imperfecta, pero entonces conoceré tal y como soy conocido.
—1 CORINTIOS 13.12

...sino que se complace en los que le temen, en los que confían en su gran amor.
—SALMOS 147.11

LEE TAMBIÉN: SALMOS 139.23, 24

LA VIDA CRISTIANA tiene que ver por completo con confiar en mí. En los buenos tiempos *y* también en los malos. Yo soy el Señor de todas tus circunstancias, por eso quiero estar involucrado en cada aspecto de tu vida. En menos de un segundo puedes conectarte conmigo, confirmando tu confianza en mí, aquí y ahora. Cuando tu mundo te parezca oscuro y tú de todas maneras confíes en mí, mi Luz brillará poderosa a través de ti. Tu demostración de fe trascendente anulará las fuerzas espirituales del mal y mi Luz sobrenatural que se expresa a través de ti bendecirá y fortalecerá a las personas que te rodean.

Aferrarte a mí en la oscuridad requiere que persistas en ejercer tu fuerza de voluntad. No obstante, mientras te estás asiendo firmemente a mí, recuerda: el agarre de mi mano sobre la tuya es eterno. ¡Nunca te soltaré! Además, mi Espíritu te ayudará a mantenerte conectado conmigo. Cuando te sientas a punto de desfallecer, pídele que te ayude: «¡Ayúdame, Espíritu Santo!». Esta breve oración te permitirá beneficiarte de sus recursos ilimitados, incluso cuando tus circunstancias se vean oscuras y amenazantes. ¡Mi Luz *sigue brillando* con un resplandor insuperable!

Pero, si vivimos en la luz, así como él está en la luz, tenemos comunión unos con otros, y la sangre de su Hijo Jesucristo nos limpia de todo pecado.
—1 JUAN 1.7

Confía siempre en él, pueblo mío;
ábrele tu corazón cuando estés ante él.
¡Dios es nuestro refugio!
—SALMOS 62.8

LEE TAMBIÉN: SALMOS 139.10; JUAN 1.5

CUANDO LAS COSAS NO TE ESTÉN saliendo como tú quieres, no te acongojes. Deja lo que estés haciendo y respira. Profundamente. *Busca mi Rostro,* pasa unos momentos disfrutando de mi Presencia. Cuéntame sobre los asuntos que te están preocupando. Yo te ayudaré a ver las cosas desde mi perspectiva y a separar lo que es importante de lo que no lo es. Además, voy a abrir el camino ante ti para que avances en confiada dependencia, manteniendo la comunicación conmigo.

Tu deseo de estar en control de todo es a menudo el culpable detrás de tu frustración. Planeas tu día y esperas que los demás se comporten de manera que hagan que tus planes se cumplan. Cuando tal cosa no ocurre, te ves enfrentado a una crisis. Tendrás que decidir si resentirte o confiar en mí. Recuerda que el que está en control de todo soy yo y que *mis caminos son más altos que los tuyos, como los cielos son más altos que la tierra.* En lugar de perturbarte por los contratiempos que experimenta tu agenda, usa esos contratiempos como recordatorios: Yo soy tu Dios Salvador y tú eres mi amado seguidor. Tranquilízate confiando en mi control soberano y *en mi amor inagotable.*

> *El corazón me dice: «¡Busca su rostro!»*
> *Y yo, SEÑOR, tu rostro busco.*
> —SALMOS 27.8

> *Mis caminos y mis pensamientos*
> *son más altos que los de ustedes;*
> *¡más altos que los cielos sobre la tierra!*
> —ISAÍAS 55.9

LEE TAMBIÉN: SALMOS 43.5; SALMOS 13.5

TE TRAJE A UN LUGAR ESPACIOSO. *Te rescaté porque me agradé de ti.* Estás en un espacioso lugar de salvación, salvado de ser un *esclavo del pecado.* Tu salvación es lo más grande, el regalo más espléndido que podrías recibir jamás. Nunca dejes de darme las gracias por este regalo infinitamente precioso. Por las mañanas cuando te despiertes, regocíjate porque te he adoptado para que seas parte de mi familia real. Por las noches, antes de irte a dormir, alábame por mi gracia gloriosa. Vive de tal manera que ayudes a otros a verme como el manantial de Vida abundante e inacabable.

Yo me deleité en ti no porque haya algún mérito en tu persona, sino porque te escogí para gozarme en ti y en mi espléndido amor por ti. Ya que tus mejores esfuerzos nunca podrían ser suficientes para salvarte, te vestí con mi propia justicia perfecta. Usa este *vestido de salvación* con gratitud, con gozo desbordante. Recuerda que eres realeza en mi reino, donde mi Gloria y Luz brillan eternamente. *Vive como un hijo de la Luz,* arropado seguramente en mi justicia radiante.

Me sacó a un amplio espacio;
me libró porque se agradó de mí.
—SALMOS 18.19

—Ciertamente les aseguro que todo el que peca es esclavo del pecado —respondió Jesús—.
—JUAN 8.34

LEE TAMBIÉN: ISAÍAS 61.10; EFESIOS 5.8

SIEMPRE ESTOY HACIENDO ALGO NUEVO en tu vida. Así que trata de mantener la mente abierta cuando te encuentres con cosas que no habías visto ni imaginado.

No retrocedas ante lo desconocido sin antes tomarte el tiempo para determinar si podría proceder de mí. Piensa en un trapecista: él debe dejar la seguridad del trapecio donde se halla con el fin de alcanzar su objetivo. Al abandonar la seguridad del lugar donde estaba, volará por los aires para aferrarse al siguiente trapecio.

Habrá ocasiones en que experimentes algo nuevo que te haga sentir incómodo, en que quizás te sientas como si estuvieras «en pleno vuelo». La tentación puede ser simplemente resistirte a los cambios y aferrarte a lo que te es familiar. En lugar de esta respuesta refleja, acude a mí en oración. Háblame de tus preocupaciones y pídeme que te ayude a ver la situación desde mi punto de vista. *Siempre estoy contigo, y te tengo tomado de la mano. Te guío con mi consejo*, ayudándote a discernir la mejor manera de responder y seguir adelante.

Ni tampoco se echa vino nuevo en odres viejos. De hacerlo así, se reventarán los odres, se derramará el vino y los odres se arruinarán. Más bien, el vino nuevo se echa en odres nuevos, y así ambos se conservan.
—MATEO 9.17

Torre inexpugnable es el nombre del SEÑOR;
a ella corren los justos y se ponen a salvo.
—PROVERBIOS 18.10

Vengan a mí todos ustedes que están cansados y agobiados, y yo les daré descanso.
—MATEO 11.28

LEE TAMBIÉN: SALMOS 73.23, 24

TE LLAMO POR TU NOMBRE y te dirijo. Te conozco. Y conozco cada detalle sobre ti. Para mí, tú nunca serás un número o una estadística. Mi participación en tu vida es mucho más personal e íntima de lo que puedes comprender. Así que *sígueme* con un corazón alegre.

Después de mi resurrección, cuando María Magdalena me confundió con el jardinero, dije una sola palabra: «*María*». Al oírme pronunciar su nombre, me reconoció y *exclamó: «¡Rabboni!» (que en arameo quiere decir Maestro).*

Mi amado, yo también pronuncio tu nombre en lo más profundo de tu espíritu. Cuando leas tu Biblia, trata de insertar tu nombre en los pasajes donde corresponda. Recuerda: *yo te llamé de las tinieblas a mi Luz admirable.* Establecí mi Amor eterno sobre ti. Aparta un tiempo para «escucharme» hablarte personalmente en las Escrituras, asegurándote mi Amor. El conocimiento inquebrantable de que te amo para siempre proporciona una base sólida para tu vida. Te fortalece para que puedas seguirme con fidelidad y alegría, *proclamando mis alabanzas* a medida que vas por la vida.

El portero le abre la puerta, y las ovejas oyen su voz.
Llama por nombre a las ovejas y las saca del redil.
Mis ovejas oyen mi voz; yo las conozco y ellas me siguen.
—JUAN 10.3, 27

—María —le dijo Jesús.
Ella se volvió y exclamó:
—¡Raboni!
—JUAN 20.16

LEE TAMBIÉN: 1 PEDRO 2.9; JEREMÍAS 31.3

RECUERDA QUE EL FRUTO DEL ESPÍRITU incluye la Alegría. Aun en medio de *sufrimientos severos*, mi Espíritu puede darte este maravilloso regalo. No dudes en pedirle —tan a menudo como sientas que necesites hacerlo— que te llene de Gozo. Él reside en lo más profundo de tu ser, por lo que su obra dentro de ti es grandemente efectiva. Coopera con Él saturando tu mente con la Escritura y pidiéndole que te ilumine.

Una forma en que el Espíritu Santo aumenta tu Alegría es ayudándote a pensar mis pensamientos. Mientras más veas las cosas desde mi perspectiva, más claramente podrás ver tu vida. Necesitas no solo *conocer* la verdad bíblica, sino mantenerte repitiéndola una y otra vez cada día.

El mundo está asaltando continuamente tu mente con mentiras y engaños, por lo que debes ser diligente en lo que respecta a reconocer la falsedad, disiparla y sustituirla con la enseñanza bíblica. La verdad más gloriosa que cambia la vida es el Evangelio: Yo he muerto (*para salvar a todos los que creen en mí*), he resucitado y vendré otra vez. *¡Alégrate en mí siempre!*

En cambio, el fruto del Espíritu es amor, alegría, paz, paciencia, amabilidad, bondad, fidelidad, humildad y dominio propio. No hay ley que condene estas cosas.
—GÁLATAS 5.22, 23

Ustedes se hicieron imitadores nuestros y del Señor cuando, a pesar de mucho sufrimiento, recibieron el mensaje con la alegría que infunde el Espíritu Santo.
—1 TESALONICENSES 1.6

LEE TAMBIÉN: JUAN 3.16; FILIPENSES 4.4

PARA DISFRUTAR DE MI PRESENCIA más plenamente, es necesario que pienses menos y menos en ti. Esto no es una exigencia arbitraria; constituye el secreto para vivir una vida *más abundante*. ¡Olvidarse de sí mismo es una encantadora manera de vivir!

Trata de tomar conciencia de la cantidad de tiempo que pasas pensando en ti mismo. Dale una mirada al contenido de tu mente. Aunque tus pensamientos no sean visibles para otras personas a menos que decidas compartirlos, yo los veo todos y cada uno. Cuando te des cuenta de que tu forma de pensar no es digna de mí, esfuérzate en cambiarla. Si te encuentras luchando con una idea centrada en ti mismo que recurre una y otra vez, trata de conectarla a un versículo favorito de la Biblia o una breve oración. Esto forma un puente para poner tu atención lejos de ti y orientarla a mí. Por ejemplo, la oración «Te amo, Señor» puede dirigir rápidamente tu atención a mí.

Si tuvieses que repetir este proceso muchas veces, no te desanimes. Estás entrenando tu mente para *buscar mi rostro*, y este esfuerzo es agradable a mí. *Búscame*, mi amado, *y vive* abundantemente.

El ladrón no viene más que a robar, matar y destruir; yo he venido para que tengan vida, y la tengan en abundancia.

—JUAN 10.10

El corazón me dice: «¡Busca su rostro!»
Y yo, SEÑOR, tu rostro busco.

—SALMOS 27.8

Así dice el SEÑOR al reino de Israel:
Búsquenme y vivirán.

—AMÓS 5.4

Yo soy DIGNO de *toda* tu confianza. Habrá personas y cosas que merezcan *algo* de tu confianza, pero solo yo la merezco *toda*. En un mundo que parece cada vez más inseguro e impredecible, yo soy la Roca que te provee un firme cimiento para tu vida. Más que eso, soy *tu* Roca en quien puedes *hallar refugio*, porque yo soy *tu* Dios.

No dejes que las circunstancias definan tu sentido de seguridad. Aunque es natural que quieras tener el control de tu vida, yo te puedo dar poder para vivir sobrenaturalmente, descansando en mi control soberano. Yo soy una *ayuda bien probada en medio de tus problemas*, y siempre estoy presente contigo. Te ayudo a enfrentar sin miedo los cambios no deseados e incluso las circunstancias catastróficas.

En lugar de dejar que los pensamientos de ansiedad deambulen libremente por tu mente, atrápalos expresando a viva voz tu esperanza en mí. Luego tráelos cautivos a mi Presencia, donde yo los desactivaré. *El que confía en mí se mantiene a salvo.*

> *El Señor es mi roca, mi amparo, mi libertador;*
> *es mi Dios, el peñasco en que me refugio.*
> *Es mi escudo, el poder que me salva,*
> *¡mi más alto escondite!*
> —SALMOS 18.2

> *Dios es nuestro amparo y nuestra fortaleza,*
> *nuestra ayuda segura en momentos de angustia.*
> *Por eso, no temeremos*
> *aunque se desmorone la tierra*
> *y las montañas se hundan en el fondo del mar;*
> —SALMOS 46.1, 2

LEE TAMBIÉN: 2 CORINTIOS 10.5; PROVERBIOS 29.25

YO SOY EL GOZO QUE NADIE TE PUEDE QUITAR. Saborea las maravillas de este regalo, pasando tiempo en mi Presencia. Alégrate de que esta bendición sea tuya. ¡Yo soy tuyo por toda la eternidad!

Muchas cosas en este mundo pueden darte un placer momentáneo, pero todo pasa a causa de la muerte o la decadencia. En mí tienes un tesoro inigualable: Gozo en el Único que es el *mismo ayer, hoy y por los siglos*. Nadie te puede quitar este placer, porque yo soy fiel y nunca cambio.

Cada vez que te sientas triste, el problema no está en la Fuente (Yo), sino en el receptor. Quizás haya otras cosas en tu vida —agradables o desagradables— que te estén preocupando y llevándote a descuidar tu relación conmigo. El remedio es doble: recuerda que yo soy tu *Primer Amor* y que debes tenerme siempre en el lugar número uno de tu vida. Además, pídeme que aumente tu receptividad a mi Presencia. *Deléitate en mí*, mi amado, y recibe mi Gozo en medida rebosante.

También vosotros ahora tenéis tristeza;
pero os volveré a ver, y se gozará vuestro corazón,
y nadie os quitará vuestro gozo..
—JUAN 16.22 RVR1960

Jesucristo es el mismo ayer y hoy y por los siglos.
—HEBREOS 13.8

Sin embargo, tengo en tu contra que has abandonado tu primer amor.
—APOCALIPSIS 2.4

LEE TAMBIÉN: SALMOS 37.4

¡Yo soy *tu Fuerza*! No te preocupes si cuando comienzas el día te sientes débil y cansado. Tu debilidad puede ser un recordatorio de tu necesidad de mí. Recuerda que yo estoy contigo continuamente, listo para ayudarte a medida que avanzas a lo largo del día. Tómate de mi mano con una confianza alegre y deja que te guíe y te *fortalezca*. Mi deleite es ayudarte, hijo mío.

Cada vez que te sientas inquieto debido al trabajo que tienes por delante, detente y piensa en los recursos que tienes: yo, *tu Fuerza*, soy infinito. Nunca tengo escasez de algo. Así que cuando trabajes en colaboración conmigo, no pongas límites a lo que esperas lograr. Yo te daré lo que necesites para seguir adelante, paso a paso. Quizás no logres lo que deseas con la rapidez que quisieras, pero lo alcanzarás según mi tiempo perfecto. Rehúsate a desalentarte por retrasos o desvíos. Más bien, confía en que sé lo que estoy haciendo, y con esa confianza, da el paso siguiente. ¡La perseverancia y la confianza en mí forman una potente combinación!

> *Pero yo le cantaré a tu poder,*
> *y por la mañana alabaré tu amor;*
> *porque tú eres mi protector,*
> *mi refugio en momentos de angustia.*
> *A ti, fortaleza mía, te cantaré salmos,*
> *pues tú, oh Dios, eres mi protector.*
> *¡Tú eres el Dios que me ama!*
>
> —Salmos 59.16, 17

> *Todo lo puedo en Cristo que me fortalece.*
>
> —Filipenses 4.13

Lee también: Isaías 40.28, 29

Enero 25

AUNQUE LAS MONTAÑAS SEAN SACUDIDAS y las colinas sean removidas, mi Amor inagotable por ti se mantendrá inalterable y mi pacto de Paz no variará. Nada en la tierra parece tan duradero o inamovible como las majestuosas montañas. Si te pararas en sus cumbres, respirando ese aire enrarecido, casi podrías oler la eternidad. Sin embargo, mi Amor y mi Paz son aun más duraderos que la montaña más grande de la tierra.

Piensa profundamente en *mi Amor inagotable.* Un sinónimo de «inagotable» es *inextinguible.* No importa cuán necesitado estés o cuántas veces me hayas fallado, mi provisión de amor por ti nunca se agotará. Otro significado de «inagotable» es constante. Yo no te amo más en los días en que te portas bien, ni te amo menos cuando me fallas.

Yo mismo soy tu Paz. Vive cerca de mí para que puedas disfrutar de esta Paz sobrenatural. Ven con toda libertad a mi Presencia, mi amado, incluso cuando te sientas mal con respecto a ti mismo. Recuerda quien soy yo: *el Señor que tiene compasión de ti.*

> *Aunque cambien de lugar las montañas*
> *y se tambaleen las colinas,*
> *no cambiará mi fiel amor por ti*
> *ni vacilará mi pacto de paz,*
> *—dice el SEÑOR, que de ti se compadece—.*
> —ISAÍAS 54.10

LEE TAMBIÉN: ISAÍAS 51.6; EFESIOS 2.14

TRANQUILÍZATE, HIJO MÍO. Yo estoy en control. Deja que estas palabras te inunden repetidamente como olas suaves en una playa apacible, asegurándote mi Amor infinito. Pierdes mucho tiempo y energías tratando de averiguar las cosas antes de que sucedan. Mientras tanto, yo estoy trabajando a fin de preparar el camino delante de ti. Así que mantente atento a algunas maravillosas sorpresas, circunstancias que *solo yo* puedo orquestar.

Recuerda que tú eres mi amado. Yo estoy a tu lado y quiero lo mejor para ti. Alguien que es amado por una persona generosa y poderosa puede esperar recibir una abundancia de bendiciones. *Tú* eres amado por el Rey del universo, y tengo planes buenos para ti. Al mirar hacia el futuro desconocido, relájate en el conocimiento de quien eres: *la persona que amo.* Agárrate de mi mano, y sigue adelante con confianza. Mientras tú y yo caminamos juntos por *la senda de la vida*, tu confianza en mí llenará tu corazón de Gozo y tu mente de Paz.

Porque yo sé muy bien los planes que tengo para ustedes —afirma el SEÑOR—,
planes de bienestar y no de calamidad, a fin de darles un futuro y una esperanza.
—JEREMÍAS 29.11

Acerca de Benjamín dijo:
«Que el amado del SEÑOR repose seguro en él,
porque lo protege todo el día
y descansa tranquilo entre sus hombros».
—DEUTERONOMIO 33.12

Me mostrarás la senda de la vida;
En tu presencia hay plenitud de gozo;
Delicias a tu diestra para siempre.
—SALMOS 16.11 RVR1960

CAMINA CONMIGO ESTABLECIENDO vínculos de amor estrechos y confiados de una dependencia gozosa. La «dependencia gozosa» puede sonar como una contradicción, pero es la forma más satisfactoria de vivir. Cuando te deleitas en confiar en mí, estás viviendo de acuerdo con mi diseño perfecto para ti.

La relación que te ofrezco está llena de *gloriosas riquezas*. Yo soy de la más absoluta confianza, y llego a ti con un *amor inagotable*. Estoy más cerca de ti que el mismo aire que estás respirando. Me regocijo cuando decides vivir en una confiada dependencia de mí. Esto fortalece cada vez más nuestra relación y los lazos de afecto que existen entre nosotros.

Un hombre y una mujer felizmente casados están conectados por mucho más que la ley y la moral. Sus cálidos recuerdos de las experiencias compartidas crean lazos que los acercan y los mantienen comprometidos al uno con el otro. Mi amado, quiero que sepas que yo estoy totalmente comprometido *contigo*. Yo puedo llenar tu corazón de memorias amorosas mientras *caminas en la Luz de mi Presencia*, dependiendo gozosamente de mí.

Así que mi Dios les proveerá de todo lo que necesiten, conforme a las gloriosas riquezas que tiene en Cristo Jesús.
—FILIPENSES 4.19

Pero yo soy como un olivo verde
que florece en la casa de Dios;
yo confío en el gran amor de Dios
eternamente y para siempre.
—SALMOS 52.8

LEE TAMBIÉN: SALMOS 89.15, 16

Yo TE HE HECHO UN POCO MENOR *que los ángeles, y te he coronado de gloria y honra.* Tú fuiste creado para cosas grandes, mi amado. Nunca dudes de tu importancia personal, porque *yo te creé a mi propia imagen,* a mi semejanza. Te formé con un magnífico cerebro con el que puedes comunicarte conmigo, pensar racionalmente, crear cosas maravillosas y mucho más. Te di el *dominio sobre los peces del mar, las aves del cielo, y todas las bestias que se mueven sobre la tierra.* De todo lo que creé, solo el hombre fue hecho a mi semejanza. Este es un privilegio y una responsabilidad gloriosos, que le dan sentido a tu vida en todo momento.

Uno de los propósitos principales de la vida es glorificarme. Yo te *coroné con gloria* para que puedas *reflejar mi Gloria,* iluminando este mundo oscuro y ayudando a otros a que lleguen a conocerme. También quiero que disfrutes de mí. Te creé con una capacidad ilimitada para el placer de conocerme. Este Gozo que encuentras en mí aquí y ahora es un pequeño anticipo de los deleites eternos que te esperan en el cielo.

> *Le has hecho poco menor que los ángeles,*
> *Y lo coronaste de gloria y de honra.*
> —SALMOS 8.5 RVR1960

> *Y creó Dios al hombre a su imagen, a imagen de*
> *Dios lo creó; varón y hembra los creó.*
> *Y los bendijo Dios, y les dijo: Fructificad y multiplicaos; llenad la*
> *tierra, y sojuzgadla, y señoread en los peces del mar, en las aves de*
> *los cielos, y en todas las bestias que se mueven sobre la tierra.*
> —GÉNESIS 1.27, 28 RVR1960

LEE TAMBIÉN: 2 CORINTIOS 3.18

ME BUSCARÁS Y ME ENCONTRARÁS, cuando me busques de todo corazón. Yo no espero perfección en esta búsqueda; no se trata de eso en absoluto. Es el esfuerzo en sí lo que me agrada, cuando te mantienes buscándome por más difícil que te parezca. En realidad, la intensidad de esta búsqueda desafiante te bendice. En tu empeño por encontrarme, tu atención está centrada en mí. Mientras caminas penosamente hacia mí a través de innumerables distracciones, tu conciencia de mí aumenta. Incluso si no te sientes cerca de mí, estás comunicándote conmigo. Porque hay un sentido en el que tus esfuerzos por encontrarme se cumplen en sí mismos: yo estoy ricamente presente en tu esfuerzo. Como resultado, cuando me buscas activamente, te sientes más vivo, despierto y real.

Tu disposición a derramarte en esta búsqueda gloriosa deleita mi corazón. Este esfuerzo tiene que ver con la *perseverancia*. Mientras continúes buscándome, estarás en el camino correcto. Es más, tu éxito está asegurado: *¡me encontrarás!*

> *Me buscarán y me encontrarán cuando me busquen de todo corazón. Me dejaré encontrar —afirma el SEÑOR—, y los haré volver del cautiverio. Yo los reuniré de todas las naciones y de todos los lugares adonde los haya dispersado, y los haré volver al lugar del cual los deporté, afirma el SEÑOR.*
>
> —JEREMÍAS 29.13, 14

> *Por tanto, también nosotros, que estamos rodeados de una multitud tan grande de testigos, despojémonos del lastre que nos estorba, en especial del pecado que nos asedia, y corramos con perseverancia la carrera que tenemos por delante.*
>
> —HEBREOS 12.1

LEE TAMBIÉN: ROMANOS 5.3; 2 PEDRO 1.5, 6

¡YO ESTOY HACIENDO NUEVAS TODAS LAS COSAS! Esto es lo opuesto a lo que siempre ha sucedido en tu mundo de muerte y decadencia. Cada día que vives significa un día menos en la duración de tu vida en esta tierra. En realidad, esta es una muy buena noticia para mis seguidores. Al final de cada día, puedes decirte: «Estoy un paso más cerca del cielo».

El mundo está en una condición tan desesperadamente perdida que solo hay un remedio para eso: hacer *nuevas todas las cosas.* Así que no te desanimes cuando tus esfuerzos para mejorarlo todo no tengan éxito. Todas las cosas —incluyendo tus propios esfuerzos— están contaminadas por la Caída. Aunque quiero que trates de hacer lo mejor posible, en dependencia de mí, tu mundo necesita mucho más que un afinamiento o una reparación general. ¡Tiene que hacerse completamente de nuevo! Y está absolutamente garantizado que esto va a suceder al final de los tiempos, porque *mis palabras son fieles y verdaderas.*

¡Tienes una buena razón para alegrarte, mi amado, porque yo voy a hacer todo —incluyéndote a ti— nuevo y gloriosamente perfecto!

El que estaba sentado en el trono dijo: «¡Yo hago nuevas todas las cosas!»
Y añadió: «Escribe, porque estas palabras son verdaderas y dignas de confianza».
—APOCALIPSIS 21.5

Porque para mí el vivir es Cristo y el morir es ganancia.
—FILIPENSES 1.21

LEE TAMBIÉN: ROMANOS 8.22, 23

LA FUERZA Y EL GOZO habitan en mi morada. Así que mientras más cerca vivas de mí, más fuerte y más gozoso serás.

Invítame a saturar tus momentos con mi Presencia. Esto te ayudará a ver a los demás desde una perspectiva positiva. Cada vez que estés cerca de alguien que te irrite, no pongas tu atención en sus defectos. En lugar de eso, mírame con los ojos de tu corazón, y esas molestias pasarán sobre ti sin causarte daño ni herir a los demás. Juzgar es una trampa del pecado que te aleja de mí y en la que no debes caer. ¡Cuánto mejor es *estar gozoso en mí, tu Salvador*!

Mientras más te centres en mí, más te podré fortalecer. En realidad, *yo soy tu Fuerza*. Tú puedes entrenar tu mente para mantenerte consciente de mi Presencia, incluso cuando otras cosas estén exigiendo tu atención. Te creé con un cerebro increíble que es capaz de mantenerse consciente de varias cosas a la vez. Crea en tu mente un lugar permanente para mí, y mi Luz brillará en todos tus momentos.

> *… esplendor y majestad hay en su presencia;*
> *poder y alegría hay en su santuario.*
> —1 CRÓNICAS 16.27

> *No juzguen a nadie, para que nadie los juzgue a ustedes.*
> —MATEO 7.1

> *…aun así, yo me regocijaré en el SEÑOR,*
> *¡me alegraré en Dios, mi libertador!*
> —HABACUC 3.18, 19

Febrero

¡Dios es mi salvación! Confiaré en él y no temeré.
El Señor es mi fuerza,
el Señor es mi canción; ¡él es mi salvación!

Isaías 12.2

Yo soy EL VIVIENTE *que te ve*. Estoy más gloriosamente vivo de lo que te puedes imaginar. Llegará el día en que podrás verme *cara a Cara* en toda mi Gloria, y te quedarás aterrado. Sin embargo, por ahora ves como a *través de un espejo, oscuramente*. Tu visión de mí la oscurece tu condición caída. No obstante, aunque tú me veas a mí oscuramente, yo te veo con claridad. Sé todo sobre ti, incluyendo tus pensamientos y tus sentimientos más secretos. Entiendo cuán quebrantado y débil eres: *recuerdo que eres barro*. Pero aun así, te amo con un Amor eterno.

El regalo de mi Amor fue indescriptiblemente costoso. Soporté sufrimientos indecibles para salvarte de una eternidad de agonía. *Me hice pecado por ti, para que en mí pudieras ser hecho justicia de Dios.* Considera esta maravillosa verdad: ¡mi justicia es ahora tuya! Este regalo de un valor infinito ha sido tuyo desde que confiaste en mí como el Dios-Hombre que te salvó de tus pecados. Alégrate de que *el Viviente que te ve* perfectamente sea el Salvador que nunca dejará de amarte.

Como el SEÑOR le había hablado, Agar le puso por nombre «El Dios que me ve», pues se decía: «Ahora he visto al que me ve». Por eso también el pozo que está entre Cades y Béred se conoce con el nombre de «Pozo del Viviente que me ve».
—GÉNESIS 16.13, 14

Ahora vemos de manera indirecta y velada, como en un espejo; pero entonces veremos cara a cara. Ahora conozco de manera imperfecta, pero entonces conoceré tal y como soy conocido.
—1 CORINTIOS 13.12

LEE TAMBIÉN: SALMOS 103.14; 2 CORINTIOS 5.21

Yo soy tu *Ayuda siempre presente*. Muchos saltan de la cama por las mañanas y van directamente a la cafetera. Aunque todavía no están pensando con claridad, se encuentran lo suficiente despiertos como para salir en busca de algo que los ayude a aclarar sus pensamientos. Yo cumplo una función similar para ti cuando tu mente se orienta en mi dirección. Pídeme que despeje la confusión de manera que puedas comunicarte profundamente conmigo. Tú tienes esta capacidad increíble, porque te creé *a mi propia imagen*.

Al esperar en mi Presencia, no solo pongo en orden tus pensamientos, sino que despejo tu camino para el día entero. Soy soberano sobre todos los aspectos de tu vida, por lo que allanar el camino delante de ti no es ningún problema para mí. Algunas personas asumen que no tienen tiempo para comenzar el día conmigo. No se dan cuenta de lo mucho que puedo facilitar sus actividades, eliminando obstáculos y dándoles una agudeza que les permitirá ahorrar tiempo. Cuando pasas momentos preciosos conmigo, te retribuyo generosamente: aclaro tus ideas y suavizo las circunstancias de tu vida.

Dios es nuestro amparo y nuestra fortaleza,
nuestra ayuda segura en momentos de angustia.

—Salmos 46.1

Y Dios creó al ser humano a su imagen;
lo creó a imagen de Dios.
Hombre y mujer los creó,

—Génesis 1.27

Lee también: Jeremías 32.17; Salmos 33.20

¡GLORÍATE EN MI SANTO NOMBRE; que los corazones de los que me buscan se regocijen! «Gloriarse» en algo es darle alabanza y honor. Jesús es el *Nombre que es sobre todo nombre.* Él me representa en toda mi impecable perfección. Como mi seguidor, tú puedes susurrar, decir o cantar mi nombre, teniendo la seguridad de que te estoy escuchando. Esto te acerca más a mí y te ayuda a encontrar fuerza en mi Presencia. Sirve también para ahuyentar a tus enemigos espirituales.

Me deleito al saber que dedicas un tiempo a buscarme, deseando conocerme mejor. Entra libremente a mi Presencia amorosa, dejando que tu corazón se *alegre en mí.* Recuerda que estás en *tierra santa* y respiras el aire enrarecido de mi santidad. Libera toda preocupación mientras descansas en el esplendor de mi Gloria. Deja que mi gozosa Presencia te envuelva completamente. Mientras te deleitas en mi cercanía, el tiempo parece ir más despacio, realzando tu disfrute de mí. Agradéceme por estos momentos de dulce intimidad.

Siéntanse orgullosos de su santo nombre;
alégrese el corazón de los que buscan al SEÑOR.
—SALMOS 105.3

Alégrense siempre en el Señor. Insisto: ¡Alégrense! Que su
amabilidad sea evidente a todos. El Señor está cerca.
—FILIPENSES 4.4, 5

—No te acerques más —le dijo Dios—. Quítate las
sandalias, porque estás pisando tierra santa.
—ÉXODO 3.5

LEE TAMBIÉN: FILIPENSES 2.9-11

ES BUENO PROCLAMAR MI AMOR por las mañanas y mi fidelidad por las noches. Proclamar este Amor es muy bueno para ti. Cuando declaras las maravillas de mi amorosa Presencia, te estás fortaleciendo y dándote ánimo. Esta gloriosa bendición fluye en ti de forma más completa a medida que pronuncias estas palabras en voz alta. ¡Deja que esta deliciosa declaración te llene de *Gozo indescriptible y Gloria plena.*

Medita en algunas de las cualidades de mi Amor maravilloso: es sacrificial, infalible, no tiene precio, sin límites, *llega hasta los cielos.* Es tan brillante que te puede llevar a través de tus días más oscuros. Al llegar al final de cada día, es el momento de anunciar mi fidelidad *que alcanza hasta los cielos.* Mira atrás al día que ha pasado y observa cómo te ayudé a avanzar en tu camino. Mientras más grandes fueron las dificultades que encontraste, más ayuda puse a tu disposición. Es bueno proclamar mi gran fidelidad, especialmente por las noches, para que puedas *acostarte y dormir en paz.*

> *¡Cuán bueno, SEÑOR, es darte gracias*
> *y entonar, oh Altísimo, salmos a tu nombre;*
> *proclamar tu gran amor por la mañana,*
> *y tu fidelidad por la noche,*
> —SALMOS 92.1, 2

> *Ustedes lo aman a pesar de no haberlo visto; y, aunque no lo ven ahora,*
> *creen en él y se alegran con un gozo indescriptible y glorioso.*
> —1 PEDRO 1.8

LEE TAMBIEN: SALMOS 36.5-7; SALMOS 4.8

EL GOZO QUE TE DOY trasciende tus circunstancias. Esto significa que no importa lo que esté sucediendo en tu vida, es posible estar gozoso en mí. El profeta Habacuc enumeró una serie de circunstancias extremas que estaba anticipando, luego proclamó: «*Aun así, yo me regocijaré en el Señor, ¡me alegraré en Dios, mi libertador!*». ¡Este es un Gozo trascendente!

Te estoy entrenando para que veas tu vida desde una perspectiva celestial, a través de los ojos de la fe. Cuando las cosas no marchen como habías esperado, habla conmigo. *Busca mi rostro* y mi guía. Yo te ayudaré a discernir si necesitas hacer algo para cambiar la situación o simplemente aceptarla. De cualquier manera, puedes aprender a decir: «Aun así, me regocijo en *ti*, Jesús». Esta breve declaración de fe, que expresa tu confianza en mí, va a cambiar tu perspectiva dramáticamente. Y si practicas haciéndolo cada vez más, tu Gozo se incrementará. Esta disciplina también te prepara para manejar las dificultades que te esperan en el camino hacia el cielo. *Alégrate en mí siempre.*

> *Aunque la higuera no florezca,*
> *ni haya frutos en las vides;*
> *aunque falle la cosecha del olivo,*
> *y los campos no produzcan alimentos;*
> *aunque en el aprisco no haya ovejas,*
> *ni ganado alguno en los establos;*
> *aun así, yo me regocijaré en el SEÑOR,*
> *¡me alegraré en Dios, mi libertador!*
> —HABACUC 3.17, 18

LEE TAMBIÉN: SALMOS 105.4; FILIPENSES 4.4

REGOCÍJATE DE QUE *TE HE VESTIDO con ropas de salvación. ¡Este manto de justicia* es tuyo para siempre! Debido a que soy tu Salvador, nadie te podrá quitar nunca mi justicia perfecta. Esto significa que no necesitas tener miedo de enfrentar tus pecados, o de tratar con ellos. Al darte cuenta de algún pecado en tu vida, confiésalo y recibe mi perdón en plena medida.

Es esencial también que te perdones a ti mismo. El que te odies a ti mismo no me complace en absoluto y es muy perjudicial para ti. Te animo a que por cada mirada que les des a tus pecados o caídas, me mires a *mí* muchas veces. Yo soy el antídoto perfecto para el veneno del odio a ti mismo.

Puesto que eres precioso a mis ojos, no tienes que demostrar tus merecimientos tratando de ser lo suficiente bueno. Yo viví una vida perfecta en tu favor, porque sabía que tú no podrías vivirla. Por eso, ahora quiero que vivas en la gloriosa libertad de ser mi seguidor totalmente perdonado. Recuerda que *no hay condenación para los que me pertenecen.*

> *Me deleito mucho en el SEÑOR;*
> *me regocijo en mi Dios.*
> *Porque él me vistió con ropas de salvación*
> *y me cubrió con el manto de la justicia.*
> *Soy semejante a un novio que luce su diadema,*
> *o una novia adornada con sus joyas.*
>
> —ISAÍAS 61.10

LEE TAMBIÉN: MATEO 1.21; 1 JUAN 1.9; ROMANOS 8.1, 2

NO TEMAS, PORQUE YO ESTOY CONTIGO. *Yo te sostendré con la diestra de mi justicia.* Deja que estas palabras te arropen como una manta cálida, protegiéndote de lo helado del miedo y el desaliento. Cuando parezca que los problemas te están acechando, aférrate a mi mano con fuerza y mantente en contacto conmigo. *Confía y no tengas miedo, porque yo soy tu Fuerza y tu Canción.* Mi poderosa Presencia estará siempre contigo. ¡No tendrás que enfrentar *nada* solo! Además, yo he prometido *fortalecerte y ayudarte.*

Mi mano poderosa te sostiene tanto en los buenos como en los malos momentos. Cuando las cosas van bien en tu vida, es posible que no estés consciente de mi Presencia sustentadora. Sin embargo, *cuando te encuentras pasando por valles tenebrosos,* te vuelves profundamente consciente de tu necesidad. Durante estos tiempos difíciles, aferrarte a mí te mantiene erguido y en condiciones de poner un pie delante del otro. A medida que soportes pacientemente esta adversidad —en confiada dependencia de mí— yo te bendeciré con Gozo abundante en mi Presencia.

> Así que no temas, porque yo estoy contigo;
> no te angusties, porque yo soy tu Dios.
> Te fortaleceré y te ayudaré;
> te sostendré con mi diestra victoriosa.
>
> —ISAÍAS 41.10

LEE TAMBIÉN: ISAÍAS 12.2; SALMOS 23.4

¡MI AMOR NUNCA TE DEJARÁ IR! Te tiene asido con un abrazo eterno. Tú vives en un mundo que resulta impredecible y peligroso en muchas maneras. Si miras a tu alrededor, verás tu entorno plagado de promesas rotas.

Sin embargo, mi Amor es una promesa que nunca se quebrantará. *Aunque cambien de lugar las montañas y se tambaleen las colinas, no cambiará mi Amor inagotable por ti.* El profeta Isaías está pintando una imagen de graves circunstancias: montañas que tiemblan y colinas que desaparecen. No importa *qué* esté sucediendo, mi Amor es inquebrantable. ¡Tú puedes edificar tu vida sobre esa seguridad!

A veces, aunque mis hijos creen que me preocupo por ellos, les cuesta recibir mi Amor en toda su amplitud. Quiero que aprendas a comprender *cuán ancho y largo, alto y profundo es mi amor por ti.* Pídele a mi Espíritu que te capacite para *conocer este amor que sobrepasa todo conocimiento.* Libérate de las imágenes defectuosas de ti mismo para que puedas verte como yo te veo, radiante en *mi Justicia,* envuelto en Amor luminoso.

> *Aunque cambien de lugar las montañas*
> *y se tambaleen las colinas,*
> *no cambiará mi fiel amor por ti*
> *ni vacilará mi pacto de paz,*
> *—dice el SEÑOR, que de ti se compadece—.*
> —ISAÍAS 54.10

LEE TAMBIÉN: EFESIOS 3.16-19; ISAÍAS 61.10

ALÉGRATE DE QUE YO TE ENTIENDA completamente y te ame con un Amor perfecto e ilimitado. Muchos temen que si llegan a conocer a alguien bien, van a descubrir que esa persona los desprecia o los rechaza. Por eso, prefieren mantener a los demás a una distancia prudente, conformándose con conocer solo los aspectos que les parecen aceptables de ellos. Esta forma de interactuar con los demás tiende a hacer que se sientan seguros, pero los conduce al aislamiento y la soledad.

Agradece que haya Uno que ve directamente a través de tus defensas y simulaciones. Nadie puede esconderse de mí. Conozco absolutamente *todo* sobre tu persona. Así que descansa en la maravilla de ser *plenamente conocido* y, a la vez, apreciado. No tienes que esforzarte para tratar de ganar mi Amor. La verdad es que nada podría hacerme dejar de amarte. Tú eres mío —comprado con mi propia sangre— aceptado y atesorado para siempre. Necesitas repetir esta verdad una y otra vez hasta que se filtre en lo íntimo de tu ser y cambie la manera de verte a ti mismo. La aceptación personal es la forma de olvidarte de ti mismo, lo cual constituye la senda real al Gozo.

> *Den gracias al SEÑOR, porque él es bueno;*
> *su gran amor perdura para siempre.*
> *Quien sea sabio, que considere estas cosas*
> *y entienda bien el gran amor del SEÑOR.*
> —SALMOS 107.1, 43

> *Ahora vemos de manera indirecta y velada, como en un espejo;*
> *pero entonces veremos cara a cara. Ahora conozco de manera*
> *imperfecta, pero entonces conoceré tal y como soy conocido.*
> —1 CORINTIOS 13.12

LEE TAMBIÉN: SALMOS 149.4, 5; EFESIOS 1.5, 6

VEN A MÍ, Y YO TRANQUILIZARÉ y refrescaré tu alma. Acércate a mí confiadamente, mi amado, sabiendo que yo tengo perfecto conocimiento de ti y de todo lo que concierne a tu vida. Cuéntame tus problemas con franqueza; deja que la Luz de mi Rostro brille sobre ellos e ilumine tus pensamientos. Luego, descansa conmigo, inhalando lentamente la belleza de mi Presencia. Te sentirás seguro en *mis brazos eternos.* Mientras pasas un tiempo precioso conmigo, déjame aliviar tu alma.

Tu alma representa la parte más importante de ti, porque es eterna. En el Nuevo Testamento griego, la palabra «alma» se traduce algunas veces como «vida». Cuando te encuentres *cansado y abrumado* de trabajo, es posible que sientas como que la vida se te está yendo. Sin embargo, te ofrezco un sustento maravillosamente nutritivo para esta parte vital de ti. *Yo restauro tu alma,* ayudándote a descansar y ver las cosas desde mi perspectiva. A medida que estoy aliviándote, relájate y siente mi vida fluyendo en la tuya. *Solo en mí hallarás descanso para tu alma.*

> *Vengan a mí todos ustedes que están cansados y agobiados,*
> *y yo les daré descanso.*
>
> —MATEO 11.28

> *El Dios eterno es tu refugio;*
> *por siempre te sostiene entre sus brazos.*
> *Expulsará de tu presencia al enemigo*
> *y te ordenará que lo destruyas.*
>
> —DEUTERONOMIO 33.27

LEE TAMBIÉN: SALMOS 23.2, 3; SALMOS 62.1

NUNCA DEJES DE ESTAR GOZOSO; ORA SIN CESAR. Para estar gozoso todo el tiempo es necesario encontrar momento a momento el placer en tu relación conmigo, el Amigo de tu alma. Esta relación está tan llena de consuelo y aliento que te permite tener *alegría en la esperanza,* incluso cuando te encuentres en medio de la adversidad.

Da gracias en toda circunstancia. Hay un inmenso poder cuando oras: «Gracias, Señor». Estas dos palabras son apropiadas para todo tiempo y cada situación debido a mi gran sacrificio por ti. Te animo a que me alabes por cada cosa buena de la que seas consciente. Esta práctica añade brillo a tus bendiciones y realza tu Gozo.

Cuando te sientas triste o desanimado, aun es buen momento para agradecerme. Esto demuestra tu confianza en mí, y aclara tu perspectiva. A fin de realzar tu agradecimiento, piensa en cosas específicas acerca de mí en las que te deleites: mi Presencia continua, mi gracia abundante, mi gran *Amor.* ¡Agradecerme en toda circunstancia fortalece tu relación conmigo y te ayuda a vivir más gozosamente!

> *Estén siempre alegres, oren sin cesar, den gracias a Dios en toda situación, porque esta es su voluntad para ustedes en Cristo Jesús.*
> —1 TESALONICENSES 5.16-18

> *Alégrense en la esperanza, muestren paciencia en el sufrimiento, perseveren en la oración.*
> —ROMANOS 12.12

LEE TAMBIÉN: EFESIOS 1.7, 8; SALMOS 143.8

TE OFREZCO UN *Gozo inefable y glorioso…* ¡procedente directamente del cielo! Este *Gozo celestial triunfante* se puede encontrar solo en mí. Es fácil deslizarte, incluso gradualmente, de deleitarte en mí a vivir buscando el siguiente «éxtasis» espiritual. A veces te bendigo con una muestra del esplendor del cielo, pero el propósito principal de esta experiencia es aumentar tu anhelo por la próxima vida. No subestimes la decadencia del mundo en que vives. Disfrutar de mi Presencia siempre estará vinculado a la pena de vivir en este mundo caído *hasta que te lleve conmigo a la Gloria.*

Llegará el día en que podrás verme cara a Cara, pero por ahora *ámame a pesar de que no me has visto. Cree en mí aunque no me veas.* Este amor por mí no es ni irracional ni caprichoso. Es una respuesta a mi ilimitada pasión por ti, desplegada dramáticamente en la cruz y verificada por mi resurrección. ¡Adoras a un Salvador resucitado y viviente! *Dichosos los que no me han visto y sin embargo han creído.*

Ustedes lo aman a pesar de no haberlo visto; y, aunque no lo ven ahora,
creen en él y se alegran con un gozo indescriptible y glorioso.

—1 PEDRO 1.8

Pero yo siempre estoy contigo,
pues tú me sostienes de la mano derecha.
Me guías con tu consejo,
y más tarde me acogerás en gloria.

—SALMOS 73.23, 24

Nosotros amamos porque él nos amó primero.

—1 JUAN 4.19

LEE TAMBIÉN: JUAN 20.29

EN MI PRESENCIA hay plenitud de Gozo. Al fijar tu atención en mí, recuerda quién soy en todo mi Poder y Gloria. Piensa también en mi eterno compromiso contigo. *¡Nada en toda la creación será nunca capaz de separarte de mí!* Desde que confesaste tu pecado y recibiste mi perdón, tu relación conmigo ha sido sólida como una roca. Tú eres mi amado, en quien me complazco; esta es tu identidad permanente.

Puedes encontrar Gozo incluso viviendo en este mundo corrompido, porque *he puesto eternidad en tu corazón*. Pasa tiempo alentándote en mi Presencia, donde puedes tranquilizarte y aprender a *deleitarte en mí* por sobre cualquiera otra cosa. A medida que el vínculo de amor se hace cada vez más fuerte entre nosotros, también crece tu deseo de ayudar a los demás a disfrutar de esta increíble Vida que has hallado en mí. Cuando tu amor por mí se desborde en las vidas de otras personas, habrá abundante Gozo tanto en el cielo como en la tierra. A medida que avanzas en este *camino de Vida*, yo te guiaré, y te bendeciré con alegrías que no tendrán fin.

> *Me has dado a conocer la senda de la vida;*
> *me llenarás de alegría en tu presencia,*
> *y de dicha eterna a tu derecha.*
> —SALMOS 16.11

> *...ni lo alto ni lo profundo, ni cosa alguna en toda la creación*
> *podrá apartarnos del amor que Dios nos ha*
> *manifestado en Cristo Jesús nuestro Señor.*
> —ROMANOS 8.39

LEE TAMBIÉN: ECLESIASTÉS 3.11; SALMOS 37.4

DEJA QUE MI AMOR inagotable sea tu consuelo. Una definición de «consuelo» es cuando una persona o cosa te hace sentir menos inquieto o menos asustado durante una crisis. Debido a que vives en un mundo tan devastado, las vicisitudes nunca estarán muy lejos de ti. En el mundo hay muchas fuentes que te pueden dar consuelo, pero solo una es infalible: ¡mi Amor! Otras podrán ayudarte por un *poco de tiempo*, pero mi tierna Presencia estará contigo *para siempre*.

Mi Amor perfecto e inagotable no es solo una *cosa* que te hace sentir menos inquieto; también es una *Persona*. *Nada en toda la creación puede separarte de mí.* Y yo, a mi vez, soy inseparable de mi Amor.

Como mi amado seguidor, puedes dirigirte a mí en busca de consuelo todas las veces que quieras. Puesto que tienes esta ilimitada Fuente de bendición —*Yo*— quiero que seas una bendición en las vidas de otras personas. Con el consuelo que has recibido de mí, puedes *brindarles consuelo a los que están pasando por alguna tribulación.*

> *Que sea tu gran amor mi consuelo,*
> *conforme a la promesa que hiciste a tu siervo.*
> —SALMOS 119.76

> *Yo les he dicho estas cosas para que en mí hallen paz. En este mundo*
> *afrontarán aflicciones, pero ¡anímense! Yo he vencido al mundo.*
> —JUAN 16.33

LEE TAMBIÉN: ROMANOS 8.38, 39; 2 CORINTIOS 1.3, 4

Yo SOY TU PASTOR, *tu guía y tu escudo*. Un buen pastor se preocupa por sus ovejas y las entiende. Mi preocupación por ti es maravillosamente completa: te amo con un *Amor perfecto e inagotable*. Sé *todo* sobre ti: tus debilidades y limitaciones, tus luchas y pecados, tus virtudes y habilidades. Así que estoy en condiciones de pastorearte excepcionalmente bien.

Yo te formé para que, en confiada dependencia de mí, pudieras desenvolverte en este mundo peligroso y traicionero. Quiero que sepas que voy delante de ti abriéndote camino, limpiando cuidadosamente el terreno por donde pasarás. Elimino muchos de los peligros y obstáculos, y te ayudo a manejar las dificultades que siguen existiendo.

Incluso cuando vas por valles oscuros, no tienes por qué tener miedo, porque yo estoy cerca de ti. Disfruta mi cercanía, amado, y no dejes de comunicarte conmigo. Yo te guiaré con ternura hoy y todos los días. *Porque yo soy tu Dios por los siglos de los siglos; seré tu Guía hasta el final del camino.*

El Señor es mi pastor, nada me falta.
—SALMOS 23.1

Por tu gran amor guías al pueblo que has rescatado;
por tu fuerza los llevas a tu santa morada.
—ÉXODO 15.13

¡Este Dios es nuestro Dios eterno!
¡Él nos guiará para siempre!
—SALMOS 48.14

LEE TAMBIÉN: SALMOS 23.4

ANTES DE COMENZAR UNA TAREA —grande o pequeña— ora por lo que vas a hacer. De ese modo, estarás reconociendo tu necesidad de mí y tu confianza en que te ayudaré. Esto te permitirá hacer tu trabajo mostrando una actitud de dependencia de mí. Hay muchos beneficios en esta práctica. Puedo guiar tu mente cuando pienses en los detalles y tengas que tomar decisiones. El hecho de saber que estoy involucrado en lo que estás haciendo te da confianza y reduce tu estrés. Es sabio perseverar en gratitud por la ayuda que te doy y mantenerte pidiéndome que *te guíe por el mejor camino*.

Aunque la Biblia te instruye para que *no dejes de orar*, a veces te olvidas de hacerlo. Cuando te parece que vas demasiado rápido, te resulta difícil reducir la velocidad lo suficiente como para buscar mi perspectiva en cuanto al trabajo que estás ejecutando. Sin embargo, insistir en seguir adelante por tu cuenta es, en realidad, contraproducente. Cuando solicitas mi participación *antes* de empezar, puedo señalarte la dirección correcta, con lo cual vas a ahorrar un tiempo precioso y energía. Es mi placer ayudarte en todo, incluso en las tareas más simples, porque tú eres *mi amado*.

> *Hagan lo que hagan, trabajen de buena gana, como para*
> *el Señor y no como para nadie en este mundo.*
> —COLOSENSES 3.23

> *El SEÑOR dice:*
> *«Yo te instruiré,*
> *yo te mostraré el camino que debes seguir;*
> *yo te daré consejos y velaré por ti.*
> —SALMOS 32.8

LEE TAMBIÉN: 1 TESALONICENSES 5.17; CANTAR DE LOS CANTARES 6.3

FEBRERO 17

PUEDES ENCONTRAR EL GOZO aun en los lugares más inesperados. Sin embargo, buscar lo bueno y negarte a dejar que tus propias respuestas te cieguen a lo que hay en tales lugares requiere esfuerzo. Yo te ayudaré de una *manera sobrenatural*. Te daré ojos que vean más allá de lo obvio y descubran tesoros escondidos en tus problemas. Simplemente pídemelo.

Vivir gozosamente es una decisión que debes hacer tú. Dado que habitas en un mundo corrompido y pecaminoso, debes optar muchas veces en el día por la alegría. Esto es especialmente cierto durante los tiempos difíciles. Cuando sucede algo que rompe el patrón de comodidad y felicidad en tu vida, es porque te estoy poniendo a prueba para aquilatar tu fe y, al mismo tiempo, fortalecerla, lo cual *vale mucho más que el oro*. Te estoy preparando para que *cuando tengas que enfrentarte a diversas pruebas lo hagas con el más puro Gozo*.

Yo tomé la terrible decisión de *soportar la cruz por el gozo de tenerte conmigo*; por el placer eterno de *llevar a mis seguidores a la Gloria*. Elige el Gozo, mi amado, al *fijar tus ojos en mí* y buscar los tesoros que hay escondidos en tus diversas pruebas.

> *Esto es para ustedes motivo de gran alegría, a pesar de que hasta ahora han tenido que sufrir diversas pruebas por un tiempo. El oro, aunque perecedero, se acrisola al fuego. Así también la fe de ustedes, que vale mucho más que el oro, al ser acrisolada por las pruebas demostrará que es digna de aprobación, gloria y honor cuando Jesucristo se revele.*
> —1 PEDRO 1.6, 7

LEE TAMBIÉN: SANTIAGO 1.2; HEBREOS 12.2; HEBREOS 2.10

EN MI PRESENCIA puedes encontrar *plenitud de Gozo, Paz perfecta e inagotable Amor*. Anda conmigo a lo largo de *la senda de la Vida* y disfruta de mi compañía a cada paso del camino. ¡Debido a que estoy siempre a tu lado, el Gozo de mi Presencia será siempre tuyo!

Yo te guardaré *en perfecta paz* mientras *fijas tus pensamientos en mí*. Mantente en comunicación conmigo a través de tus palabras habladas, tus pensamientos y tus canciones. Pasa tiempo sumergido en mi Palabra, dejando que ella le hable a tu corazón, que es donde puede cambiar tu forma de pensar y vivir. Al reflexionar sobre quién realmente soy, mi Luz brillará cariñosamente en tu mente, ayudándote a vivir en mi Paz.

Amado, quiero que florezcas en mi Presencia *como un olivo que florece en la casa de Dios*. A medida que la luz de mi Presencia te nutre, serás capaz de producir abundantes frutos en mi Reino. Y mientras más *confíes en mi Amor inagotable*, más te darás cuenta de cuán seguro estás.

Me has dado a conocer la senda de la vida;
me llenarás de alegría en tu presencia,
y de dicha eterna a tu derecha.
—SALMOS 16.11

Al de carácter firme
lo guardarás en perfecta paz,
porque en ti confía.
—ISAÍAS 26.3

LEE TAMBIÉN: SALMOS 52.8

PONME ANTE TI CONTINUAMENTE; mantén tus ojos en mí. *Yo estoy a tu derecha*, muy cerca, a tu lado. La más segura fuente de Gozo es saber que estoy siempre cerca. Procura fortalecer tu conciencia de mi Presencia para que puedas disfrutarme en todo momento y sentirte bien seguro.

La comunicación conmigo —por medio de oraciones silenciosas, susurros, palabras habladas, gritos de alabanza— es la mejor manera de permanecer atento a mi Presencia. Quiero que en tus oraciones me sientas como una Persona real. En lugar de preocuparte u obsesionarte por las cosas, vuelve esos pensamientos a mí. Háblame de lo que sea que ocupe tu mente. Yo te mostraré *mi* manera de manejar a la persona o la situación que te preocupa.

Estudia las Escrituras y medita en ellas. Permite que saturen tu corazón y tu mente, cambiando tu forma de pensar. Impregna tus oraciones con conceptos y contenidos bíblicos. ¡Al mantenerte en estrecha comunicación conmigo, el Gozo de mi Presencia será tuyo!

Siempre tengo presente al Señor;
con él a mi derecha, nada me hará caer.
—SALMOS 16.8

Gritarán de júbilo mis labios
cuando yo te cante salmos,
pues me has salvado la vida.
—SALMOS 71.23

LEE TAMBIÉN: FILIPENSES 4.6; SALMOS 90.14

No PIENSES EN LA ORACIÓN como una tarea rutinaria. En lugar de eso, considérala como la comunicación con el Único que te adora. *Deléitate en mí*; esto te atraerá irresistiblemente a una comunión más estrecha conmigo. Recuerda todo lo que yo soy para ti, todo lo que he hecho por ti. Te amo con un Amor perfecto y eterno, *y me deleito grandemente en ti*. Deja que mi ternura te abrace, convenciéndote sin ninguna duda de que eres mi amado. ¡Regocíjate en el Único que nunca te dejará!

A menudo, la forma más fácil de empezar a hablar conmigo es agradeciéndome por ser tu Salvador, Redentor y Amigo. También puedes darme las gracias por las cosas que están sucediendo en tu vida, tu familia, tu iglesia y demás. Estas oraciones de gratitud te conectan conmigo y facilitan el camino a otras oraciones.

Puedes hablarme libremente, ya que conozco todo sobre ti y tus circunstancias. Nunca te voy a rechazar, pues la pena por tus pecados ya ha sido pagada en su totalidad con mi sangre. Confía en mí lo suficiente como para *derramarme tu corazón, porque yo soy tu Refugio.*

Deléitate en el SEÑOR,
y él te concederá los deseos de tu corazón.

—SALMOS 37.4

...porque el SEÑOR tu Dios está en medio de ti
como guerrero victorioso.
Se deleitará en ti con gozo,
te renovará con su amor,
se alegrará por ti con cantos

—SOFONÍAS 3.17

LEE TAMBIÉN: SALMOS 118.28, 29; SALMOS 62.8

Ponte la armadura de la Luz. Para llevar esta brillante cubierta protectora tienes que *huir de las obras de la oscuridad*. Vives en un mundo donde las tinieblas te rodean permanentemente. Necesitas mi armadura de Luz para poder ver las cosas de forma clara, protegerte y evitar que la mundanalidad que te rodea te descarríe.

Quiero que *andes en la Luz* conmigo. Haz el máximo esfuerzo para vivir cerca de mí, consciente de mi amorosa Presencia. Así como te pones la ropa cuando te vistes, *puedes vestirte de mí*. Tal cercanía conmigo te ayudará a tomar buenas decisiones. Sin embargo, a veces quizás decidas mal lo que te puede llevar a pecar. No te desesperes cuando te ocurra esto. Debido a que soy tu Salvador, he hecho provisión por *todo* tu pecado. Es más, la sangre que derramé en la cruz *te limpia* y te mantiene caminando en la Luz.

Si confiesas tus pecados, te perdono y te limpio de toda maldad. Yo soy *fiel y justo*, y me deleito en tu cercanía a mí.

La noche está muy avanzada y ya se acerca el día. Por eso, dejemos a un lado las obras de la oscuridad y pongámonos la armadura de la luz.

—Romanos 13.12

Pero, si vivimos en la luz, así como él está en la luz, tenemos comunión unos con otros, y la sangre de su Hijo Jesucristo nos limpia de todo pecado.

—1 Juan 1.7

Más bien, revístanse ustedes del Señor Jesucristo, y no se preocupen por satisfacer los deseos de la naturaleza pecaminosa.

—Romanos 13.14

Lee también: 1 Juan 1.9

UNO DE MIS NOMBRES es *Consejero admirable*. Yo te entiendo mucho mejor de lo que te entiendes tú mismo. Así que ven a mí con tus problemas e inseguridades buscando mi consejo. Bajo la Luz de mi amorosa Presencia te podrás ver como en realidad eres: radiantemente amoroso en mi brillante justicia. Aunque mi justicia es perfecta, tú seguirás luchando con las imperfecciones —las tuyas y las de otros— mientras vivas en este mundo. Aun así, tu posición conmigo es segura. *¡Nada en toda la creación podrá separarte de mi Amor!*

Un buen consejero te ayuda a reconocer la verdad y a vivir de acuerdo a ella. *En realidad, yo nací y vine al mundo para dar testimonio de la verdad.* Así que sé franco y honesto cuando me traigas tus preocupaciones. Además, llena tu mente y tu corazón con mi Palabra, que contiene la verdad absoluta.

Un consejero *admirable* es no solo extremadamente bueno ayudando a los demás, sino que también es capaz de inspirar deleite o placer. *Deléitate en mí*, mi amado, *y yo te concederé los deseos de tu corazón.*

> *Porque nos ha nacido un niño,*
> *se nos ha concedido un hijo;*
> *la soberanía reposará sobre sus hombros,*
> *y se le darán estos nombres:*
> *Consejero admirable, Dios fuerte,*
> *Padre eterno, Príncipe de paz.*
>
> —ISAÍAS 9.6

LEE TAMBIÉN: ROMANOS 8.38, 39; JUAN 18.37; SALMOS 37.4

Yo soy *el Verbo de Vida, de Vida eterna*. He existido siempre: *yo soy el que era desde el principio*. Además, soy divino. Como el apóstol Juan escribió: *«El Verbo era Dios»*. Esta Palabra divina trae Vida a todo el que cree en mí.

Desde el principio de la creación, las palabras han estado asociadas con la vida. Originalmente, la tierra estaba desordenada, vacía y oscura. Entonces yo dije: *«Hágase la luz», y fue la luz*. Hablé y todo existió, incluyendo plantas y animales. Finalmente, por medio de la palabra traje a la humanidad a la vida.

La Vida que te ofrezco es *eterna*. Comienza cuando crees en mí como tu único Salvador, pero nunca termina. Puedes disfrutar de una gran libertad al saber que *no hay condenación para ti*. ¡Te he hecho *libre para siempre de la ley del pecado y de la muerte!* La mejor respuesta a este regalo glorioso es el Gozo agradecido, deleitándote en el Único que te ama perfecta *y* eternamente. Recuerda que yo estoy siempre cerca de ti, más cerca que el aire que respiras.

Lo que ha sido desde el principio, lo que hemos oído, lo que hemos visto con nuestros propios ojos, lo que hemos contemplado, lo que hemos tocado con las manos, esto les anunciamos respecto al Verbo que es vida. Esta vida se manifestó. Nosotros la hemos visto y damos testimonio de ella, y les anunciamos a ustedes la vida eterna que estaba con el Padre y que se nos ha manifestado.

—1 Juan 1.1, 2

En el principio ya existía el Verbo,
y el Verbo estaba con Dios,
y el Verbo era Dios.

—Juan 1.1

Lee también: Génesis 1.1-3; Romanos 8.1, 2

Mañana tras mañana te despierto y abro tu entendimiento a mi voluntad. Siempre estoy atento a ti, mi amado. Yo no duermo, así que puedo velar tu sueño mientras descansas. *Cuando despiertas* en la mañana, *ahí estoy yo, contigo.* Ser consciente de mi amorosa Presencia te ayudará a estar más alerta, aplacando las confusiones en tu mente y permitiéndote verme con mayor claridad. Te invito a pasar tiempo disfrutando de mi Presencia y nutriendo tu alma con mi Palabra. Me deleito cuando respondes a mi llamado de Amor *acercándote más a mí.*

Este tiempo dedicado a mí te bendecirá y fortalecerá inmensamente. Yo abro tu entendimiento a mi Palabra, capacitándote para comprender las Escrituras y aplicarlas a tu vida. Al hacer planes para el día de hoy, te ayudaré a discernir mi voluntad. Esta colaboración conmigo te capacitará para manejar *cualquier cosa* que se te presente durante el día. Te estoy preparando para *confiar en mí en todo momento y* en cualquier circunstancia.

El Señor omnipotente me ha concedido
tener una lengua instruida,
para sostener con mi palabra al fatigado.
Todas las mañanas me despierta,
y también me despierta el oído,
para que escuche como los discípulos.
—Isaías 50.4

Acérquense a Dios, y él se acercará a ustedes. ¡Pecadores, límpiense
las manos! ¡Ustedes los inconstantes, purifiquen su corazón!
—Santiago 4.8

Lee también: Salmos 139.17, 18; Salmos 62.8

La Luz de mi Gloria brilla sobre ti, mi amado. Búscame con un espíritu de adoración. Deja que el resplandor de mi Amor caiga sobre ti y alcance hasta las mayores profundidades de tu ser. Saborea esos momentos a solas conmigo. Los estoy usando para hacer que seas más como yo. Mientras más mantengas tu mirada en mí —en los momentos de tranquilidad *y* en el ajetreo del día— mejor podrás *reflejar mi Gloria* a otras personas.

Mantenerte consciente de mí cuando estás ocupado puede ser todo un reto. Sin embargo, te he creado con una mente tan asombrosa que puede permitirte funcionar en más de un asunto al mismo tiempo. La práctica de mi Presencia implica dedicarle un tiempo a tu relación conmigo. Esta práctica tiene muchos beneficios. Cuando estás consciente de que estoy contigo, es menos probable que hagas o digas algo que me desagrade. Cuando estás luchando con circunstancias difíciles o sentimientos dolorosos, estar consciente de mi Presencia te da valor y consuelo. Yo puedo usar *todas las cosas* en tu vida para bien, *transformándote a mi semejanza con una Gloria siempre en aumento*.

Fijemos la mirada en Jesús, el iniciador y perfeccionador de nuestra fe, quien, por el gozo que le esperaba, soportó la cruz, menospreciando la vergüenza que ella significaba, y ahora está sentado a la derecha del trono de Dios.

—Hebreos 12.2

Así, todos nosotros, que con el rostro descubierto reflejamos como en un espejo la gloria del Señor, somos transformados a su semejanza con más y más gloria por la acción del Señor, que es el Espíritu.

—2 Corintios 3.18

Lee también: Romanos 8.28

EL HOMBRE MIRA LA APARIENCIA exterior, pero yo miro el corazón. La capacidad de ver es un gran don. Al observar y admirar la belleza de la naturaleza te ofrezco destellos de mi Gloria. Las grandes pinturas, las esculturas y la cinematografía pueden ayudarte a abrir los ojos de tu alma. Alégrate con estos gloriosos regalos, pero no te conviertas en un esclavo de las apariencias. Yo estoy principalmente interesado en el estado de tu corazón, y obro para crear belleza en él.

Es muy importante que separes tiempo para nutrir tu corazón. *Sobre toda cosa guardada, guarda tu corazón, porque de él mana la vida.* Tu corazón es una fuente de abundante provisión. ¡Puesto que me perteneces, mi propia vida fluye a través de ti! Sin embargo, para mantener esta Vida fluyendo de forma abundante, debes proteger tu corazón de las malas influencias y alimentarlo con el estudio de la Biblia y la oración.

Ajustar tus prioridades según mis enseñanzas puede ser muy liberador. Cuando no te guste el aspecto de las cosas en tu mundo, cierra los ojos y fíjate en quién soy. Recuerda que *yo soy Emanuel: Dios contigo.*

Pero el SEÑOR le dijo a Samuel:
— No te dejes impresionar por su apariencia ni por su estatura, pues yo lo he rechazado. La gente se fija en las apariencias, pero yo me fijo en el corazón.
—1 SAMUEL 16.7

Por sobre todas las cosas cuida tu corazón,
porque de él mana la vida.
—PROVERBIOS 4.23

LEE TAMBIÉN: MATEO 1.23

Yo VINE AL MUNDO como una Luz, para que todo el que cree en mí no permanezca en tinieblas. Sin embargo, no solo traje luz al mundo, sino que yo mismo soy *la Luz que se mantiene brillando en la oscuridad.* ¡Y puesto que soy infinito y todopoderoso, nada puede extinguir esta luminosidad.

Cuando creíste en mí, llegaste a ser un *hijo de Luz* y la brillantez inundó tu ser interior. Esto te ayuda a ver las cosas desde mi perspectiva, tanto las del mundo como las de tu corazón. La iluminación del contenido de tu corazón puede ser muy incómoda; no obstante, te conduce al arrepentimiento y a caminar en mis pisadas, que es el camino hacia la libertad.

Regocíjate en tu clara perspectiva. *El dios de este siglo ha enceguecido el entendimiento de los incrédulos, para que no puedan ver la Luz del evangelio de mi Gloria.* Sin embargo, debido a que tú eres un ser muy querido para mí, tienes la *Luz del conocimiento de mi Gloria* brillando en tu corazón. ¡Regocíjate grandemente!

> *Yo soy la luz que ha venido al mundo, para que todo*
> *el que crea en mí no viva en tinieblas.*
> —JUAN 12.46

> *Esta luz resplandece en las tinieblas,*
> *y las tinieblas no han podido extinguirla.*
> —JUAN 1.5

Todos ustedes son hijos de la luz y del día. No somos de la noche ni de la oscuridad.

—1 TESALONICENSES 5.5

LEE TAMBIÉN: 2 CORINTIOS 4.4, 6

Tú no eres extraño para mí, mi amado. *Antes que te formara en el vientre ya te conocía.* Mi conocimiento de ti ha continuado sin interrupción: a través de tu entrada en este mundo y a lo largo de tu vida. Así como el experto alfarero se deleita en la obra que sale de sus manos, yo me gozo en transformarte cada vez más para que llegues a ser aquel que tenía la intención que fueras cuando te creé.

Una implicación de mi Presencia ininterrumpida en tu vida es que nunca estarás solo. Aunque entiendo que eres humano y que tu capacidad de atención es limitada, te estoy preparando para que seas cada vez más consciente de mí. Habrá ocasiones en que en medio del sufrimiento pienses que estás solo o abandonado. Sin embargo, yo sufrí solo en la cruz para que tú nunca estuvieras solo en tus luchas. *Siempre estarás conmigo; yo te sostengo de tu mano derecha.*

El último enemigo al que tendrás que enfrentarte es la muerte, pero mi crucifixión y resurrección han diezmado a ese enemigo. Así que confía en mí para te guíe a través de tu vida y *después te acoja en la Gloria.*

«Antes de formarte en el vientre,
ya te había elegido;
antes de que nacieras,
ya te había apartado;
te había nombrado profeta para las naciones».
—JEREMÍAS 1.5

LEE TAMBIÉN: SALMOS 139.16; SALMOS 73.23, 24

YO TE LLAMÉ DE LAS TINIEBLAS a mi Luz admirable. Te *saqué no solo de la oscuridad,* sino que te hice parte de mi familia real. Te vestí con mi propio *manto de justicia,* lo que te habilita perfectamente para que pertenezcas a mi reino. Tú eres uno *de mi pueblo especial*: me perteneces, y yo me deleito en ti.

He optado por utilizar seres imperfectos como tú para *proclamar mis obras maravillosas.* Sé que no podrás hacerlo tan bien como querrías. En realidad, sin mi ayuda es imposible que lo logres. Esta brecha entre mi llamado en tu vida y tu capacidad de responder es parte de mi plan. Te ayuda a reconocer tu insuficiencia más absoluta. Debido a que eres mío, te permito conectar tu incapacidad a mi ilimitada suficiencia. En lugar de preocuparte de tu insuficiencia, preocúpate de permanecer cerca de mí. En todo lo que hagas, confía conscientemente en mi ayuda, viviendo en la jubilosa maravilla del olvido de ti mismo. Al acudir a mí para todo lo que necesitas, tu rostro reflejará la Luz de mi incomparable Gloria.

> *Pero ustedes son linaje escogido, real sacerdocio, nación santa, pueblo que pertenece a Dios, para que proclamen las obras maravillosas de aquel que los llamó de las tinieblas a su luz admirable.*
>
> —1 PEDRO 2.9

> *Yo soy la vid y ustedes son las ramas. El que permanece en mí, como yo en él, dará mucho fruto; separados de mí no pueden ustedes hacer nada.*
>
> —JUAN 15.5

LEE TAMBIÉN: ISAÍAS 61.10; 2 CORINTIOS 3.18

Marzo

De su plenitud todos hemos recibido gracia sobre gracia.

JUAN 1.16

YO TE DOY GOZO en tu paso por el mundo. Este regalo centelleante no es un lujo; ¡es una necesidad! En el camino encontrarás obstáculos, así como curvas cerradas, subidas y bajadas. Sin el Gozo en tu corazón, *te cansarás y te desalentarás.*

El Gozo que te doy no depende de las circunstancias. ¡Las trasciende! Esta es la razón por la que las personas pobres son a menudo más felices que las que tienen riquezas. Enfermos, e incluso muriendo, las personas pueden sentir gozo cuando confían en mí como su Salvador, Señor y Amigo.

Trata de difundir el Gozo en el mundo que te rodea. Deja que mi Luz se refleje en tu forma de ser mediante tus sonrisas, tu risa, tus palabras. El Espíritu Santo te capacitará para hacerlo en la medida que le des espacio en tu vida. Pídele que te llene de un deleite contagioso. Concéntrate en estar cerca de mí, y yo te guiaré a lo largo del *camino de la Vida. En mi Presencia hay plenitud de Gozo.*

Así, pues, consideren a aquel que perseveró frente a tanta oposición por parte de los pecadores, para que no se cansen ni pierdan el ánimo.
—HEBREOS 12.3

Aunque la higuera no florezca,
ni haya frutos en las vides;
aunque falle la cosecha del olivo,
y los campos no produzcan alimentos;
aunque en el aprisco no haya ovejas,
ni ganado alguno en los establos;
aun así, yo me regocijaré en el SEÑOR,
¡me alegraré en Dios, mi libertador!
—HABACUC 3.17, 18

LEE TAMBIÉN: SALMOS 16.11

¡MIS CAMINOS ESTÁN MÁS ALLÁ DE TU COMPRENSIÓN! Ven a mí con un corazón humilde, inclinándote ante mi inteligencia infinita. Renuncia a tu deseo de entenderme; acepta el hecho de que muchas cosas superan tus posibilidades de comprensión. Debido a que yo soy infinito y tú eres finito, las limitaciones de tu mente hacen que sea imposible que entiendas muchos de los hechos que ocurren en tu vida y en el mundo. Por eso es vital que dejes espacio para el *misterio* en la forma en que ves el desarrollo de los hechos.

Eres privilegiado al saber muchas cosas que antiguamente eran misterios, cosas *que se habían mantenido ocultas por siglos y generaciones*. El Nuevo Testamento está lleno de revelaciones que se hicieron conocidas a través de mi encarnación, vida, muerte y resurrección. ¡Tú eres inconmensurablemente bendecido por tener hoy este conocimiento inapreciable!

Con todo, las formas en que obro en tu mundo son a menudo misteriosas para ti. Están más allá de tu comprensión. Por eso tienes que hacer una decisión: resistirte o inclinarte ante mí con asombro y adoración. ¡Maravíllate ante la *profundidad de las riquezas de mi sabiduría y conocimiento*!

> *¡Qué profundas son las riquezas*
> *de la sabiduría y del conocimiento de Dios!*
> *¡Qué indescifrables sus juicios*
> *e impenetrables sus caminos!*
> —ROMANOS 11.33

LEE TAMBIÉN: PROVERBIOS 3.5; COLOSENSES 1.26

MI AMOR TE BUSCA CADA DÍA DE TU VIDA. Así que identifica las señales de mi tierna Presencia mientras avanzas a través de tu jornada diaria. Yo me revelo a ti en una gran variedad de formas y maneras: palabras surgidas de las Escrituras justo cuando más las necesitas, palabras dichas a través de otras personas, «coincidencias» orquestada por mi Espíritu, la belleza de la creación, y por medio de otras muchas cosas. Mi Amor por ti no es pasivo; te busca activamente y cuando te encuentra, se hace evidente en tu vida. Invítame para que abra los ojos de tu corazón de manera que puedas «verme» bendiciéndote en miles de formas pequeñas o grandes.

Quiero que no solo recibas mis abundantes bendiciones, sino que las anotes con cuidado. *Atesóralas y medita en ellas en tu corazón.* Dame las gracias por las formas en que las hago realidad en tu vida; escribe algunas de ellas de manera que puedas disfrutarlas una y otra vez. Estas señales de mi Presencia te fortalecen y te preparan para cuando se presenten las dificultades. Recuerda que *nada en toda la creación puede separarte de mi Amor.*

La bondad y el amor me seguirán
todos los días de mi vida;
y en la casa del SEÑOR
habitaré para siempre.
—SALMOS 23.6

En mi corazón atesoro tus dichos
para no pecar contra ti.
—SALMOS 119.11

LEE TAMBIÉN: LUCAS 2.19; ROMANOS 8.39

¡DICHOSOS SON TODOS LOS QUE ESPERAN EN MÍ! Esperar pacientemente no es fácil, no obstante, resulta muy bueno para ti. Elaboras planes con mucha anticipación, tomas decisiones definitivas y haces que las cosas *ocurran*. Hay un tiempo para eso, pero este no es el momento. Ahora es tiempo de que te sientes ante mi Presencia, confiando en mí con todo tu ser. Esta disciplina te traerá una abundancia de bendiciones.

Algunas de las cosas buenas que te ofrezco se encuentran en el futuro. Mientras esperas obedientemente en mí, estás aumentando el valor de aquellas cosas que aún no se han convertido en bendiciones. Debido a que ellas están veladas en el misterio del futuro, no las puedes ver con claridad. Para el tiempo presente hay otras bendiciones. El mismo proceso de esperar en mí es beneficioso. Mantén tu alma a la expectativa mientras me buscas con esperanza. Sé consciente de que yo estoy en control y puedes descansar en mi bondad. Aunque no entiendas por qué tienes que esperar tanto, yo te bendigo al decidirte a *confiar en mí con todo su corazón.*

> *Por eso el SEÑOR los espera, para tenerles piedad;*
> *por eso se levanta para mostrarles compasión.*
> *Porque el SEÑOR es un Dios de justicia.*
> *¡Dichosos todos los que en él esperan!*
>
> —ISAÍAS 30.18

> *Por la mañana hazme saber de tu gran amor,*
> *porque en ti he puesto mi confianza.*
> *Señálame el camino que debo seguir,*
> *porque a ti elevo mi alma.*
>
> —SALMOS 143.8

LEE TAMBIÉN: PROVERBIOS 3.5

Yo me preocupo por ti. Cuando te sientas solo y vulnerable, expuesto a los «elementos» de un mundo caído, detente y recuérdate a ti mismo: «Jesús cuida de mí». Este recuerdo te traerá consuelo y te ayudará a sentirte descansado. Te impedirá obsesionarte por el futuro, intentando averiguar y anticipar lo que sucederá.

Cuando las circunstancias sean confusas y no sepas qué camino tomar, recuerda que yo no aparto mis ojos de ti. Sé todo sobre tu vida y tu situación. También conozco el futuro. Un niño de una buena familia con los recursos adecuados no necesita saber la forma en que sus padres le proveerán mañana, la próxima semana, o el próximo año. Tú perteneces a la mejor familia que te puedas imaginar, y mis recursos son absolutamente ilimitados. Por lo tanto, tráeme todas tus necesidades y preocupaciones. Confíamelas y vive tranquilo, como un hijo del *Rey de reyes*. Relájate y regocíjate, porque yo tengo buen cuidado de ti.

Depositen en él toda ansiedad, porque él cuida de ustedes.

—1 Pedro 5.7

El Señor te guiará siempre;
te saciará en tierras resecas,
y fortalecerá tus huesos.
Serás como jardín bien regado,
como manantial cuyas aguas no se agotan.

—Isaías 58.11

En su manto y sobre el muslo lleva escrito este nombre:
Rey de reyes y Señor de señores.

—Apocalipsis 19.16

NO SIENTAS MIEDO *cuando vayas por valles tenebrosos.* Mi Presencia radiante brilla en *ese lugar profundo y oscuro,* fortaleciéndote, alentándote y consolándote. Ya que *nunca duermo,* estoy en condiciones de mantener sobre ti una vigilancia constante. Por lo demás, ningún valle es tan profundo, ningún foso es tan oscuro, que yo no pueda verlo todo hasta el fondo mismo.

Incluso si de vez en cuando te alejas de mí y caes en un *pozo de desesperación,* puedes contar con que yo te rescataré. Cuando clamas a mí, *te levanto del lodo y del pantano y pongo tus pies sobre una roca,* dándote *un lugar firme donde puedas estar.* Encuentra consuelo en mi compromiso de ayudarte, incluso cuando tropieces y caigas.

Cada vez que comiences a sentir miedo, recuerda que *estoy contigo.* He prometido que *nunca te dejaré. Yo mismo, en persona, te precedo* en el camino de la vida. Cuando sientas que vas atravesando el valle de la adversidad, deja que estas palabras de consuelo fluyan en tu mente: «*No temeré mal alguno, porque tú estarás conmigo*».

Aun si voy por valles tenebrosos,
no temo peligro alguno
porque tú estás a mi lado;
tu vara de pastor me reconforta.

—SALMOS 23.4

Mi ayuda proviene del SEÑOR,
creador del cielo y de la tierra.
No permitirá que tu pie resbale;
jamás duerme el que te cuida.

—SALMOS 121.2, 3

LEE TAMBIÉN: SALMOS 40.1, 2; DEUTERONOMIO 31.8

MARZO 7

BIENAVENTURADOS LOS QUE SE GOZAN en mi Nombre todo el día y se regocijan en mi justicia. Este Nombre me representa en todos mis gloriosos atributos. Usado correctamente, te acerca a mi amorosa Presencia. Muchas personas abusan de mi Nombre utilizándolo como una palabrota. Oír este abuso verbal me es extremadamente ofensivo. Sin embargo, mis seguidores pueden pronunciar amorosamente la palabra «Jesús» durante todo el día para regocijarse en mí y pedir mi ayuda. *Yo soy Dios tu Salvador, y te ayudaré para la Gloria de mi Nombre.*

Te invito a que te regocijes en mi justicia. «Regocijarte» es estar encantado, eufórico, alegre y jubiloso, especialmente por el triunfo o el éxito. Justo antes de morir en la cruz dije: «*¡Todo se ha cumplido!*». Estaba anunciando la realización del mayor triunfo imaginable: la victoria sobre el pecado y la muerte para todo el que cree en mí. A través de este logro supremo, mi justicia ha sido acreditada a ti para siempre, mi amado. *Te he cubierto con el manto de justicia.* ¡Usa mis gloriosas *ropas de salvación* con deleite, euforia, júbilo y alegría!

> *...los que todo el día se alegran en tu nombre*
> *y se regocijan en tu justicia.*
> —SALMOS 89.16

> *Oh Dios y salvador nuestro,*
> *por la gloria de tu nombre, ayúdanos;*
> *por tu nombre, líbranos y perdona nuestros pecados.*
> —SALMOS 79.9

LEE TAMBIÉN: JUAN 19.30; ISAÍAS 61.10

Yo TE CAPACITO *para que permanezcas en las alturas.* Este término «las alturas» puede referirse a un sinnúmero de cosas. Tomado de forma literal, significa que algo está físicamente muy arriba. Esta es una forma apropiada de describir las altas cumbres de una montaña o los pisos más altos de un rascacielos. Tomado en sentido figurado, el término puede referirse al placer eufórico o a algo muy diferente: experiencias importantes llenas de responsabilidad. Si aspiras a alcanzar las alturas, sobre todo los lugares más altos de logros y reconocimientos, debes prepararte para asumir las responsabilidades que acompañan el éxito. Sin embargo, no te olvides de disfrutar de la satisfacción de experimentar cosas buenas conmigo, a través de mí y para mí.

Debido a que eres mío, puedes *mantenerte firme, con el cinturón de la verdad bien abrochado alrededor de tu cintura y la coraza de justicia en su lugar.* Todas mis enseñanzas son verdades absolutas, *porque yo soy la Verdad.* Esto te da una base firme, una roca sólida sobre la cual pararte. Mi perfecta justicia se ha acreditado a tu cuenta para siempre. ¡No importa la cantidad de problemas con que te encuentres en la vida, *esta justicia* podrá mantenerte en pie!

> *...da a mis pies la ligereza del venado,*
> *y me mantiene firme en las alturas;*
>
> —2 SAMUEL 22.34

> *Manténganse firmes, ceñidos con el cinturón de la*
> *verdad, protegidos por la coraza de justicia,*
>
> —EFESIOS 6.14

LEE TAMBIÉN: JUAN 14.6; ROMANOS 3.22

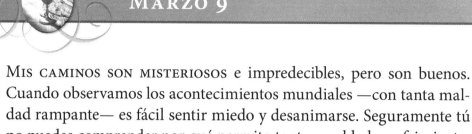
Mis caminos son misteriosos e impredecibles, pero son buenos. Cuando observamos los acontecimientos mundiales —con tanta maldad rampante— es fácil sentir miedo y desanimarse. Seguramente tú no puedes comprender por qué permito tanta crueldad y sufrimiento. La dificultad radica en el hecho de que yo soy infinito y tú no lo eres. Muchas cosas están simplemente más allá de tu comprensión. Sin embargo, no te desesperes. Cuando llegues al límite de tu capacidad de entender, confiar en mí te llevará adelante. Afirma tu *confianza en mí* mediante oraciones silenciosas y habladas. ¡Mantén la comunicación conmigo!

No te quedes atrapado en la postura de demandar saber por qué. Esa es una pregunta equivocada. Las preguntas correctas son: «¿Cómo quieres que vea esta situación?» y «¿Qué quieres que haga ahora?». No se puede cambiar el pasado, por lo que comienza con el momento presente y trata de encontrar mi camino en lo adelante. Confía en mí un día, un momento, una vez. *No temas, porque yo estoy contigo. Te fortaleceré y te ayudaré.*

Confía en el Señor de todo corazón,
y no en tu propia inteligencia.
—Proverbios 3.5

... pude ver todo lo hecho por Dios. ¡El hombre no puede comprender todo lo que Dios ha hecho en esta vida! Por más que se esfuerce por hallarle sentido, no lo encontrará; aun cuando el sabio diga conocerlo, no lo puede comprender.
—Eclesiastés 8.17

Lee también: Salmos 37.12, 13; Isaías 41.10

DE LA PLENITUD DE MI GRACIA, tú has recibido una bendición tras otra. Detente un momento, mi amado, y piensa en el asombroso don de la salvación *por gracia mediante la fe* en mí. Debido a que es totalmente un regalo, *no resultado de las obras*, esta salvación está segura. Tu parte es recibir lo que he logrado para ti en la cruz, creyendo con la fe que te fue dada. Este Amor y este favor inmerecidos son tuyos para siempre. ¡Mi gracia tiene un valor infinito!

Múltiples bendiciones fluyen de la gracia debido a su extraordinaria plenitud. Los sentimientos de culpa se derriten bajo la cálida Luz de mi perdón. Tu identidad como un *hijo de Dios* le da a tu vida sentido y propósito. Tu relación con otras personas mejora a medida que te relacionas con ellas demostrando amor y perdón.

La mejor respuesta a mi gracia abundante es un corazón lleno de gratitud. Dedica un tiempo cada día a pensar en mí y agradecerme por las bendiciones de tu vida. Esto protege tu corazón de la mala hierba de la ingratitud que brota tan fácilmente. ¡*Sé agradecido*!

> *De su plenitud todos hemos recibido gracia sobre gracia.*
> —JUAN 1.16

> *Porque por gracia ustedes han sido salvados mediante la fe; esto no procede de ustedes, sino que es el regalo de Dios.*
> —EFESIOS 2.8, 9

> *Mas a cuantos lo recibieron, a los que creen en su nombre, les dio el derecho de ser hijos de Dios.*
> —JUAN 1.12

LEE TAMBIÉN: COLOSENSES 3.15

PROCURA VIVIR EN EL PRESENTE… ¡*conmigo*! Tu vida es un regalo que te he hecho y que consiste de millones y millones de momentos. Estos incontables y pequeños dones que te he dado pueden pasar fácilmente inadvertidos sin que hagas uso de ellos. El mejor remedio para tal error es llenar tus momentos con mi Presencia. Puedes comenzar tu día conectándote conmigo y orando: «Gracias, Jesús, por este precioso día de vida. Ayúdame a ser consciente de tu Presencia conmigo».

El agradecimiento te mantiene unido a mí y anclado en el presente. La preocupación, por otra parte, te empuja hacia el futuro, donde terminarás deambulando en lugares estériles de incertidumbre. Sin embargo, siempre podrás volver a mí si me dices en un susurro: «Señor, ayúdame».

Para vivir constantemente en el presente, trata de ser más agradecido. Mira a tu alrededor e intenta ubicar los muchos regalos que derramo sobre ti. Cuando vayas a darme las gracias por estas bendiciones, hazlo con entusiasmo y alegría. Esto aumentará tu agradecimiento e intensificará tu habilidad de entender cuán bendecido realmente eres.

Este es el día en que el SEÑOR actuó;
regocijémonos y alegrémonos en él.

—SALMOS 118.24

Por eso, de la manera que recibieron a Cristo Jesús como Señor,
vivan ahora en él, arraigados y edificados en él, confirmados
en la fe como se les enseñó, y llenos de gratitud.

—COLOSENSES 2.6, 7

LEE TAMBIÉN: SALMOS 13.5; 2 CORINTIOS 9.15

EL GOZO QUE TIENES EN MÍ es independiente de tus circunstancias. *En mi Presencia hay plenitud de Gozo*, y tú nunca estás separado de mí. *Búscame* mientras caminas por el sendero del día de hoy. Yo me deleito en revelarme a ti. A veces me comunico contigo a través de grandes e inconfundibles formas, «coincidencias» que son claramente la obra de mis manos. En otras ocasiones revelo mi Presencia invisible de maneras muy sutiles. A menudo son tan personales que otros no las notan. Sin embargo, estas manifestaciones tan sutiles pueden ser una fuente de Gozo profundo e íntimo.

Mientras más atención pongas, más claramente podrás encontrarme en los detalles de tu vida. Así que trata de mantenerte alerta. ¡No dejes de buscarme!

Llena tu mente y tu corazón con las Escrituras, en las que me revelo con mayor claridad. Deja que mis promesas penetren en tu pensamiento y mantente cerca de mí. *Escucha mi voz. Yo te conozco, y tú me sigues. Yo te doy vida eterna y nadie te podrá arrebatar de mi mano.* ¡Regocíjate!

> *Me mostrarás la senda de la vida;*
> *En tu presencia hay plenitud de gozo;*
> *Delicias a tu diestra para siempre.*
> —SALMOS 16.11 RVR1960

> *Me buscarán y me encontrarán cuando me busquen de todo corazón.*
> —JEREMÍAS 29.13

> *Mis ovejas oyen mi voz; yo las conozco y ellas me siguen. Yo les doy vida eterna, y nunca perecerán, ni nadie podrá arrebatármelas de la mano.*
> —JUAN 10.27, 28

NO TE QUEDES VIVIENDO EN EL PASADO, mi amado. Es cierto que del pasado se puede aprender, pero no dejes que se convierta en tu enfoque primario. Por mucho que quieras hacerlo, no es posible deshacer las cosas que ya han ocurrido. En lugar de desear lo imposible, ven a mí y *ábreme tu corazón*. Recuerda que yo soy *tu Refugio; confía en mí en todo momento*.

Refuerza tu confianza en mí diciendo lo más frecuentemente que puedas: «Confío en ti, Jesús». Pronunciar estas cuatro palabras puede iluminar tu día de inmediato, despejando las negras nubes de preocupación por medio de una simple confianza en mí, como la de un niño.

¡Yo estoy haciendo algo nuevo! No dejes de descubrir todo lo que estoy logrando en tu vida. Pídeme que abra los ojos de tu mente y tu corazón para que puedas ver las muchas oportunidades que he puesto a lo largo de tu camino. No caigas en la rutina de reparar solo en las mismas cosas viejas, porque puedes perderte la bendición de las nuevas. Recuerda que yo puedo abrir un camino donde pareciera que nadie podría hacerlo. *¡Conmigo todo es posible!*

No os acordéis de las cosas pasadas, ni traigáis a memoria las cosas antiguas.
He aquí que yo hago cosa nueva; pronto saldrá a luz; ¿no la conoceréis?
Otra vez abriré camino en el desierto, y ríos en la soledad.
—ISAÍAS 43.18, 19 RVR1960

Esperad en él en todo tiempo, oh pueblos;
Derramad delante de él vuestro corazón;
Dios es nuestro refugio.
—SALMOS 62.8 RVR1960

LEE TAMBIÉN: MATEO 19.26

YO *ME DELEITO EN TI CON CÁNTICOS*. Abre tu corazón, mente y espíritu para recibir mis más ricas bendiciones. Debido a que eres mi hijo comprado con mi sangre, mi Amor por ti fluye continuamente desde *el trono de la gracia*. Mírame y recibe todo lo que tengo para ti. Escucha y me oirás cantar canciones de Gozo por mi *gran complacencia en ti*. Puedes acercarte a mí valientemente, con la confianza que te da el saber que eres a *quien yo amo*.

El mundo te enseña que el amor es condicional; que depende del desempeño, la apariencia y el estatus. A pesar de que no crees esta mentira, la constante embestida de este mensaje en los medios de comunicación puede penetrar tu pensamiento. Es por eso que resulta tan importante dedicar un tiempo a enfocarte en mí, saturándote de mi Presencia, absorbiendo mi Palabra.

Separar tiempo para estar a solas conmigo es contracultural, por lo que esta práctica requiere disciplina y determinación. Sin embargo, bien vale el esfuerzo. Vivir cerca de mí ilumina tu vida inmensamente. *En mí está la fuente de Vida; en mi Luz tú ves la Luz.*

*…porque el SEÑOR tu Dios está en medio de ti
como guerrero victorioso.
Se deleitará en ti con gozo,
te renovará con su amor,
se alegrará por ti con cantos*
—SOFONÍAS 3.17

*Porque en ti está la fuente de la vida,
y en tu luz podemos ver la luz.*
—SALMOS 36.9

LEE TAMBIÉN: HEBREOS 4.16; DEUTERONOMIO 33.12

YO SOSTENGO A TODOS LOS QUE CAEN y levanto a todos los agobiados. Hay ocasiones en que solo tú y yo sabemos que has caído. La tentación a veces es no darle importancia a lo que has hecho (o dejado de hacer). Es posible que no te acongojen los sentimientos de vergüenza, pero en lo íntimo de tu ser te sientes inquieto e intranquilo, ligeramente culpable. Aun en momentos como esos, yo no dejo de amarte de forma perfecta. A veces te muestro mi Amor por ti de maneras inesperadas, como por ejemplo humillándote y deleitándote al mismo tiempo. Esto agudiza tu conciencia de haber pecado e intensifica tu deseo de confesarlo y acercarte a mí. Mientras retornas al lugar que te corresponde, mi redimido, tu inquietud da lugar a la calma. Así es como te levanto cuando has tropezado.

Recuerda que puedo hacer que *todas las cosas* —incluyendo tus fracasos— *ayuden a bien, porque tú me amas y has sido llamado conforme a mi propósito.* Darte cuenta de lo mucho que te aprecio incluso cuando no estás viviendo bien profundiza tu relación conmigo. También ayuda a que te relajes y te regocijes en *mi inagotable amor.*

> *El SEÑOR levanta a los caídos*
> *y sostiene a los agobiados.*
> —SALMOS 145.14

> *Ahora bien, sabemos que Dios dispone todas las cosas para el bien de quienes lo aman, los que han sido llamados de acuerdo con su propósito.*
> —ROMANOS 8.28

LEE TAMBIÉN: LAMENTACIONES 3.22, 23

Yo soy el antídoto para la soledad. *Porque yo soy el Señor, tu Dios, quien te sostiene de tu mano derecha y te dice: «No temas, yo te ayudaré».* Cierra tu diestra, como si estuvieras agarrado a la mía. Este gesto simbólico te ayudará a sentirte conectado a mí, a mi Presencia viva. Cada vez que te empieces a sentir solo o temeroso, reconéctate.

Háblame de lo que estás sintiendo y las luchas que enfrentas. Yo las conozco, pero te hace bien decírmelas. Pasa tiempo disfrutando en la Luz de mi Presencia, dándote cuenta de lo seguro que estás en mí. *Yo estoy contigo* cada nanosegundo de tu vida. ¡Nunca te encuentras solo!

Busca mi rostro y mi perspectiva para tu vida. A veces es bueno que escribas tus preocupaciones. Aclara tus pensamientos y lleva un registro de tus plegarias. Esto también te ayuda a entregarme tus problemas. *Yo estoy contigo* continuamente.

> *Porque yo soy el Señor, tu Dios,*
> *que sostiene tu mano derecha;*
> *yo soy quien te dice:*
> *"No temas, yo te ayudaré".*
> —Isaías 41.13

> *...enseñándoles a obedecer todo lo que les he mandado a ustedes. Y les aseguro que estaré con ustedes siempre, hasta el fin del mundo.*
> —Mateo 28.20

> *Yo estoy contigo. Te protegeré por dondequiera que vayas, y te traeré de vuelta a esta tierra. No te abandonaré hasta cumplir con todo lo que te he prometido.*
> —Génesis 28.15

Lee también: Salmos 27.4

Nada en toda la creación puede separarte de mi Amor. Detente a pensar y reflexionar en el increíble contenido de esta promesa. Tú vives en un mundo donde las separaciones abundan: las esposas de sus maridos, los hijos de sus padres, los amigos de sus amigos, los sueños de la infancia de las realidades de la edad adulta. Sin embargo, hay una terrible separación que tú nunca tendrás que enfrentar: el aislamiento de mi amorosa Presencia.

Quiero que te conectes a mí con una confianza tenaz. Eso te dará fuerzas para hacerle frente a la incertidumbre de vivir en un mundo inestable y corrompido. Si olvidas que mi amor nunca te fallará, los pensamientos de ansiedad te pueden asaltar y llenarte de miedo. Cuando te sientas invadido por el temor, agárrate de mi mano con la confianza de un niño que se refugia en la mano de su papá. Descansa en la protección de mi Presencia, y recuerda que *el perfecto Amor echa fuera el temor.*

La mayor riqueza en la tierra es ínfima en comparación con las riquezas de mi amor sin límites. Este es mi regalo para todos los que me siguen. *¡Cuán precioso es mi gran Amor!*

> *Pues estoy convencido de que ni la muerte ni la vida, ni los ángeles ni los demonios, ni lo presente ni lo por venir, ni los poderes, ni lo alto ni lo profundo, ni cosa alguna en toda la creación podrá apartarnos del amor que Dios nos ha manifestado en Cristo Jesús nuestro Señor.*
>
> —Romanos 8.38, 39

Lee también: Isaías 30.15; 1 Juan 4.18; Salmos 36.7

Esfuérzate por vivir más plenamente en el presente, rehusándote a *preocuparte por el mañana*. Esforzarse implica dedicar seriamente energía a algo; y por lo general, eso incluye lucha. Deberás ejercer un esfuerzo continuo si quieres vivir el tiempo presente en mi Presencia. Te invito a que me conviertas en la más importante búsqueda de tu vida cotidiana.

Es esencial resistir la tentación a sentirte preocupado. Es cierto que vives en un mundo caído, lleno de pecado y batallas, donde nunca faltarán cosas que te quieran provocar ansiedad, pero no te olvides de que *cada día tiene sus propios problemas*. Yo calibro con cuidado la cantidad de dificultades que encontrarás en un día determinado. Y sé exactamente cuántas de esas dificultades podrás manejar con mi ayuda. Yo estoy siempre cerca, listo para fortalecerte, animarte y consolarte.

Mantenerte cerca de mí es la mejor manera de vivir en el presente. Cuando tus pensamientos quieran divagar, tráelos sin demora a mí. Regresa a mí con alegría, mi amado. *Me deleitaré en ti con gozo, me alegraré por ti con cánticos.*

> *Por lo tanto, no se angustien por el mañana, el cual tendrá*
> *sus propios afanes. Cada día tiene ya sus problemas.*
> —Mateo 6.34

> *Así que no temas, porque yo estoy contigo;*
> *no te angusties, porque yo soy tu Dios.*
> *Te fortaleceré y te ayudaré;*
> *te sostendré con mi diestra victoriosa.*
> —Isaías 41.10

Lee también: Sofonías 3.17

TÚ ESTARÁS PREPARADO PARA TODO al vivir en una relación conmigo. Descansa en mi Presencia mientras te *infundo fuerza interior*. Como eres un hijo del Rey de reyes, eres capaz de mucho más de lo que crees. Sin embargo, para beneficiarte totalmente de tu posición privilegiada, necesitas pasar mucho tiempo conmigo. Al relajarte en mi Presencia —deleitándote en mí y abriéndome tu corazón— te lleno de fuerza interior. Ese tiempo que pasamos juntos no solo es placentero, sino que resulta fortalecedor.

Cuando las muchas ocupaciones te presionan, la tentación es posponer tu tiempo conmigo y sumergirte en las actividades del día. No obstante, al igual que un desayuno saludable te ayuda a funcionar mucho mejor, así ocurrirá cuando alimentes tu alma con la dieta adecuada que te ofrezco. Disfruta mi Palabra, pidiéndole a mi Espíritu que la haga parte de tu propia vida. Saborea estas palabras de Vida. Tu relación viviente conmigo te ayudará a enfrentar cada nuevo día con confianza, preparado para cualquier cosa que se te presente.

Todo lo puedo en Cristo que me fortalece.
—FILIPENSES 4.13

Deléitate en el SEÑOR,
y él te concederá los deseos de tu corazón.
—SALMOS 37.4

Por la mañana, SEÑOR, escuchas mi clamor;
por la mañana te presento mis ruegos,
y quedo a la espera de tu respuesta.
—SALMOS 5.3

¡DETÉN ESA INCESANTE PREOCUPACIÓN por planificar! Trae tu mente desde el futuro al momento presente, donde te espera mi amorosa Presencia. *Búscame* con una sonrisa en el corazón, sabiendo que yo me deleito en ti. Háblame acerca de todo lo que te preocupa y las tareas pendientes que tienes sobre tus hombros. Pídeme que te ayude a establecer tus prioridades de acuerdo con mi voluntad. Luego, vuelve a concentrarte en mí y en el trabajo que te ocupa. Invitarme a tus actividades aumenta tu Gozo y te ayuda a ser más efectivo.

Cuando necesites hacer un alto, recuerda que yo soy tu lugar de descanso. Mis *brazos eternos* estarán siempre disponibles para sostenerte y abrazarte. Si te relajas en mi compañía —esperando conmigo por unos momentos— eso demuestra la confianza genuina que me tienes. Mientras te preparas para volver a tus tareas, haz el esfuerzo de incluirme en tus planes. Eso te protegerá de preocupaciones y también te ayudará a mantenerte cerca de mí, disfrutando de mi Presencia.

¿Quién de ustedes, por mucho que se preocupe, puede añadir
una sola hora al curso de su vida? Ya que no pueden hacer algo
tan insignificante, ¿por qué se preocupan por lo demás?

—LUCAS 12.25, 26

Solo en Dios halla descanso mi alma;
de él viene mi esperanza.
Solo él es mi roca y mi salvación;
él es mi protector
y no habré de caer.

—SALMOS 62.5, 6

LEE TAMBIÉN: DEUTERONOMIO 33.27

Te estoy entrenando no solo para soportar tus dificultades, sino para transformarlas en Gloria. Esta no es una proeza humana, y requiere la ayuda sobrenatural de mi Espíritu. Cuando los problemas te están pesando demasiado, tu tendencia natural es acelerar tu ritmo de vida, buscando frenéticamente las respuestas. Sin embargo, lo que necesitas en tales momentos es *reducir el paso* y buscar mi Rostro. Invita a mi Espíritu para que te ayude mientras analizas tus dificultades conmigo. Luego, *pon tus peticiones delante de mí y espera la respuesta.*

Aun cuando esperes con expectación, quizás yo no responda a tus oraciones todo lo rápido que desearías. Ten en cuenta que siempre estoy haciendo algo importante en tu vida, más que simplemente solucionando tus problemas. Tus luchas son parte de una batalla mucho más grande, y la forma en que las manejes puede contribuir a los resultados con significado eterno. Cuando respondes a tus tribulaciones confiando en mí y *orando con acción de gracias*, me estás glorificando. Además, con el tiempo, tu práctica de orar persistentemente hará una gran diferencia en *ti*. Mi amado *coronado de Gloria*.

> *Por la mañana, Señor, escuchas mi clamor;*
> *por la mañana te presento mis ruegos,*
> *y quedo a la espera de tu respuesta.*
> —Salmos 5.3

> *No se inquieten por nada; más bien, en toda ocasión, con oración*
> *y ruego, presenten sus peticiones a Dios y denle gracias.*
> —Filipenses 4.6

Lee también: Salmos 8.5

Alégrate, mi amado, porque mi sacrificio en la cruz absorbió toda tu culpa: pasada, presente y futura. *No hay condenación para los que están en mí.* Tu estatus como mi seguidor libre de culpa es una buena razón para que estés gozoso cada día de tu vida. Desde la Caída en el Jardín del Edén, el peor problema de la humanidad ha sido el pecado. Mi muerte sacrificial proveyó la solución a este terrible problema. El evangelio trae la mejor noticia imaginable: tomé tu pecado —*me hice pecado por ti*— y te di mi justicia perfecta. ¡Esta es una transacción eterna increíble!

Quiero que aprendas a disfrutar más plenamente de tu condición de estar libre de culpa en mi reino. *¡A través de mí, la ley del Espíritu de vida te hizo libre!* Esta no es una invitación a que te sumerjas en un estilo de vida pecaminoso. En cambio, te estoy invitando a vivir jubilosamente, deleitándote en el privilegio glorioso de pertenecerme para siempre. Esta es tu verdadera identidad, y le da momento a momento sentido a tu vida. Alégrate de saber quién eres en realidad: un amado *hijo de Dios.*

> *Por lo tanto, ya no hay ninguna condenación para los que están unidos a Cristo Jesús, pues por medio de él la ley del Espíritu de vida me ha liberado de la ley del pecado y de la muerte.*
> —Romanos 8.1, 2

> *Al que no cometió pecado alguno, por nosotros Dios lo trató como pecador, para que en él recibiéramos la justicia de Dios.*
> — 2 Corintios 5.21

Lee también: Génesis 3.6, 7; Juan 1.11, 12

MARZO 23

Yo soy el Resucitado; *tu Dios vivo.* ¡Celebra el Gozo de servir a un Salvador que está exuberantemente vivo! Regocíjate también en mi promesa de estar contigo siempre a lo largo del tiempo y la eternidad. Estas verdades te pueden sostener a través de las más grandes pruebas o decepciones que pudieres encontrar en el camino. Así que anda confiadamente a lo largo del camino de la Vida conmigo, el Único que nunca te soltará de su mano.

Piensa en lo que te ofrezco: yo mismo, perdón de *todos* tus pecados, disfrutes para siempre en el cielo. Todo esto es tan extraordinario y espléndido que no podrías comprenderlo en su totalidad. Por eso es que adorarme resulta tan importante: es una manera tan poderosa de conectarte conmigo que trasciende tu capacidad de comprensión. También proclama mi Presencia. Existen numerosas formas de adorarme: entonando himnos y canciones de alabanza, estudiando y memorizando mi Palabra, orando individualmente y con otros, disfrutando de las maravillas de mi creación. Servir y amar a los demás con mi Amor también puede ser una forma de adoración. *Lo que sea que hagas, hazlo todo para la Gloria de Dios… ¡mi Gloria!*

El ángel dijo a las mujeres:
—No tengan miedo; sé que ustedes buscan a Jesús, el que fue crucificado.
No está aquí, pues ha resucitado, tal como dijo.
Vengan a ver el lugar donde lo pusieron.
—Mateo 28.5, 6

Tengo sed de Dios, del Dios de la vida.
¿Cuándo podré presentarme ante Dios?
—Salmos 42.2

Lee también: Colosenses 2.2, 3; 1 Corintios 10.31

No importa cuán insuficiente te sientas, siempre puedes venir a mí en busca de ayuda. No necesitas ir a un lugar especial o asumir determinada postura para *buscar mi Rostro*. Tampoco necesitas utilizar un lenguaje elegante ni trabajar para ganar mi favor. Siempre te miro con buenos ojos, porque te veo vestido con el manto de mi justicia. Yo estoy vivo en ti, y entiendo perfectamente tus pensamientos. Por eso, una simple mirada —una mirada de fe— es suficiente para contar con mi ayuda.

Tiendes a malgastar energía tratando de determinar si tus recursos son adecuados para el día. Te mantienes controlando tu «indicador de potencia» en lugar de buscarme a mí para que te provea lo que necesitas. ¡Cuánto mejor es simplemente reconocer tu insuficiencia cuando despiertas! Eso te libera para que confíes en mí. Si te mantienes en contacto conmigo, voy a poner el suficiente Poder a tu disposición para satisfacer tus necesidades cuando se presenten. Mantente esperando en mí, tu *ayudador siempre presente*. Y tu fuerza será igual a las exigencias de tu día.

Recurran al Señor y a su fuerza;
busquen siempre su rostro.
—Salmos 105.4

Dios es nuestro amparo y nuestra fortaleza,
nuestra ayuda segura en momentos de angustia.
— Salmos 46.1

Lee también: Isaías 61.10; Deuteronomio 33.25

Yo soy la Resurrección y la Vida. El que cree en mí vivirá, aunque muera. Yo le dije esta verdad a Marta cuando su hermano Lázaro había muerto, y ella me creyó. Poco después, mandé a Lázaro a salir de su tumba, y lo hizo. Aunque finalmente murió de nuevo —como todos— él sabía que iba a volver a resucitar a la Vida, como cada creyente lo hará.

Poco antes de mi crucifixión, les enseñé a mis discípulos: «*Yo soy el Camino, la Verdad y la Vida*». Yo soy todo lo que tú pudieras necesitar, para esta vida y la siguiente. Soy el Tesoro que abarca todos los tesoros. ¡Esta verdad puede simplificar tu vida inmensamente! Yo soy la respuesta a todas tus luchas, el Gozo que abarca todo tiempo y circunstancia. Puedo hacer soportables los tiempos más duros y los buenos momentos absolutamente maravillosos. Así que *ven a mí* tal como estás, mi amado; hazme partícipe cada vez más de tu vida. Regocíjate mientras vas andando conmigo; el Camino que te guía siempre y la Resurrección que te da la Vida eterna.

> *Entonces Jesús le dijo:*
> *— Yo soy la resurrección y la vida. El que cree en mí vivirá, aunque muera;*
> *Dicho esto, gritó con todas sus fuerzas:*
> *—¡Lázaro, sal fuera!*
> *El muerto salió, con vendas en las manos y en los pies,*
> *y el rostro cubierto con un sudario.*
> *— Quítenle las vendas y dejen que se vaya —les dijo Jesús.*
>
> —Juan 11.25, 43, 44

Lee también: Juan 14.6; Colosenses 2.2, 3; Mateo 11.28

PÍDEME QUE AUMENTE tu sentido de gratitud. Esto le dará luminosidad a tu día y dispondrá tu corazón para mí. Trata de «verme» en medio de tus circunstancias. Busca atisbos de mi Presencia invisible mientras vas por *la senda de la Vida*. El sentido de gratitud no solo abre tu corazón, sino también tus ojos. Al conocerme íntimamente, me podrás encontrar en multitud de pequeños detalles, así como en el panorama completo de tu vida. Aparta un tiempo para darte cuenta de todas mis bendiciones —pequeñas y grandes— y agradéceme por ellas. Esta práctica te ayudará a disfrutar de mis muchos dones.

Pídeme también que te entrene en lo que respecta a confiar en mí de un modo más constante. Una confianza bien desarrollada te permitirá atravesar los terrenos peligrosos sin tropezar. Mientras más desafiante sea tu caminar, más frecuentemente necesitarás expresarme tu confianza. Puedes orar: «Señor, *yo confío en tu gran Amor*». Esta breve oración te recordará que me encuentro contigo, que estoy cuidando de ti, y que mi Amor por ti es eterno. Regocíjate, mi amado, porque yo soy verdaderamente digno de tu gratitud y tu confianza.

> *Por eso, de la manera que recibieron a Cristo Jesús como Señor,*
> *vivan ahora en él, arraigados y edificados en él, confirmados*
> *en la fe como se les enseñó, y llenos de gratitud.*
> —COLOSENSES 2.6, 7

> *Me has dado a conocer la senda de la vida;*
> *me llenarás de alegría en tu presencia,*
> *y de dicha eterna a tu derecha.*
> —SALMOS 16.11

LEE TAMBIÉN: SALMOS 52.8

MEDIANTE MI RESURRECCIÓN de entre los muertos, tú tienes un renacer a una esperanza viva. Toda mi obra en ti tiene que ver con lo «nuevo». Debido a que me perteneces, eres *una nueva creación*; *¡lo viejo ha pasado, lo nuevo ha llegado!* Tu adopción en mi familia real se produjo instantáneamente en el momento en que confiaste en mí como tu Salvador. En ese instante, tu estatus espiritual cambió de muerte a vida. A Vida eterna. *En el cielo, tienes reservada una herencia indestructible, incontaminada e inmarchitable.*

Sin ninguna duda eres una nueva creación con el Espíritu Santo viviendo en ti. Sin embargo, tu conversión a la fe cristiana fue solo el *comienzo* de la obra que estoy haciendo en ti. Necesitas *que te haga nuevo en la actitud de tu mente y ponga en ti el nuevo yo* para que cada vez seas más piadoso, justo y santo. Este es un esfuerzo de por vida que te estará preparando para la Gloria celestial. Así que recibe esta asignación con valor y gratitud. Mantente alerta e identifica todas las cosas maravillosas que estoy haciendo en tu vida.

¡Alabado sea Dios, Padre de nuestro Señor Jesucristo! Por su gran misericordia, nos ha hecho nacer de nuevo mediante la resurrección de Jesucristo, para que tengamos una esperanza viva y recibamos una herencia indestructible, incontaminada e inmarchitable. Tal herencia está reservada en el cielo para ustedes.

—1 PEDRO 1.3, 4

Por lo tanto, si alguno está en Cristo, es una nueva creación.
¡Lo viejo ha pasado, ha llegado ya lo nuevo!

—2 CORINTIOS 5.17

LEE TAMBIÉN: EFESIOS 4.22-24; ROMANOS 6.4

AL LLEGAR A CONOCERME más íntimamente, vas siendo más consciente de tus pecados. Esto te enfrenta a la imperiosa necesidad de hacer una elección: enfocarte en tus defectos y fallas o regocijarte en mi glorioso don de la salvación. Si mantienes tu atención en mi sacrificio por tus pecados, vivirás con la conciencia gozosa de que eres maravillosamente amado. *No hay mayor Amor que el mío, ¡y es tuyo para siempre!* La mejor respuesta a tan insondable don es *amarme con todo tu corazón.*

Trágicamente, muchas personas piensan que yo tengo poco, o incluso nada, que perdonarles. Han sido engañadas por la mentira dominante de que no existe una verdad absoluta. Creen que el bien y el mal son términos relativos, por lo que no ven la necesidad de un Salvador. Estas personas que viven engañadas no buscan mi perdón, y sus pecados permanecen sin ser perdonados. Uno de los engaños que el maligno lleva a cabo es oscurecer sus mentes. Sin embargo, *yo soy la Luz del mundo*, y mi Luz puede brillar en sus vidas a través de ti. Debido a que tú eres mi seguidor, *nunca andarás en las tinieblas, sino que tendrás la Luz de la Vida.*

> *Pero yo confío en tu gran amor;*
> *mi corazón se alegra en tu salvación.*
> *Canto salmos al SEÑOR.*
> *¡El SEÑOR ha sido bueno conmigo!*
> —SALMOS 13.5, 6

> *Nadie tiene amor más grande que el dar la vida por sus amigos.*
> —JUAN 15.13

LEE TAMBIÉN: MATEO 22.37, 38; JUAN 8.12

SI ANDAS EN LA LUZ —viviendo cerca de mí— *mi sangre te limpiará continuamente de todo pecado.* Cuando seas consciente de tus pecados, quiero que los confieses y busques mi ayuda para hacer los cambios necesarios. No obstante, tu estatus conmigo no se basa en confesar tus pecados lo suficientemente rápido o en detalle. Lo único que te mantiene en una buena relación conmigo es *mi* perfecta justicia, que te di libre y permanentemente cuando te uniste a mi familia eterna. Dado que eres mío, vestido gloriosamente *con un manto de justicia,* te invito a venir con confianza a mi Presencia luminosa.

Andar a la Luz de mi Presencia te bendecirá de múltiples maneras. Las cosas buenas serán mejores y las cosas malas serán más soportables cuando las compartas conmigo. Al deleitarte en mi Amor-Luz, podrás amar a otros creyentes más plenamente y *tener compañerismo con* ellos. Habrá menos probabilidades de que tropieces y caigas, porque los pecados serán notoriamente obvios bajo mi santa Luz. *Regocíjate en mi Nombre a lo largo del día,* disfrutando de mi Presencia y *mi justicia.*

> Pero, si vivimos en la luz, así como él está en la luz, tenemos comunión unos con otros, y la sangre de su Hijo Jesucristo nos limpia de todo pecado.
>
> —1 JUAN 1.7

> Dichosos los que saben aclamarte, SEÑOR,
> y caminan a la luz de tu presencia;
> los que todo el día se alegran en tu nombre
> y se regocijan en tu justicia.
>
> — SALMOS 89.15, 16

LEE TAMBIÉN: ISAÍAS 61.10

Yo soy la Luz de lo alto que desciende sobre ti para dar luz a los que habitan en tinieblas. A veces tus circunstancias son tan difíciles y confusas que te sientes como si estuvieras rodeado de tinieblas. Tu mente ofrece varias soluciones a tus problemas, pero ya las has intentado todas sin éxito. Por eso, impotente y frustrado, te preocupas y te preguntas qué hacer. En momentos como esos, necesitas alzar la mirada y posarla en mi Luz que brilla sobre ti. Mírame con la confianza de un niño, descansando en mi Presencia. Deja por un tiempo de buscarles solución a tus problemas. *Quédate quieto, y reconoce que yo soy Dios.*

Mientras descansas en mi Presencia, recuerda que yo soy el *Príncipe de Paz.* Mientras más lleno estés de mí, más paciente serás. Aspira de mí en cada aliento. Después de descansar conmigo, háblame de tus problemas, confiando en que yo te puedo ayudar a resolverlos. Permanece cerca de mí, hijo mío y yo *guiaré tus pasos por la senda de la Paz.*

…gracias a la entrañable misericordia de nuestro Dios.
Así nos visitará desde el cielo el sol naciente,
para dar luz a los que viven en tinieblas,
en la más terrible oscuridad,
para guiar nuestros pasos por la senda de la paz.
—LUCAS 1.78, 79

«Quédense quietos, reconozcan que yo soy Dios.
¡Yo seré exaltado entre las naciones!
¡Yo seré enaltecido en la tierra!»
—SALMOS 46.10

LEE TAMBIÉN: ISAÍAS 9.6

ALÉGRATE DE QUE TU NOMBRE está escrito en el cielo, en el libro de la Vida. Debido a que eres mío, tienes un Gozo que es independiente de las circunstancias. Haz recibido una Vida eterna que *nunca* nadie te quitará. *Los que son justificados* (mediante la fe en mí como su Salvador resucitado) *son también glorificados*. Hay un sentido muy real de encontrarte ya *sentado conmigo en las regiones celestiales*.

El Gozo es el derecho de nacimiento de todos los que me pertenecen. Este derecho puede coexistir con las circunstancias más difíciles y desgarradoras. Así que ven a mí cada mañana con las manos dispuestas y el corazón receptivo, diciendo: «Señor Jesús, recibo tu Gozo». Luego, espera conmigo mientras la Luz de mi Presencia brilla sobre ti, alcanzando hasta las más grandes profundidades de lo íntimo de tu ser. De esta manera te estoy fortaleciendo, preparándote para el día que tienes por delante.

Mientras avanzas en tu jornada, vuelve a mí por Gozo fresco todas las veces que lo creas necesario. Yo soy un Dios de abundancia ilimitada, por lo que siempre tengo más que suficiente para ti.

> *Sin embargo, no se alegren de que puedan someter a los espíritus, sino alégrense de que sus nombres están escritos en el cielo.*
> —LUCAS 10.20

> *A los que predestinó, también los llamó; a los que llamó, también los justificó; y a los que justificó, también los glorificó.*
> —ROMANOS 8.30

> *Y en unión con Cristo Jesús, Dios nos resucitó y nos hizo sentar con él en las regiones celestiales.*
> —EFESIOS 2.6

Abril

«El Señor te bendiga y te guarde; el Señor te mire con agrado y te extienda su amor».

Números 6.24, 25

YO ME DELEITO en iluminar tu perspectiva. Es por eso que me aventuré en tu mundo, sabiendo claramente cuál sería el terrible precio que tendría que pagar. Vine *a abrir los ojos a los ciegos, a libertar a los presos de las cárceles y a liberar del calabozo a los que habitan en tinieblas.* Cuando te encuentres prisionero de la ingratitud, pídeme que abra tus ojos y te libere de ese lugar oscuro. Y lo haré.

Te ha correspondido vivir en una sociedad de derecho, por lo que necesitas contrarrestar los mensajes que te dicen que mereces más. Una forma es anotando algunas cosas por las que estás agradecido cada día. Esto cambiará tu enfoque de lo que te gustaría tener a las bendiciones que ya tienes.

Saturar tu mente con las Escrituras te puede ayudar a ver las cosas desde mi perspectiva infinitamente sabia. Mi Palabra *es más cortante que toda espada de doble filo.* La uso para llevar a cabo una cirugía espiritual en *los pensamientos y las intenciones de tu corazón.* En la medida que las Escrituras iluminen tu punto de vista, yo te sacaré de la mazmorra de la ingratitud, liberándote para que disfrutes de los placeres de un corazón agradecido.

> *…para abrir los ojos de los ciegos,*
> *para librar de la cárcel a los presos,*
> *y del calabozo a los que habitan en tinieblas.*
>
> —ISAÍAS 42.7

> *Tu palabra es una lámpara a mis pies;*
> *es una luz en mi sendero.*
>
> —SALMOS 119.105

LEE TAMBIÉN: HEBREOS 4.12

CREER EN MÍ TIENE muchos efectos beneficiosos… ¡incluyendo *el Gozo que es indescriptible y lleno de Gloria*! Si algo es inexpresable se debe a que resulta demasiado grande y maravilloso como para explicarlo. No obstante, aunque no se puede explicar, sí se puede experimentar. Ven a mi Presencia expectante; abre por completo tu corazón ante mí. El Gozo que puedes tener conmigo es triunfante y está lleno de la Gloria celestial. ¡Yo triunfé sobre el pecado y la muerte de una vez y para siempre! Esto abre el camino al cielo para todos los que creen en mí.

No importa cuántas dificultades tengas que enfrentar, *la victoria de tu fe —la salvación de tu alma—* está asegurada. Esto es así para todos los que realmente confían en mí como su Dios y Salvador. Al gozarte ante la perspectiva de tu futuro glorioso en el cielo, *deja que tu luz alumbre a otras personas.* Mi Espíritu, el Espíritu de verdad, te ayudará a hablar la verdad en la vida de otros. Alíate conmigo, porque *yo vine al mundo a dar testimonio de la verdad.* Únete a mí en esta búsqueda para que las *personas que viven en la oscuridad* me puedan encontrar y empezar a vivir en mi *gran Luz.*

> *Ustedes lo aman a pesar de no haberlo visto; y, aunque no lo ven ahora, creen en él y se alegran con un gozo indescriptible y glorioso, pues están obteniendo la meta de su fe, que es su salvación.*
>
> —1 PEDRO 1.8, 9

> *Hagan brillar su luz delante de todos, para que ellos puedan ver las buenas obras de ustedes y alaben al Padre que está en el cielo*
>
> —MATEO 5.16

LEE TAMBIÉN: JUAN 18.37; ISAÍAS 9.2

Mírame, amado mío, porque *mi Rostro está brillando sobre ti*. Asómbrate ante la Gloria de mi santidad y deja que la Luz de mi Amor inunde lo íntimo de tu ser. Recuerda que *yo habito en tu corazón a través de la fe*. Soy, simultáneamente, el Señor del universo —que yo creé y controlo— y el Salvador que vive dentro de ti. Mi majestuosa grandeza y mi apacible humildad se combinan para darte todo lo que necesitas. ¡Tú eres rico más allá de tu más exagerada imaginación.

Debido a que vives en un mundo terriblemente quebrantado, puede resultarte difícil recordar que perteneces a la realeza; que has sido adoptado en la familia del *Rey de reyes*. Tu peregrinar por este mundo te puede llevar por caminos de dolor y problemas, por desiertos de privación y angustia. Sin embargo, no permitas que te sorprendan estas duras pruebas; más bien, tómalas con calma, confiando en el Único que nunca te abandonará. A su debido tiempo te llevaré al reino de mi Gloria-Luz donde *no habrá más noche*.

El Señor te bendiga y te guarde;
el Señor te mire con agrado
y te extienda su amor.
—Números 6.24, 25

Le pido que, por medio del Espíritu y con el poder que procede de sus
gloriosas riquezas, los fortalezca a ustedes en lo íntimo de su ser.
—Efesios 3.16, 17

En su manto y sobre el muslo lleva escrito este nombre:
Rey de reyes y Señor de señores.
—Apocalipsis 19.16

Lee también: Apocalipsis 21.25

Tus tiempos están en mis manos. Mis santas manos son absolutamente capaces de cuidar de ti y satisfacer tus necesidades. Quiero que te relajes en mi cuidado soberano, confiando en que siempre haré lo mejor por ti. Debido a que soy totalmente confiable, puedes sentirte seguro de dejar a mi cuidado tanto los «qués» como los «cuándos» de tu vida.

Mientras permanezcas a este lado del cielo, tendrás que someterte a la realidad del tiempo. Piensa en los siguientes ejemplos: una novia para cuya boda se ha fijado la fecha puede anhelar que el tiempo pase rápido a fin de llegar cuanto antes a aquel feliz día. Sin embargo, su anhelo no cambia el ritmo de las horas, de modo que tendrá que esperar. Una persona que está sufriendo dolores puede anhelar el alivio y desear que sea inmediato, pero también debe esperar. No obstante, yo vivo por sobre la tiranía del tiempo; soy su Amo. Si estás luchando con la realidad de tener que esperar por algo, vuélvete a mí en confiada aceptación de los hechos. No luches contra lo que no puedes cambiar. En lugar de eso, regocíjate en el conocimiento de que el Amo del Tiempo entiende tus luchas y te ama *con un Amor eterno.*

> *Pero yo, SEÑOR, en ti confío,*
> *y digo: «Tú eres mi Dios».*
> *Mi vida entera está en tus manos;*
> *líbrame de mis enemigos y perseguidores.*
> —SALMOS 31.14, 15

LEE TAMBIÉN: SALMOS 62.8; JEREMÍAS 31.3

¡QUIERO QUE SAQUES AGUA *del pozo de la salvación con Gozo!* Saber que te he salvado para siempre de tus pecados puede ser una fuente de Gozo en tu vida diaria. Debido a que me conoces como tu Salvador, tienes dentro de ti *un manantial de agua que brota para vida eterna.* ¡Piensa en la enormidad de este regalo asombroso y alégrate! Trata de comenzar y terminar cada día agradeciéndome por todo lo que te he provisto.

Mi don de la salvación ha sido diseñado para bendecirte no solo a ti, sino a todos los que te rodean. Al confiar en mí, *corrientes de agua viva fluirán del interior de tu ser.* Pídele a mi Espíritu, que habita en tu interior, que bendiga a otros a través de ti, fluyendo hacia sus vidas. Una forma de hacer esta petición es orando: «Espíritu Santo, *piensa a través de mí; vive a través de mí; ama a través de mí*». Mientras sus corrientes de agua viva están pasando por medio de ti a los corazones de otras personas, ¡yo los llenaré a ellos *y* a ti con Gozo!

Sacaréis con gozo aguas de las fuentes de la salvación.
—ISAÍAS 12.3 RVR1960

—Todo el que beba de esta agua volverá a tener sed —respondió Jesús—, pero el que beba del agua que yo le daré no volverá a tener sed jamás, sino que dentro de él esa agua se convertirá en un manantial del que brotará vida eterna.
—JUAN 4.13, 14

De aquel que cree en mí, como dice la Escritura, brotarán ríos de agua viva.
—JUAN 7.38

AUN CUANDO EN OCASIONES pudieras tener la sensación de que caminas sin rumbo fijo, *tus pasos están siendo dirigidos por mí.* Cuando el camino que tienes por delante se vea oscurecido por la incertidumbre, lo mejor que puedes hacer es aferrarte a mí. Imagínate a un niño de corta edad caminando por una calle llena de gente en compañía de un adulto. El niño tal vez se sienta abrumado al pensar que podría perderse en medio de esa multitud. No obstante, si se mantiene agarrado de la mano del adulto, no se perderá, sino que llegará sano y salvo a su destino. Del mismo modo, si te aferras a mi mano asegurándote de mi ayuda y dirección, estarás a salvo.

Aunque quizás no conozcas el camino por donde tienes que ir, conoces al Único que es *el Camino.* Debido a que soy soberano sobre tu vida, *dirijo tus pasos y los hago seguros,* aunque te parezca que vas caminando al azar. Háblame sobre tus incertidumbres y tu temor por tomar alguna decisión equivocada. La elección más importante que debes hacer momento a momento es mantener la comunicación conmigo. De esa manera te mantendrás aferrado a mí. *Así* es como podrás confiar en mi Presencia guiadora para mantenerte a salvo.

Los pasos del hombre los dirige el SEÑOR.
¿Cómo puede el hombre entender su propio camino?
—PROVERBIOS 20.24

—Yo soy el camino, la verdad y la vida —le contestó
Jesús—. Nadie llega al Padre sino por mí.
—JUAN 14.6

LEE TAMBIÉN: PROVERBIOS 16.9; 2 CORINTIOS 5.7

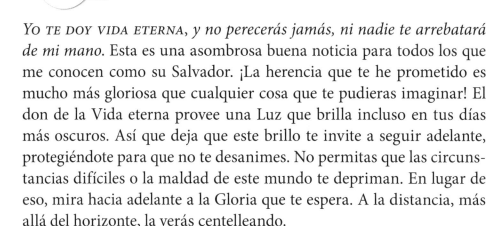

Yo TE DOY VIDA ETERNA, *y no perecerás jamás, ni nadie te arrebatará de mi mano.* Esta es una asombrosa buena noticia para todos los que me conocen como su Salvador. ¡La herencia que te he prometido es mucho más gloriosa que cualquier cosa que te pudieras imaginar! El don de la Vida eterna provee una Luz que brilla incluso en tus días más oscuros. Así que deja que este brillo te invite a seguir adelante, protegiéndote para que no te desanimes. No permitas que las circunstancias difíciles o la maldad de este mundo te depriman. En lugar de eso, mira hacia adelante a la Gloria que te espera. A la distancia, más allá del horizonte, la verás centelleando.

Es posible que en tu peregrinar por la vida tengas que pasar por aguas profundas. Cuando tal cosa ocurra, recuerda: *yo estaré contigo cuando pases a través de las aguas. Ellas no te arrasarán.* Mantente agarrado de mi mano en confiada dependencia, seguro de que te amo y que *nada podrá separarte de mí.* En lugar de tenerle miedo a los desafíos que pudieran esperarte más adelante, trata de disfrutar de la aventura de caminar conmigo a través de tu vida.

Mis ovejas oyen mi voz; yo las conozco y ellas me siguen. Yo les doy vida eterna, y nunca perecerán, ni nadie podrá arrebatármelas de la mano.

—JUAN 10.27, 28

¡Alabado sea Dios, Padre de nuestro Señor Jesucristo! Por su gran misericordia, nos ha hecho nacer de nuevo mediante la resurrección de Jesucristo, para que tengamos una esperanza viva y recibamos una herencia indestructible, incontaminada e inmarchitable. Tal herencia está reservada en el cielo para ustedes,

—1 PEDRO 1.3, 4

LEE TAMBIÉN: ISAÍAS 43.2; ROMANOS 8.38, 39

DEBES ESTAR SIEMPRE PREPARADO para dar respuesta a todos los que te pregunten por la razón de tu esperanza. Es más fácil obedecer esta orden cuando te sientes bien descansado y tu vida está fluyendo sin problemas que cuando te encuentras agotado y decaído. Sin embargo, *este* puede ser el momento en que tu respuesta esperanzadora tenga el mayor impacto. Así que convierte en tu meta el estar *siempre* preparado. También necesitas estar listo para responder a *todo* el que te pregunte por la razón de tu optimismo. Es tentador juzgar a algunas personas como pobres candidatos para aprender sobre mí y lo que yo significo para ti. Sin embargo, solo *yo* conozco sus corazones y los planes que tengo para ellos.

Una preparación esencial para que des una buena respuesta es vivir con la seguridad de mi Presencia y confiando plenamente en mí como tu Esperanza. Esto te mantendrá firme cuando tengas que enfrentar los continuos altibajos de tu vida. Cada vez que te encuentres luchando, date ánimo meditando en las verdades del evangelio y mirándome a mí, tu gloriosa Esperanza.

Más bien, honren en su corazón a Cristo como Señor. Estén siempre preparados para responder a todo el que les pida razón de la esperanza que hay en ustedes.
—1 PEDRO 3.15

Y esta esperanza no nos defrauda, porque Dios ha derramado su amor en nuestro corazón por el Espíritu Santo que nos ha dado.
—ROMANOS 5.5

LEE TAMBIÉN. SALMOS 27.4

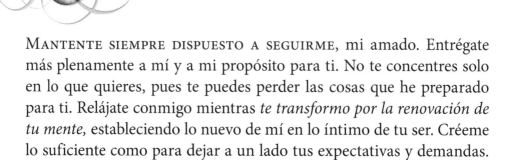

Mantente siempre dispuesto a seguirme, mi amado. Entrégate más plenamente a mí y a mi propósito para ti. No te concentres solo en lo que quieres, pues te puedes perder las cosas que he preparado para ti. Relájate conmigo mientras *te transformo por la renovación de tu mente*, estableciendo lo nuevo de mí en lo íntimo de tu ser. Créeme lo suficiente como para dejar a un lado tus expectativas y demandas. *Quédate quieto, y reconoce que yo soy Dios.*

A veces obstruyes las cosas que deseas al intentar demasiado vehementemente hacer que todo vaya de acuerdo a tu voluntad y tiempo. Yo conozco los deseos de tu corazón, y también conozco la mejor manera de alcanzar esas metas. En lugar de esforzarte por tener el control para conseguir lo que quieres, *busca mi Rostro.* Háblame francamente y descansa en mi Presencia. Cuando te sientas más tranquilo, invítame a que te muestre el camino que tienes por adelante. *Yo te guiaré por el mejor camino para tu vida. Te ayudaré y velaré por ti.*

No se amolden al mundo actual, sino sean transformados mediante la renovación de su mente. Así podrán comprobar cuál es la voluntad de Dios, buena, agradable y perfecta.

—Romanos 12.2

«Quédense quietos, reconozcan que yo soy Dios.
¡Yo seré exaltado entre las naciones!
¡Yo seré enaltecido en la tierra!»

—Salmos 46.10

Lee también: 1 Crónicas 16.11; Salmos 32.8

MI AMOR ES TAN GRANDE que alcanza hasta los cielos; mi fidelidad se extiende por el firmamento. Puedes sentir una maravillosa seguridad en este Amor que no tiene fronteras ni límites. Mi fidelidad tampoco los tiene.

Responde a estos regalos maravillosos adorándome. Mientras más me exaltes, más podrás *reflejar mi Gloria* a otras personas. Esta es la obra del Espíritu, que te está *transformando a mi semejanza con cada vez mayor Gloria.* A medida que te acerques a mí a través de la adoración, te iré cambiando profundamente, equipándote para que me des a conocer a los demás.

Mi Amor no solo alcanza hasta los cielos, sino que desciende sobre ti desde las regiones celestiales. No dejes de mantener tu mirada en mí, mi amado. Me verás sonriéndote en radiante aprobación. Mi Amor ilimitado cae continuamente sobre ti como copos de nieve celestiales que se funden en tu rostro vuelto hacia lo alto. No importa lo dolorosas que sean tus circunstancias, este Amor es suficiente para sustentarte. Algún día vas a ascender al cielo en él. Yo espero ansiosamente el momento cuando *te acoja en la Gloria...* ¡para que estés conmigo siempre!

> *Te alabaré, SEÑOR, entre los pueblos,*
> *te cantaré salmos entre las naciones.*
> *Pues tu amor es tan grande que llega a los cielos;*
> *¡tu verdad llega hasta el firmamento!*

—SALMOS 57.9, 10

LEE TAMBIÉN: 2 CORINTIOS 3.18; NÚMEROS 6.25, 26; SALMOS 73.23, 24

PROCURA PENSAR MIS PENSAMIENTOS más y más. Busca la ayuda de mi Espíritu en este esfuerzo, *porque la mente controlada por el Espíritu es Vida y Paz.*

Cuando las preocupaciones de este mundo te estén presionando, dedica un tiempo a reflexionar en mi Presencia. Descansa en mí, mi amado. Deja que mis *brazos eternos* te estrechen en Paz. Tómate un descanso de tus preocupaciones y *fija tus pensamientos* en mí. Combina la tranquilidad con la lectura de las Escrituras, hablarme y cantarme alabanzas. También puedes utilizar versículos de la Biblia en tus oraciones. Cuando tus pensamientos y oraciones se impregnen de las Escrituras, podrás tener más confianza en ellos.

Quiero que *seas transformado mediante la renovación de tu mente.* El mundo ejerce sobre ti cantidades masivas de presión a través de sus omnipresentes comunicaciones electrónicas. En lugar de dejar que el mundo y sus artilugios formen tu pensamiento, invítame para que yo transforme tu manera de pensar. Al renovar tu mente, tus ideales y actitudes me reflejarán cada vez más.

La mentalidad pecaminosa es muerte, mientras que la mentalidad que proviene del Espíritu es vida y paz.
—ROMANOS 8.6

El Dios eterno es tu refugio;
por siempre te sostiene entre sus brazos.
Expulsará de tu presencia al enemigo
y te ordenará que lo destruyas.
—DEUTERONOMIO 33.27

LEE TAMBIÉN: HEBREOS 3.1; ROMANOS 12.2

TU RELACIÓN CONMIGO TRASCIENDE todas tus circunstancias. Es por eso que puedes alabarme y disfrutar de mi Presencia en medio de las dificultades más oscuras. Para encontrarte conmigo en tales momentos, tienes que ejercitar tu fe, pero yo estoy siempre cerca.

Como cristiano, vives en dos planos simultáneamente: el mundo natural, donde abundan las situaciones adversas; y el mundo sobrenatural, en el que reino de forma suprema. Los músculos de tu confianza te capacitan para experimentar mi Presencia aun en tus momentos más difíciles. En verdad, las pruebas pueden tanto fortalecer tu fe como ayudarte a discernir cuánto realmente confías en mí.

Quiero que trabajes en el fortalecimiento de tus músculos de la confianza. Una forma es llenando tu mente y corazón con las Escrituras. Otra es *buscando mi Rostro continuamente*. En lugar de quedarte atascado en la introspección, vuelve tus pensamientos hacia mí. Convierte esto en una práctica frecuente para afirmar tu fe en mí ya sea que te sientas seguro o inadecuado. Recuerda que tu adecuación descansa en tu relación conmigo. ¡Yo te *preparo para todo infundiéndote fuerza interior*!

Hermanos míos, considérense muy dichosos cuando tengan que enfrentarse con diversas pruebas, pues ya saben que la prueba de su fe produce constancia.
—SANTIAGO 1.2, 3

Recurran al SEÑOR y a su fuerza;
busquen siempre su rostro.
—SALMOS 105.4

Todo lo puedo en Cristo que me fortalece.
—FILIPENSES 4.13

Trata de incluirme en más de tus momentos viviendo en una gozosa dependencia de mí. *Yo estoy contigo en constante vigilia.* Nada de lo que hagas escapa de mi vista. Ni un trabajo ni una oportunidad son demasiado pequeños para que no me pidas ayuda. En realidad, tu propia existencia, incluyendo cada aliento que exhalas, depende de mi Poder sustentador.

Cuando tienes por delante un trabajo difícil, usualmente recuerdas que debes orar al respecto, tanto antes de empezar como cuando ya estás en medio de ese reto desafiante. Interrumpes tu trabajo con breves oraciones, tales como: «Ayúdame, Señor» o «Gracias, Jesús». Estas comunicaciones aumentan tanto tu confianza en mí como tu gratitud por mi Presencia continua. Sin embargo, cuando te involucras en tareas menos desafiantes, a menudo te olvidas de mí y te lanzas adelante por tu propia cuenta. Es posible que experimentes algún grado de éxito, pero te pierdes de obtener una bendición mucho mayor que estaba a tu disposición si hubieses pedido mi ayuda. O puedes fracasar lamentablemente, mientras que si hubieses dependido de mí, te habría llevado al éxito. Es mejor que confíes en mí en *todo* lo que hagas. Tengo bendiciones esperándote.

Yo estoy contigo. Te protegeré por dondequiera que vayas, y te traeré de vuelta a esta tierra. No te abandonaré hasta cumplir con todo lo que te he prometido.
—Génesis 28.15

Reconócelo en todos tus caminos,
y él allanará tus sendas.
— Proverbios 3.6

Lee también: Hebreos 1.3

YA NO ERES TU PROPIO DUEÑO, porque fuiste comprado por un precio. Y ese precio fue exorbitante: ¡mi propia Vida! Al sacrificarme por tus pecados, pasé por dolores y humillaciones insoportables. Este fue un regalo de un valor infinito, un acto de Amor indescriptible. Sin embargo, solo aquellos que reconocen su pecaminosidad y su necesidad de un Salvador pueden recibir este asombroso regalo de Amor. Escucha la invitación que hago: *«Vengan a mí todos los que están cansados y agobiados, y yo les daré descanso».* El pecado es una terrible carga que aplasta y agobia, pero yo he pagado el precio *completo* para quitarlo de ti para siempre.

Cuando te despiertes cada mañana, dite: «Yo no soy mío. Pertenezco a Jesús». Luego, mientras el día transcurre y especialmente cuando hagas planes o tomes decisiones, no olvides de quién eres. Saber que me perteneces te ayudará a mantenerte en *la senda de la Paz.* Este conocimiento satisface necesidades profundamente arraigadas. Puedes encontrar seguridad espiritual y emocional, recordando que *eres mío,* mi amado.

¿Acaso no saben que su cuerpo es templo del Espíritu Santo, quien está en ustedes y al que han recibido de parte de Dios? Ustedes no son sus propios dueños; fueron comprados por un precio. Por tanto, honren con su cuerpo a Dios.
—1 CORINTIOS 6.19, 20

Vengan a mí todos ustedes que están cansados y agobiados, y yo les daré descanso.
—MATEO 11.28

LEE TAMBIÉN. LUCAS 1.78-79

PUEDES CONFIAR EN EL ÚNICO que murió por ti. En este mundo de impostores y estafadores resulta difícil creer en alguien. La gente habla de requerirles a otros que se «ganen» su confianza y se prueben a sí mismos. Yo soy la Persona por excelencia que se ha ganado el derecho a ser confiable. Por tu bien, dejé la gloriosa perfección del cielo y comencé a vivir en tu mundo como un niño desvalido que nació en un establo. Durante treinta y tres años resistí todas las tentaciones para que mi sacrificio por los pecadores fuera suficiente. Viví una vida perfecta y voluntariamente di mi cuerpo para que fuera torturado y ejecutado a fin de pagar el castigo completo por el pecado. Como resultado de mi muerte y resurrección, *¡todo el que cree en mí, tiene vida eterna.*

Quiero que te apoyes con confianza en mí, no solo como tu Salvador, sino también como el Dios-Amigo que no te deja solo. Ya te he demostrado cuán confiable soy. Ahora te invito a que te relajes en mi Presencia amorosa y a que confíes en mí. Háblame de tus esperanzas y temores. *Deposita toda tu ansiedad sobre mí, porque yo cuido de ti.*

Ya conocen la gracia de nuestro Señor Jesucristo, que, aunque era rico, por causa de ustedes se hizo pobre, para que mediante su pobreza ustedes llegaran a ser ricos.
—2 CORINTIOS 8.9

El que cree en el Hijo tiene vida eterna; pero el que rechaza al Hijo no sabrá lo que es esa vida, sino que permanecerá bajo el castigo de Dios.
—JUAN 3.36

Depositen en él toda ansiedad, porque él cuida de ustedes.
—1 PEDRO 5.7

ESTE ES EL DÍA QUE YO HE HECHO. Te invito a regocijarte en este día compartiéndolo conmigo. Mientras más de mí tengas en tu vida, más feliz serás.

Invítame a participar de tus momentos contándome lo que sea que te esté preocupando, cualquiera cosa que ocupe tu mente. Tus conversaciones conmigo cambiarán radicalmente tu forma de pensar. Si has venido preocupándote por algo trivial, incluirme en tus pensamientos te ayudará a reconocer lo absurdo que es hacer tal cosa. Si estás atrapado en el pasado, deseando cambiar lo que ya sucedió, mi amorosa Presencia te traerá de nuevo al presente. Yo te puedo ayudar a manejar lo que sea que estés enfrentando.

Trata de encontrar el Gozo en este día que he hecho para ti. He escondido pequeños placeres a lo largo de tu jornada. Búscalos y dame las gracias por cada uno que encuentres. Muchas de las pequeñas cosas que hacen las delicias de tu corazón son exclusivas para ti. Te conozco tan íntimamente que puedo proporcionarte justo lo que necesitas para ser feliz. ¡*Regocíjate*, mi amado!

> *Este es el día en que el SEÑOR actuó;*
> *regocijémonos y alegrémonos en él.*
> —SALMOS 118.24

> *Estén siempre alegres, oren sin cesar, den gracias a Dios en toda*
> *situación, porque esta es su voluntad para ustedes en Cristo Jesús.*
> —1 TESALONICENSES 5.16-18

LEE TAMBIÉN: SALMOS 139.1 3

FIJA LA MIRADA EN MÍ con alegría. Fuiste *hecho* para el Gozo, y yo soy en tu vida la Fuente desbordante e ilimitada de deleite.

Nunca carezco de nada, porque soy infinito. Si extraes demasiado de otros placeres, terminarán decepcionándote. La naturaleza de la adicción implica que el adicto necesita más y más de una sustancia para obtener el mismo efecto que antes. Esta es una trampa autodestructiva. Sin embargo, mientras más te enfocas en *mí*, menos tendrás que depender de otras cosas. Puedes disfrutar de lo bueno que te proveo, pero no necesitas aferrarte a ello tratando de obtener cada posible sorbo de placer.

Aprende a fijar la mirada en mí incluso cuando el mundo desfile ante ti. Susurra mi nombre para recordarte que estoy cerca, y háblame de lo que te preocupa. Agradéceme por las cosas que disfrutas, mi amado: un techo seguro, comida, la luz y el calor del sol, el brillo de las estrellas, y *especialmente mi gloriosa Presencia*. Busca mi rostro y mi voluntad; *mírame a mí y a mi fuerza*.

Fijemos la mirada en Jesús, el iniciador y perfeccionador de nuestra fe, quien, por el gozo que le esperaba, soportó la cruz, menospreciando la vergüenza que ella significaba, y ahora está sentado a la derecha del trono de Dios.
—HEBREOS 12.2

Les he dicho esto para que tengan mi alegría y así su alegría sea completa.
—JUAN 15.11

Por tanto, al Rey eterno, inmortal, invisible, al único Dios, sea honor y gloria por los siglos de los siglos. Amén.
—1 TIMOTEO 1.17

LEE TAMBIÉN: SALMOS 105.4

AGRADÉCEME POR EL DON GLORIOSO del perdón. Yo soy tu Dios-Salvador, y el Único que podía darte esta bendición. Incurrí en un costo exorbitante para procurar este regalo para ti. *Al recibirme y creer en mi Nombre*, recibiste el perdón y llegaste a ser mi hijo. Este Nombre, Jesús, significa *el Señor salva*. Para recibir este don de la salvación necesitabas creer en mí como tu única Esperanza, Aquel que te podía liberar de todos tus pecados.

No hay condenación para los que están en mí. Quiero que disfrutes la maravilla de caminar a través de la vida como mi seguidor… ¡totalmente perdonado! La mejor retribución a este don maravilloso es vivir en gratitud, procurando complacerme por encima de todo lo demás. No necesitas hacer cosas buenas para asegurarte mi Amor, porque ya es tuyo. Simplemente deja que tu deseo de agradarme fluya libremente desde tu corazón agradecido. Darme las gracias con frecuencia te ayudará a permanecer cerca de mí, listo para seguirme a donde te dirija. Regocíjate, mi amado, *porque a través de mí la ley del Espíritu de Vida te ha hecho libre.*

> Mas a cuantos lo recibieron, a los que creen en su
> nombre, les dio el derecho de ser hijos de Dios.
> —JUAN 1.12

> De hecho, en ningún otro hay salvación, porque no hay bajo el cielo otro
> nombre dado a los hombres mediante el cual podamos ser salvos.
> —HECHOS 4.12

LEE TAMBIÉN. ROMANOS 8.1, 2

TÚ ME AMAS porque yo te amé primero. Mis ojos estaban puestos en ti desde mucho antes de que estuvieras interesado en mí. Me he dado cuenta de todo lo que te ha ocurrido y te he seguido a todas partes. Orquesté circunstancias y acontecimientos en tu vida para ayudarte a ver tu necesidad de mí. He puesto a personas y enseñanzas en tu camino que te digan la verdad sobre mí de formas que puedas entender. Mi Espíritu ha trabajado dentro de ti para darle vida a tu espíritu, capacitándote para que *me recibas y creas en mi Nombre*. Todo esto ha sido un resultado de mi más profundo y poderoso afecto por ti. *¡Te he amado con un Amor eterno!*

Mientras más te des cuenta de la inmensidad de mi pasión por ti, más intensamente podrá ser tu amor por *mí*. Esto te permitirá ir creciendo, poco a poco, hasta llegar a ser la persona que tenía la intención que fueras. Al pasar tiempo en mi tierna Presencia, se te hará más fácil deleitarte en mí y mostrarles bondad a otras personas. Cuando estés con ellas, pídeme que te ayude a mostrarles amor. *¡Mi Amor!*

Nosotros amamos a Dios porque él nos amó primero.
—1 JUAN 4.19

Mas a cuantos lo recibieron, a los que creen en su nombre, les dio el derecho de ser hijos de Dios.
—JUAN 1.12

Hace mucho tiempo se me apareció el SEÑOR y me dijo:
Con amor eterno te he amado;
por eso te sigo con fidelidad.
—JEREMÍAS 31.3

ESTE DÍA DE VIDA ES UN REGALO precioso que yo te he dado. Trátalo como el tesoro que es, dándole prioridad a la oración. Al observar cómo el día se extiende ante ti, *busca mi Presencia* para que te ayude a discernir lo que es más importante. Establece prioridades de acuerdo a mi voluntad, y úsalas para que te guíen a medida que el día avanza. Esta práctica te ayudará a tomar buenas decisiones sobre el uso de tu tiempo y energía. Al llegar al final del día, te podrás sentir en paz con las cosas que pudiste hacer, y también con lo que no alcanzaste a lograr.

Te animo a que me invites a participar en todo lo que hagas. La breve oración: «¡Ayúdame, Señor!» es suficiente para involucrarme en tus actividades. Me alegro cuando veo que me buscas continuamente porque me necesitas. Y quiero que te alegres en tu necesidad, porque es un fuerte vínculo con mi Presencia radiante. Aunque vivir de un modo dependiente resulta contracultural, es una manera de vivir bendecida, regocijándote en la Gloria de mi Presencia.

Este es el día en que el SEÑOR actuó;
regocijémonos y alegrémonos en él.
—SALMOS 118.24

¡Gloríense en su nombre santo!
¡Alégrense de veras los que buscan al SEÑOR!
—1 CRÓNICAS 16.10, 11

Yo soy la vid y ustedes son las ramas. El que permanece en mí, como yo en
él, dará mucho fruto; separados de mí no pueden ustedes hacer nada.
—JUAN 15.5

LEE TAMBIÉN: JUDAS V. 24

ABRIL 21

EL FUTURO DE LOS JUSTOS ES EL GOZO. Esto significa que tus perspectivas son excelentes, mi amado. Yo viví una vida de perfecta justicia y morí en tu lugar, soportando todo el castigo por tus pecados. Tal cosa hizo posible que te cubriera con mi propio *manto de justicia*. Te invito a que uses las *vestiduras de salvación* con desbordante gratitud y Gozo.

Una actitud gozosa y agradecida te ayudará a vivir de acuerdo a mi voluntad. Comenzar tu día con esta actitud mental positiva te pondrá en el camino correcto. El agradecimiento aumenta el Gozo, el cual a su vez aumenta tu gratitud. Hay una encantadora sinergia entre estas dos actitudes. Cuando tu habilidad para sentirte contento parezca estar disminuyendo, energízala con una abundante dosis de acción de gracias. Leer salmos te puede ayudar con esto, al igual que cantar himnos o canciones de alabanza. Hacer una lista —mental o en un papel— de las bendiciones en tu vida es otra manera efectiva de dar gracias. Quiero que recuerdes las *grandes cosas que he hecho para ti*; esto *te llenará de alegría.*

> El futuro de los justos es halagüeño;
> la esperanza de los malvados se desvanece.
>
> —PROVERBIOS 10.28

> Me deleito mucho en el SEÑOR;
> me regocijo en mi Dios.
> Porque él me vistió con ropas de salvación
> y me cubrió con el manto de la justicia.
> Soy semejante a un novio que luce su diadema,
> o una novia adornada con sus joyas.
>
> —ISAÍAS 61.10

LEE TAMBIÉN: SALMOS 13.6; SALMOS 126.3

¡NO TE PREOCUPES POR EL MAÑANA! Este es el más misericordioso de los mandatos. Entiendo la fragilidad humana; sé que *eres de barro.* Este mandato no está destinado a agobiarte o condenarte, sino a hacerte libre de las preocupaciones mundanales.

Justo antes de que les diera esta instrucción a mis seguidores hablé sobre cómo disfrutar de tal libertad. Recuerda que *tu Padre celestial conoce tus necesidades.* Al *buscar primero su reino y su justicia,* tu perspectiva cambia. La búsqueda de cosas temporales pasa a un segundo plano con respecto a las realidades invisibles y eternas: el avance de mi reino. Así que dedica más tiempo y energía al desarrollo de tu relación conmigo, buscando no solo mi Presencia, sino también mi voluntad. Prepárate para seguirme a donde sea que te guíe. Te llevaré por rutas colmadas de aventuras que llenarán tu vida de sentido.

Te creé para que disfrutes de mi Presencia en el presente, dejando tu futuro a mi cuidado. *Al deleitarte en mí, yo te concederé los deseos de tu corazón.*

Los paganos andan tras todas estas cosas, pero el Padre celestial sabe que ustedes las necesitan. Más bien, busquen primeramente el reino de Dios y su justicia, y todas estas cosas les serán añadidas. Por lo tanto, no se angustien por el mañana, el cual tendrá sus propios afanes. Cada día tiene ya sus problemas.

—MATEO 6.32-34

Él conoce nuestra condición;
sabe que somos de barro.

—SALMOS 103.14

LEE TAMBIÉN: SALMOS 37.4

Yo soy Aquel que vino del Padre, lleno de gracia y de verdad. Vine de Él y regresé a Él, porque yo soy Dios, la segunda Persona de la Trinidad.

Entré en tu mundo para proveerte la forma de tener una relación viva y eterna con tu Padre-Dios. Las personas que no me conocen dicen a menudo que para llegar a Dios hay muchos caminos. Sin embargo, esta afirmación es absolutamente falsa: *yo soy el Camino, la Verdad y la Vida. Nadie llega al Padre, sino por mí.*

Vengo a *ti,* mi amado, *lleno de gracia.* Debido a que has confiado en mí para la salvación de tus pecados mediante mi muerte sacrificial en la cruz, no tienes nada que temer. No es necesario que le temas al fracaso o tengas expectativas por debajo de lo esperado. Puesto que soy tu Salvador —y tú no podrías haberte salvado a ti mismo— tu seguridad descansa en mi gracia. Alégrate de que sea fiel y suficiente. Frente a todas las vicisitudes de este mundo, *en mí tendrás Paz. ¡Yo he vencido al mundo!*

> *Y el Verbo se hizo hombre y habitó entre nosotros.*
> *Y hemos contemplado su gloria, la gloria que corresponde al*
> *Hijo unigénito del Padre, lleno de gracia y de verdad.*
> —JUAN 1.14

> *—Yo soy el camino, la verdad y la vida —le contestó*
> *Jesús—. Nadie llega al Padre sino por mí.*
> —JUAN 14.6

> *Yo les he dicho estas cosas para que en mí hallen paz. En este mundo*
> *afrontarán aflicciones, pero ¡anímense! Yo he vencido al mundo.*
> —JUAN 16.33

YO SOY UN ESCUDO para todos los que se refugian en mí. Hay días en que sientes la necesidad de mi Presencia protectora. En otras ocasiones ni siquiera estás consciente de que necesitas protección, pero yo estoy continuamente cerca de ti, observándote. Me complazco en ser tu Protector, por lo que siempre podrás encontrar un refugio en mí.

Una de las mejores maneras de convertirme en *tu Refugio* es pasando tiempo conectado conmigo y *abriéndome tu corazón.* Cuéntame sobre las cosas que te han herido: las cosas injustas que te han hecho o han dicho de ti. Confía en mi preocupación y en mi deseo de sanar tus heridas. Además, conozco la verdad acerca de todo; mi punto de vista está absolutamente libre de insinuaciones y medias verdades.

Algo vital para tu sanidad física, emocional o espiritual es saber que yo te entiendo. También es fundamental para que perdones a los que te han causado algún daño. El perdón es por lo general un proceso, de modo que mantente perdonando hasta que sientas que has vencido en lo que respecta a esto. Regocíjate en mí, mi amado, porque yo vine para *hacerte libre.*

El camino de Dios es perfecto;
la palabra del SEÑOR es intachable.
Escudo es Dios a los que en él se refugian.
—SALMOS 18.30

Confía siempre en él, pueblo mío;
ábrele tu corazón cuando estés ante él.
¡Dios es nuestro refugio!
—SALMOS 62.8

LEE TAMBIÉN: JUAN 8.32

YO SOY LA VERDAD. ¡La Verdad inmutable y trascendente! Muchas personas creen que la verdad es relativa, dependiendo de la situación, la persona, o el día. Sin embargo, solo la verdad absoluta puede proporcionar un fundamento firme para tu vida. Todo lo demás es arena movediza.

Debido a que soy la Verdad infalible, *todos los tesoros de la sabiduría y el conocimiento* están ocultos en mí. Puedes encontrar todo lo que necesitas en tu relación conmigo. Yo te proveo el fundamento sobre el cual puedes construir tu vida. Yo mismo *soy* la Vida. ¡Así que mientras más cerca vivas de mí, más vivo te sentirás!

Muchas personas luchan con problemas de identidad, preguntándose quiénes realmente son y qué se supone que deberían hacer con sus vidas. No obstante, mientras más plenamente me conozcas —la *Verdad*— mejor podrás entenderte a ti mismo y comprender el significado de tu vida. Así es que haz todo lo posible para conocerme como en verdad soy. También quiero que estés siempre *preparado* para hablarles a otros acerca del Dios-Salvador que te redimió y *te hizo libre.*

> — Yo soy el camino, la verdad y la vida —le contestó
> Jesús—. Nadie llega al Padre sino por mí.
> —JUAN 14.6

> *Quiero que lo sepan para que cobren ánimo, permanezcan unidos por amor, y tengan toda la riqueza que proviene de la convicción y del entendimiento. Así conocerán el misterio de Dios, es decir, a Cristo, en quien están escondidos todos los tesoros de la sabiduría y del conocimiento.*
> —COLOSENSES 2.2, 3

LEE TAMBIÉN: 1 PEDRO 3.15; JUAN 8.32

EN EL CIELO *NO HABRÁ NOCHE, porque la Gloria de Dios lo iluminará.* No necesitarás horas nocturnas para dormir, porque tu cuerpo glorificado estará siempre pleno de energía. El cansancio es una de las principales cosas que las personas tienen que enfrentar en este mundo, en especial a medida que envejecen o se enferman. Sin embargo, en el cielo no habrá fatiga y, por lo tanto, no habrá necesidad de dormir.

La Luz-Gloria de los cielos será perfecta y brillante, sin un ápice de oscuridad en ella. Allí no habrá pecado, de modo que no habrá nada que esconder. Verás todo a través de ojos glorificados, como nunca antes has visto. Los colores serán más vivos; los rostros serán más vibrantes. Podrás ver por completo mi Rostro. Tu experiencia será mucho mayor que la de Moisés, quien tuvo que ocultarse en la hendidura de una roca, mientras mi Gloria pasaba. A él solo se le permitió ver mis espaldas, pero tú no tendrás tales limitaciones. ¡En el cielo, *me verás cara a Cara,* en toda mi Gloria!

La ciudad no necesita ni sol ni luna que la alumbren, porque la gloria de Dios la ilumina, y el Cordero es su lumbrera.
Sus puertas estarán abiertas todo el día, pues allí no habrá noche.

—APOCALIPSIS 21.23, 25

Este es el mensaje que hemos oído de él y que les anunciamos:
Dios es luz y en él no hay ninguna oscuridad.

—1 JUAN 1.5

LEE TAMBIÉN: ÉXODO 33.22, 23; 1 CORINTIOS 13.12

ESTÁS PREOCUPADO POR EL MIEDO AL FRACASO, pero mi Amor por ti nunca va a fallar. Déjame describir lo que veo cuando te contemplo, mi amado. Luces regio, porque te he revestido con mi justicia y *coronado con gloria y honra*. Te ves *radiante*, especialmente cuando estás mirándome. Eres hermoso al reflejar mi Gloria. ¡En realidad, me alegras tanto que *me deleito en ti con gritos de Gozo!* Así es como te veo a través de mi visión llena de gracia.

Debido a que soy infinito, te puedo ver simultáneamente como eres ahora y como serás cuando estés en el cielo. Al verte en el presente, trabajo contigo en las cosas que necesitas cambiar. Al verte desde la perspectiva del cielo, te amo como si ya fueses perfecto.

Quiero que aprendas a mirarte a ti mismo —y a otros— a través del lente de mi Amor inagotable. Mientras perseveras en esto, te irás dando cuenta poco a poco de lo fácil que es amarse uno a uno mismo y a los demás.

Lo hiciste un poco menor que los ángeles,
y lo coronaste de gloria y de honra.
—HEBREOS 2.7

Radiantes están los que a él acuden;
jamás su rostro se cubre de vergüenza.
—SALMOS 34.5

Así, todos nosotros, que con el rostro descubierto reflejamos como en
un espejo la gloria del Señor, somos transformados a su semejanza
con más y más gloria por la acción del Señor, que es el Espíritu.
—2 CORINTIOS 3.18

LEE TAMBIÉN: SOFONÍAS 3.17

CONFÍA EN MÍ EN TODO MOMENTO. Ábreme tu corazón, porque yo soy tu Refugio. Mientras más confíes en mí, más eficazmente te podré ayudar. Confiar en mí resulta apropiado sin importar la situación en la que estés: alegre o triste, tranquilo o inquieto. En realidad, las cosas que te provocan estrés pueden servirte como recordatorios para *buscar mi Rostro.* Quiero que recuerdes que yo estoy contigo, cuidando de ti, incluso cuando la vida se pone difícil. Háblame de tus problemas y déjamelos a mí. Luego descansa en mi Presencia mientras obro a tu favor.

Reafírmate la verdad sobre mí. Usa palabras de las Escrituras para describirme: «*Tú eres mi refugio y mi fortaleza, el Dios en quien confío*». Sin duda que soy un refugio: un lugar seguro donde encontrar protección en medio de las tormentas de la vida. Proclamar o cantar estas verdades es una manera muy eficaz de mantenerte cerca de mí. Por tu mente de manera habitual están pasando innumerables pensamientos o fragmentos de pensamientos. En lugar de solo pensar en mí, háblame en voz alta; esto te permite concentrar tus pensamientos y tu confianza en mí.

Confía siempre en él, pueblo mío;
ábrele tu corazón cuando estés ante él.
¡Dios es nuestro refugio!
—SALMOS 62.8

¡Refúgiense en el SEÑOR y en su fuerza,
busquen siempre su presencia!
—1 CRÓNICAS 16.11

LEE TAMBIÉN: 1 PEDRO 5.7; SALMOS 91.2

Yo soy digno de toda tu confianza. Así que no dejes que los acontecimientos del mundo te asusten. En lugar de eso, usa tu energía para confiar en mí y buscar evidencias de mi Presencia en el mundo. Susurra mi Nombre a fin de reconectar sin demora tu corazón y tu mente a mí. *Yo estoy cerca de todo el que me invoca.* Deja que te envuelva en mi Presencia permanente y te conforte con mi Paz.

Recuerda que soy a la vez amoroso y fiel. *¡Mi Amor llega hasta los cielos y mi fidelidad alcanza las nubes!* Esto significa que nunca podrás encontrar el final de mi Amor. Mi Amor es ilimitado y eterno. Por otra parte, puedes pararte en la Roca de mi fidelidad sin importar las circunstancias por las que estés atravesando.

De forma rutinaria, la gente suele poner su confianza en sus habilidades, su educación, las riquezas o las apariencias. No obstante, tú debes depositar tu confianza plenamente en mí… ¡el Salvador cuya muerte sacrificial y resurrección milagrosa te abrieron el camino *a la Gloria eterna!*

El Señor está cerca de quienes lo invocan,
de quienes lo invocan en verdad.
—Salmos 145.18

Tu amor, Señor, llega hasta los cielos;
tu fidelidad alcanza las nubes.
—Salmos 36.5

Pues los sufrimientos ligeros y efímeros que ahora padecemos producen
una gloria eterna que vale muchísimo más que todo sufrimiento.
—2 Corintios 4.17

DÉJAME SATISFACERTE POR LAS MAÑANAS con mi Amor inagotable, para que puedas cantar con Gozo y vivir feliz a lo largo de tus días. La gente busca satisfacción de una gran variedad de maneras dañinas, muchas de las cuales son adictivas. Incluso las cosas buenas pueden no satisfacerte si las pones por encima de mí. Así que ven a mí cada mañana con tu sensación de vacuidad y tus anhelos. Permanece quieto en mi Presencia, comunicándote conmigo. Invítame a llenar tu vida de mi Amor ilimitado hasta que se derrame. Piensa *cuán ancho y largo, alto y profundo* es este vasto océano de bendición.

Sentirte satisfecho en mí por sobre toda otra cosa provee un sólido fundamento para tu vida. Construir sobre este cimiento sólido te capacita para estar contento mientras tu vida se va desarrollando. Sin embargo, todavía encontrarás dificultades, ya que vives en un mundo quebrantado, pero yo amorosamente te guiaré a lo largo de tu caminar mientras te aferras a mí confiadamente. De esta manera, tu vida tendrá sentido y te proporcionará satisfacciones mientras te diriges hacia tu meta final: ¡las puertas de la Gloria!

Sácianos de tu amor por la mañana,
y toda nuestra vida cantaremos de alegría.
—SALMOS 90.14

...para que por fe Cristo habite en sus corazones. Y pido que, arraigados y
cimentados en amor, puedan comprender, junto con todos los santos, cuán ancho
y largo, alto y profundo es el amor de Cristo; en fin, que conozcan ese amor que
sobrepasa nuestro conocimiento, para que sean llenos de la plenitud de Dios.
—EFESIOS 3.17-19

LEE TAMBIÉN: SALMOS 73.24

Mayo

«*Yo he venido para que tengan vida, y la tengan en abundancia [al máximo; hasta que sobreabunde]*».

JUAN 10.10

EL MOMENTO PRESENTE ES EL PUNTO en el cual el tiempo se cruza con la eternidad. También es el lugar donde te puedes encontrar *conmigo*, tu Salvador eterno. Por eso, hasta donde te sea posible, mantén tus pensamientos centrados en el presente, disfrutando de mi Presencia aquí y ahora.

Invítame a participar en todas tus actividades. Pídeme que te ayude a *hacer tu trabajo de buena gana*. Trabajando juntos, tú y yo podremos hacer que tu carga se aligere y te permita ser más eficaz. Comparte conmigo no solo tu trabajo, sino también tu tiempo libre, agradeciéndome por ambos. Cuando algo te perturbe, no dejes que el miedo o los pensamientos obsesivos controlen tu mente. En su lugar, háblame sobre lo que te está robando la paz. Luego, *echa toda tu ansiedad sobre mí*, sabiendo que *yo cuido de ti*.

Si me lo pides, abriré tus ojos y despertaré tu corazón para que puedas ver con más detalles todo lo que contiene el presente. Me deleito en reunirme contigo cuando tu corazón se mantiene alerta. *Yo vine al mundo para que tengas vida en abundancia, tanto, que llegue a desbordarse.*

> *Hagan lo que hagan, trabajen de buena gana, como para el Señor y no como para nadie en este mundo.*
> —COLOSENSES 3.23

> *Depositen en él toda ansiedad, porque él cuida de ustedes.*
> —1 PEDRO 5.7

> *El ladrón no viene más que a robar, matar y destruir; yo he venido para que tengan vida, y la tengan en abundancia.*
> —JUAN 10.10

CONFIAR EN MÍ es la alternativa para no caer en la desesperación ni escapar de la irrealidad. Es posible que cuando te encuentres en medio de la adversidad te sea difícil pensar claramente. Sin embargo, es ahí cuando resulta de vital importancia tomar decisiones sabias. A veces parece como si las decisiones se arremolinaran a nuestro alrededor, esperando que agarremos la primera que encontremos a mano. No obstante, hay *una* opción que es siempre apropiada y eficaz: la decisión de *confiar en mí con todo el corazón y con toda la mente.*

Si estás a punto de caer en las profundidades de la desesperación, detente y expresa tu confianza en mí. ¡Susúrralo, dilo en voz alta, grítalo a los cuatro vientos! Dedica tiempo a reflexionar sobre todas las razones que tienes para *confiar en mí.* Recuerda y gózate en mi Amor *infinito e inagotable.*

Si has estado adormeciendo tu dolor por medio de negar la realidad, expresar tu confianza te puede poner en contacto con la Realidad superior: ¡yo! Confía en mí, mi amado, porque yo lo sé todo. Entiendo cada situación en lo que respecta a tus circunstancias, *y te ayudaré.*

Confía en el SEÑOR de todo corazón,
y no en tu propia inteligencia.
—PROVERBIOS 3.5

Pero yo soy como un olivo verde
que florece en la casa de Dios;
yo confío en el gran amor de Dios
eternamente y para siempre.
—SALMOS 52.8

LEE TAMBIÉN: ISAÍAS 41.13

ES SOLO CUANDO TRABAJO que todo funciona realmente bien. Cuando lo que estás haciendo me agrada, me uno a ti para ayudarte. A veces eres consciente de mi Presencia que te fortalece, y otras veces no. Sin embargo, mientras más veces vengas a mí buscando orientación y ayuda, más bendiciones derramaré sobre ti. Algunas de las bendiciones están orientadas al trabajo; otras son asuntos del corazón. Estar consciente de mi Presencia aumenta tu sensación de seguridad y te llena de Gozo.

Te estoy entrenando para que me busques dondequiera que te encuentres o en cualquier situación que te halles. Habrá ocasiones en las que tendrás que mirar *a través* de tus circunstancias para encontrar señales de mi Presencia radiante. Imagínate mirando a través de una ventana sucia hacia un magnífico jardín bañado por el sol. Si enfocas tu mirada en la suciedad de los vidrios, no podrás admirar la belleza exquisita del jardín. Así como puedes entrenar tus ojos para que vean el esplendor más allá de la ventana, puedes aprender a mirar a través de tus circunstancias y «ver» *mi Rostro brillando sobre* ti. Búscame y me encontrarás en todas partes.

Con este fin trabajo y lucho fortalecido por el poder de Cristo que obra en mí.
—COLOSENSES 1.29

Me has dado a conocer los caminos de la vida;
me llenarás de alegría en tu presencia.
—HECHOS 2.28

LEE TAMBIÉN: NÚMEROS 6.24, 25

CONOZCO CADA UNA DE TUS TRIBULACIONES. *He recogido todas tus lágrimas y las he registrado en mi libro.* Así que no tengas miedo de llorar, o de las dificultades que provocan tus lágrimas. Tus problemas no son fortuitos o carecen de sentido. Te estoy convocando para que no solo confíes en mí, sino para que también tengas en cuenta mi soberanía. ¡Yo sé lo que estoy haciendo!

Debido a que mi perspectiva es infinita —ilimitada en cuanto a tiempo o espacio— las formas en que actúo en el mundo están a menudo más allá de tu comprensión. Si pudieras ver las cosas desde mi perspectiva como Dios, entenderías la perfección de mi voluntad revelada en mi Gloria. No obstante, por ahora solo *ves un pobre reflejo*, por lo que tienes que aprender a vivir con el misterio.

He recogido tus lágrimas en mi redoma porque eres extremadamente valioso para mí. Y llegará el día en que *enjugaré toda lágrima de tus ojos. No habrá más muerte, ni llanto, ni clamor, ni dolor.* ¡Regocíjate en este futuro celestial y glorioso que te espera!

> *Toma en cuenta mis lamentos;*
> *registra mi llanto en tu libro.*
> *¿Acaso no lo tienes anotado?*
> —SALMOS 56.8

> *Ahora vemos de manera indirecta y velada, como en un espejo;*
> *pero entonces veremos cara a cara. Ahora conozco de manera*
> *imperfecta, pero entonces conoceré tal y como soy conocido.*
> —1 CORINTIOS 13.12

LEE TAMBIÉN: APOCALIPSIS 21.4

QUIERO QUE MANTENGAS una actitud de agradecimiento. Este es el lugar más encantador, donde el Gozo de mi Presencia brilla calurosamente sobre ti.

A menudo oras fervientemente por algo hasta que recibes la respuesta que deseabas. Cuando te concedo tu petición, respondes con Gozo y gratitud. Sin embargo, tu tendencia es seguir adelante rápidamente al próximo asunto. Quiero que permanezcas por un tiempo mostrando una actitud de Gozo agradecido. En lugar de experimentar solo una breve explosión de gratitud, deja que este placer fluya libremente hacia tu futuro, adiestrándote para recordar lo que he hecho. Una forma de hacerlo es contándoselo a otros. Esto bendice tanto a los demás como a ti, a la vez que me pone muy contento a mí. Otra forma es escribiendo la oración-respuesta y colocándola en un lugar donde la puedas ver una y otra vez.

Mantente expresándome tu gratitud. Este agradecimiento te bendecirá doblemente: con recuerdos felices de las oraciones contestadas y con el placer de compartir tu Gozo conmigo.

> *Lleguemos ante él con acción de gracias,*
> *aclamémoslo con cánticos.*
> —SALMOS 95.2

> *¡Pero gracias a Dios, que nos da la victoria por medio de nuestro Señor Jesucristo!*
> —1 CORINTIOS 15.57

> *¡Recuerden las maravillas que ha realizado,*
> *los prodigios y los juicios que ha emitido!*
> —1 CRÓNICAS 16.12

ESTO ES LO QUE TE DIGO: yo fui quien te hizo, te formó en el seno materno y te ayudará. No tengas miedo. Siempre he estado involucrado en tu vida, incluso antes de que nacieras. Debido a que eres mío, comprado con mi propia sangre, puedes contar con mi promesa de ayudarte mientras vas viviendo en este mundo. Obtienes la victoria sobre el miedo confiando en mi *ayuda segura*.

El problema surge cuando miras demasiado tiempo hacia el futuro, tratando de visualizar y controlar lo que todavía está por ocurrir. Persistir en mirar al futuro puede fácilmente convertirse en un problema de enfoque. Las malas hierbas de la preocupación y el miedo surgen rápidamente en este tipo de «suelo». Cuando te des cuenta de que esto está sucediendo, aléjate de tus preocupaciones y vuélvete al Único que está amorosamente presente contigo. Alégrate de que *aún* estaré contigo cuando llegues a cada etapa del camino. Apóyate firme en mi Presencia, confiando en que puedo ayudarte hoy, *y todos los días de tu vida.*

Así dice el SEÑOR, el que te hizo,
el que te formó en el seno materno
y te brinda su ayuda:
"No temas, Jacob, mi siervo,
Jesurún, a quien he escogido.

—ISAÍAS 44.2

Dios es nuestro amparo y nuestra fortaleza,
nuestra ayuda segura en momentos de angustia.

—SALMOS 46.1

LEE TAMBIÉN: SALMOS 23.6

Tú eres un hijo de Dios. El día llegará en que *me veas tal como soy.* Estarás cara a Cara conmigo en la Gloria. Hasta ese momento, te estoy preparando para *hacerte nuevo en la actitud de tu mente y ponerte el ropaje de tu nueva naturaleza.* Aunque tu nueva naturaleza está siendo conformada a mi imagen, este proceso no borra la esencia de quién eres. En lugar de eso, mientras más te *asemejes* a mí, más te desarrollarás como la persona exclusiva que diseñé que fueras.

Tú has sido un miembro de mi familia real desde el día en que confiaste en mí como tu Salvador. Por lo tanto, eres un *coheredero conmigo, compartiendo mi herencia.* Sin embargo, también *deberás compartir mi sufrimiento si vas a compartir mi Gloria.* Cuando enfrentes tiempos difíciles, búscame en medio de tus luchas. Pídeme que te ayude a soportar el sufrimiento en una manera digna de la familia del Rey. Todo lo que soportes te ayudará a ser más como yo. Recuerda el objetivo final: *¡Ver mi rostro en justicia, y sentirte satisfecho!*

> *Queridos hermanos, ahora somos hijos de Dios, pero todavía no se ha manifestado lo que habremos de ser. Sabemos, sin embargo, que cuando Cristo venga seremos semejantes a él, porque lo veremos tal como él es.*
>
> —1 Juan 3.2

> *...ser renovados en la actitud de su mente; y ponerse el ropaje de la nueva naturaleza, creada a imagen de Dios, en verdadera justicia y santidad.*
>
> —Efesios 4.23, 24

> *Y, si somos hijos, somos herederos; herederos de Dios y coherederos con Cristo, pues, si ahora sufrimos con él, también tendremos parte con él en su gloria.*
>
> —Romanos 8.17

Lee también: Salmos 17.15

YO TE HE RESCATADO DEL SEPULCRO; te he coronado con Amor y compasión; te he colmado de bondad y estoy renovando tu juventud.

Te he dado estos magníficos regalos porque *me gozo en ti.* Deja que mi deleite llegue hasta lo más profundo de tu ser, satisfaciendo tu alma. Aunque conozco tus pecados y defectos, mi Amor perfecto nunca flaquea. Ante todo, te veo como mi redimido, que lleva *una corona del paraíso y va envuelto en belleza eterna.*

Quiero que tu identidad como mi amado esté en el frente y el centro de tu mente, a pesar de que a menudo tus pensamientos se atascan en asuntos triviales, sobre todo cuando tu mente está desenfocada. Es por esto que te aconsejo que *permanezcas siempre alerta y perseveres en la oración.* Invítame a participar de tus circunstancias, incluyendo tus pensamientos, sentimientos y decisiones. Mantenerte comunicado conmigo te ayudará a centrarte menos en lo trivial y más en las realidades gloriosas. Mientras esperas en mi Presencia, *renovaré tus fuerzas.* ¡Independientemente de la edad que tienes, *siempre serás joven en mi Presencia!*

> *...él rescata tu vida del sepulcro*
> *y te cubre de amor y compasión;*
> *él colma de bienes tu vida*
> *y te rejuvenece como a las águilas.*
>
> —SALMOS 103.4, 5

> *Porque el SEÑOR se complace en su pueblo;*
> *a los humildes concede el honor de la victoria.*
>
> —SALMOS 149.4

LEE TAMBIÉN: EFESIOS 6.18; ISAÍAS 40.31

Yo te busco en el lugar de tu necesidad más profunda. Así que ven a mí tal como estás, dejando atrás pretensiones y comportamientos. Eres totalmente transparente para mí. Sé todo sobre ti. Sin embargo, debido a que eres mío —redimido con mi sangre— siento por ti un Amor ilimitado e inacabable.

Pídele a mi Espíritu que te ayude a ser honesto y franco conmigo. No te avergüences de tus necesidades; más bien, úsalas para conectarte conmigo en humilde dependencia. Invítame a ser parte de tu vida. Recuerda que *yo soy el Alfarero y tú eres el barro*. La debilidad que me entregas es maleable en mis manos, y la uso para moldearte de acuerdo a mi voluntad.

Tu necesidad más profunda es *apoyarte en mí, creerme y confiar en mí*. Aceptar tu falta de fuerza te ayuda a apoyarte en mí, demostrando una dependencia no vergonzosa. Te estoy preparando para que confíes en mí —*con todo tu corazón y toda tu mente*— en un esfuerzo de toda la vida. Y la mejor manera de *no sentir miedo* es tener confianza en mí, *tu Fuerza*.

> Como bien saben, ustedes fueron rescatados de la vida absurda que heredaron de sus antepasados. El precio de su rescate no se pagó con cosas perecederas, como el oro o la plata, sino con la preciosa sangre de Cristo, como de un cordero sin mancha y sin defecto.
> —1 Pedro 1.18, 19

> A pesar de todo, Señor, tú eres nuestro Padre;
> nosotros somos el barro, y tú el alfarero.
> Todos somos obra de tu mano.
> —Isaías 64.8

Lee también: Proverbios 3.5; Isaías 12.2

TUS DECISIONES SON IMPORTANTES, mi amado. Son una parte vital de mi obra transformadora en ti. Tú haces la mayor parte de tus decisiones solo, en la soledad de tu corazón y tu mente. Sin embargo, recuerda algo: ¡yo soy *Cristo en ti!* Conozco cada pensamiento antes de que lo pienses, cada decisión antes de que la lleves a cabo. Tu aceptación de que estoy al tanto de todo lo que ocurre dentro de ti puede protegerte de una vida descuidada y egoísta. Deja que tu deseo *me complazca*, al Único que te conoce tan íntimamente y cambia tu forma de pensar y vivir.

Es posible que hayas pensado que la mayor parte de tus decisiones resultan insignificantes, pero esto no es cierto. Una buena decisión que hagas hoy, por pequeña que sea, puede colocarte en una posición en la que lograrás algo muy importante. Una mala decisión, aparentemente sin importancia, puede conducirte a serios fracasos o pérdidas en el futuro. Aunque tus decisiones sin duda importan, recuerda que *no hay condenación para los que me pertenecen*. Yo soy capaz de ver todos tus defectos y fracasos, pero al mismo tiempo amarte con un *Amor glorioso e inagotable*.

A estos Dios se propuso dar a conocer cuál es la gloriosa riqueza de este misterio entre las naciones, que es Cristo en ustedes, la esperanza de gloria.
—COLOSENSES 1.27

Por lo demás, hermanos, les pedimos encarecidamente en el nombre del Señor Jesús que sigan progresando en el modo de vivir que agrada a Dios, tal como lo aprendieron de nosotros. De hecho, ya lo están practicando.
—1 TESALONICENSES 4.1

LEE TAMBIÉN: ROMANOS 8.1, 2; SALMOS 13.5

SOY TU HERMANO Y TU AMIGO. Soy *el Primogénito entre muchos hermanos;* y tú estás *siendo conformado a mi imagen.* ¡Este es un privilegio sorprendente y una bendición! Algunos niños son bendecidos al tener un hermano mayor fuerte y cariñoso que los ayuda y protege. Tú tienes un Gran Hermano todopoderoso que está constantemente velando por tus intereses. Ni el más comprometido miembro de la familia o amigo puede estar contigo siempre, pero yo jamás me separo de tu lado. Yo soy el *Amigo más fiel que un hermano.*

Mi continua Presencia contigo nunca debería ser subestimada. Recuerda que tu fiel Amigo es también *Rey de reyes.* Si pudieras vislumbrarme en toda mi Gloria, entenderías por qué *Juan cayó a mis pies como muerto* cuando me vio. *¡Yo soy el Primero y el Último, el que estuvo muerto y vive por los siglos de los siglos!* Quiero que te relaciones conmigo con reverencia, pues yo soy tu Dios-Salvador. Recuerda que el glorioso don de la salvación es tuyo para siempre. Hónrame con gratitud.

> *Porque a los que Dios conoció de antemano, también los predestinó a ser transformados según la imagen de su Hijo, para que él sea el primogénito entre muchos hermanos.*
> —ROMANOS 8.29

> *Hay amigos que llevan a la ruina, y hay amigos más fieles que un hermano.*
> —PROVERBIOS 18.24

LEE TAMBIÉN: APOCALIPSIS 17.14; APOCALIPSIS 1.17, 18

ALÁBAME POR LA AYUDA de mi Presencia. En todo momento y toda circunstancia, es conveniente que ores: «Gracias, Jesús, por estar *conmigo* aquí y ahora». Es posible que no sientas mi Presencia, pero yo la he prometido… ¡y eso es suficiente!

Una parte importante de tu asignación como cristiano es confiar en que *yo estoy contigo siempre*. Con fe, háblame de tus pensamientos y sentimientos, de tus luchas y placeres. Cree que me preocupo por ti y escucho todas tus oraciones. Busca mi ayuda con confiada expectación. Mantente atento para ver todas las formas en que obro en ti y por medio de tu vida. Alégrate por el hecho de que tú y yo, juntos, podemos *hacer muchísimo más que todo lo que podrías pedir o imaginar. Mi Poder está trabajando dentro de ti*, sobre todo al conectarse con tu debilidad, ofrecida a mí para que se cumplan mis propósitos.

Recuerda que *nada es imposible para mí*. No te dejes intimidar por las circunstancias desalentadoras. ¡Alábame por la ayuda de mi Presencia!

> *¿Por qué voy a inquietarme?*
> *¿Por qué me voy a angustiar?*
> *En Dios pondré mi esperanza*
> *y todavía lo alabaré.*
> *¡Él es mi Salvador y mi Dios!*
> —SALMOS 42.5

> *…enseñándoles a obedecer todo lo que les he mandado a ustedes. Y les aseguro que estaré con ustedes siempre, hasta el fin del mundo.*
> —MATEO 28.20

LEE TAMBIÉN: EFESIOS 3.20; LUCAS 1.37

DEJA DE JUZGAR por las apariencias, y haz un juicio justo. Hice esta declaración en el templo de Jerusalén, enseñando que juzgar puede ser bueno pero también es posible que resulte malo. Estaba hablándoles a ciertas personas que me habían evaluado sobre la base de las apariencias: centrándose en la letra de la Ley más que en el espíritu de la Ley. Lo que hacían estaba mal, pero eso no significa que *todos* los juicios estén equivocados. Yo prohíbo las evaluaciones superficiales, autosuficientes e hipócritas. No obstante, sí quiero que mis seguidores hagan evaluaciones *justas* sobre la moral y los asuntos teológicos, basadas en la verdad bíblica.

En esta era de «tolerancia», existe una enorme presión sobre la gente para que se abstenga de hacer declaraciones que diferencien el bien del mal. El temor a ser catalogado como «intolerante» ha silenciado a muchas personas que saben hacer juicios justos. Quiero que tengas el valor de *decir la verdad con amor* mientras te guío a hacerlo. La mejor preparación es examinar las Escrituras y tu corazón. Luego, pídele a mi Espíritu que hable a través de ti y ame a los demás por medio de tu amor hacia ellos.

No juzguen por las apariencias; juzguen con justicia.
—JUAN 7.24

No juzguen a nadie, para que nadie los juzgue a ustedes.
—MATEO 7.1

Más bien, al vivir la verdad con amor, creceremos hasta ser en todo como aquel que es la cabeza, es decir, Cristo.
—EFESIOS 4.15

Yo PUEDO EVITAR QUE TE CAIGAS. Sé lo débil que eres y cuán fácilmente pierdes el equilibrio si yo no estuviera allí para sostenerte. Estás *creciendo en la gracia*, pero la libertad completa del pecado no será posible mientras estés viviendo en este mundo caído. Por eso, necesitas mi ayuda continuamente.

Yo puedo *establecerte impecable* —irreprochable, perfecto, sin mancha— *ante la Presencia de mi Gloria*, porque *te he vestido con ropas de salvación y te he ataviado con el manto de justicia.* Quiero que lleves estas vestiduras reales con toda confianza. Tienes todo el derecho, ya que es mi justicia la que te salva, no la tuya.

El *Gozo inmenso* es para ti y para mí. Me deleito en ti ahora, pero este Gozo será inmensamente mayor cuando te unas a mí en la Gloria. El júbilo que experimentarás en el cielo no se puede describir; está mucho más allá que cualquier placer que hayas podido conocer en este mundo. ¡Nada puede robarte esta gloriosa *herencia indestructible, incontaminada e inmarchitable!*

> *¡Al único Dios, nuestro Salvador, que puede guardarlos para que no caigan, y establecerlos sin tacha y con gran alegría ante su gloriosa presencia, sea la gloria, la majestad, el dominio y la autoridad, por medio de Jesucristo nuestro Señor, antes de todos los siglos, ahora y para siempre! Amén.*
>
> —JUDAS vv. 24, 25

> *Más bien, crezcan en la gracia y en el conocimiento de nuestro Señor y Salvador Jesucristo. ¡A él sea la gloria ahora y para siempre! Amén.*
>
> —2 PEDRO 3.18

LEE TAMBIÉN: ISAÍAS 61.10; 1 PEDRO 1.3, 4

Mientras me buscas, te animo a que te *alegres y te regocijes en mí*. Tómate tu tiempo para alabarme con salmos y cánticos. Piensa en quién soy: yo habito en *esplendor, majestad y belleza*. Luego, recuerda cómo dejé la Gloria del cielo y vine al mundo para llevarte a mi reino de Vida eterna y Luz. Todo esto te ayudará a *gozarte en mí, tu Salvador*. Este Gozo te adentra más en mi santa Presencia, ayudándote a acercarte más a mí. ¡Y esta cercanía te da más motivos aún para alegrarte!

Ser una persona alegre te bendice no solo a ti, sino también a otros. Tu familia y tus amigos se beneficiarán de tu alegría, que puede contagiárseles a ellos. También podrás influir a muchos más allá de tu círculo íntimo. Cuando mis seguidores están alegres, hay más posibilidades de atraer a los incrédulos a mí. El Gozo brilla en marcado contraste con tu mundo cada vez más oscuro, y habrá quienes querrán saber más de ese Gozo. *Mantente siempre preparado para dar una respuesta a todos los que te pregunten por la razón de tu esperanza.*

> *Pero que todos los que te buscan*
> *se alegren en ti y se regocijen;*
> *que los que aman tu salvación digan siempre:*
> *«¡Sea Dios exaltado!»*
> —Salmos 70.4

> *El esplendor y la majestad son sus heraldos;*
> *hay poder y belleza en su santuario.*
> —Salmos 96.6

Lee también: Habacuc 3.18; 1 Pedro 3.15

CUANDO AL COMENZAR EL DÍA o iniciar un trabajo te sientas con poco ánimo, recuerda esto: *mi gracia es suficiente para ti*. El tiempo presente del verbo «ser» destaca la continua disponibilidad de mi gracia maravillosa. Así que no gastes energía lamentándote por lo débil que te sientes. En lugar de eso, abraza tu insuficiencia, alegrándote de que te ayude a darte cuenta de cuánto me necesitas. Ven a mí en busca de ayuda, y deléitate en mi infinita suficiencia. *Mi Poder se perfecciona en la debilidad.*

A medida que avanzas en alguna tarea mostrando una gozosa dependencia de mí, te sorprenderás al ver cuánto puedes realizar. Además, la calidad de tu trabajo será mejor en gran medida por medio de tu colaboración conmigo. Piensa en el asombroso privilegio de vivir y trabajar a mi lado, el *Rey de reyes y Señor de señores*. Trata de alinearte con mi voluntad, haciendo de ti mismo un *sacrificio vivo*. Esta es una forma de adoración que me complace. También hace que tu vida tenga sentido y sea alegre. ¡Es un pequeño anticipo del Gozo inmenso, glorioso e indescriptible que te espera en el cielo!

> *Y me ha dicho: Bástate mi gracia; porque mi poder se perfecciona en la debilidad. Por tanto, de buena gana me gloriaré más bien en mis debilidades, para que repose sobre mí el poder de Cristo.*
>
> —2 CORINTIOS 12.9 RVR1960

> *En su manto y sobre el muslo lleva escrito este nombre: Rey de reyes y Señor de señores.*
>
> —APOCALIPSIS 19.16

LEE TAMBIÉN: ROMANOS 12.1; JUDAS V. 24

ENCOMIÉNDAME TUS PREOCUPACIONES, y yo te sostendré. Llevar tus propias cargas tú, te produce desgaste. Tus hombros no fueron diseñados para soportar tanto peso; por eso quiero que aprendas a depositar tus cargas sobre mí. El primer paso es reconocer que algo te está agobiando. El segundo es examinar la dificultad para determinar si es tuya o de alguna otra persona. Si no es tuya, simplemente despreocúpate. Si es tuya, háblame sobre el problema, y yo te ayudaré a verlo desde mi perspectiva y te mostraré el camino que deberás seguir.

Mantente preparado para entrar en acción si es necesario, pero no dejes que los problemas te agobien al convertirse en tu enfoque central. ¡Leva a cabo un esfuerzo coordinado para depositar tus preocupaciones sobre mí, porque yo tengo hombros poderosos! Después, simplemente haz lo que sigue en gozosa dependencia de mí.

Anímate por mi promesa de sustentarte y proveerte lo que necesitas. *Yo supliré todas tus necesidades de acuerdo con mis riquezas en la Gloria.*

Echa sobre Jehová tu carga, y él te sustentará;
No dejará para siempre caído al justo.
—SALMOS 55.22 RVR1960

Así que mi Dios les proveerá de todo lo que necesiten, conforme
a las gloriosas riquezas que tiene en Cristo Jesús.
—FILIPENSES 4.19

LEE TAMBIÉN: ISAÍAS 9.6

Para aumentar tu conciencia de mi Presencia, necesitas aprender el arte de olvidarte de ti mismo. No fuiste diseñado para la autocontemplación. Tristemente, la desobediencia de Adán y Eva en el Jardín del Edén hizo del egoísmo la tendencia natural de la raza humana. Esto es una trampa mortal, por lo cual te he provisto de los medios para que *vivas sobrenaturalmente*. Desde el momento en que me pediste que fuera tu Salvador, has tenido mi Espíritu viviendo en ti. Pídele a este Santo Ayudador que te libere de cualquiera forma de egocentrismo. Puedes orar tan a menudo como lo desees o necesites: «Ayúdame, Espíritu Santo».

Una cosa que nos atrapa en el ensimismamiento es preocuparnos demasiado acerca de cómo lucimos frente al espejo o ante los ojos de los demás. En lugar de convertirte en el objeto de tus pensamientos, mírame a mí y sé atento con las personas que te rodean. Pídele a mi Espíritu que te ayude a mirar más allá de ti mismo con ojos que realmente vean. Estás seguro en mis *brazos siempre* y completo en mi amorosa Presencia. Así que preocúpate de confiar en mí y demostrarme tu amor.

> La mujer vio que el fruto del árbol era bueno para comer, y que tenía
> buen aspecto y era deseable para adquirir sabiduría, así que tomó
> de su fruto y comió. Luego le dio a su esposo, y también él comió.
> En ese momento se les abrieron los ojos, y tomaron conciencia de su
> desnudez. Por eso, para cubrirse entretejieron hojas de higuera.
> —Génesis 3.6, 7

Lee también: Romanos 8.9; Juan 15.26; Deuteronomio 33.27

BÚSCAME EN LOS LUGARES difíciles de tu vida. Me puedes encontrar en las oraciones contestadas, en la belleza y la sinceridad del Gozo. Sin embargo, también estoy tiernamente presente en las dificultades. En realidad, tus problemas son un suelo fértil para que crezca en ellos la gracia y encuentres mi amorosa Presencia con mayor profundidad y amplitud. Búscame en los tiempos oscuros, tanto pasados como presentes. Si te atormentan los recuerdos dolorosos y las experiencias hirientes, búscame en ellos. Yo los conozco todos y estoy listo para encontrarme allí contigo. Invítame a esos lugares quebrantados, y coopera conmigo para poner los pedazos una vez más juntos de maneras nuevas.

Si en el presente estás atravesando tiempos difíciles, recuerda que no debes soltarte de mi mano. Contra el oscuro telón de fondo de la adversidad, la *Luz de mi Presencia* brilla con luminosidad trascendente. Esta Luz te bendice abundantemente, proveyéndote tanto tranquilidad como orientación. Yo te mostraré paso a paso el camino que tienes por delante. Al caminar cerca de mí te atraeré a una intimidad más profunda y valiosa.

Y, si dijera: «Que me oculten las tinieblas;
que la luz se haga noche en torno mío»,
ni las tinieblas serían oscuras para ti,
y aun la noche sería clara como el día.
¡Lo mismo son para ti las tinieblas que la luz!
—SALMOS 139.11, 12

Esta luz resplandece en las tinieblas,
y las tinieblas no han podido extinguirla.
—JUAN 1.5

LEE TAMBIÉN: SALMOS 73.23, 24

Yo soy la Puerta; el que por mí entre, será salvo. Yo no soy una barrera bloqueada, sino una puerta abierta para ti y todos mis seguidores escogidos. Vine al mundo para que *tengas Vida y la tengas en abundancia.*

Una vida plena tiene significados diferentes para diferentes personas. Así que en tu búsqueda para vivir una vida abundante no compares tus circunstancias con las de otros. Tú no necesitas tener tanto dinero o muchos lujos como tu vecino a fin de vivir bien.

La piedad con contentamiento es gran ganancia. Quiero que te sientas satisfecho con mi provisión para ti. *Si tienes alimento y ropa* —las necesidades básicas de la vida— *siéntete contento con eso.* Si te doy más, responde con Gozo y agradecimiento. Sin embargo, no te aferres a lo que tienes o codicies lo que no posees. A lo único que puedes aferrarte sin dañar tu alma es a *mí.* No importa lo que poseas en este mundo, recuerda: ¡poco (o mucho) más Yo es igual a todo!

Yo soy la puerta; el que entre por esta puerta, que soy yo, será salvo. Se moverá con entera libertad, y hallará pastos. El ladrón no viene más que a robar, matar y destruir; yo he venido para que tengan vida, y la tengan en abundancia.

—Juan 10.9, 10

Es cierto que con la verdadera religión se obtienen grandes ganancias, pero solo si uno está satisfecho con lo que tiene. Porque nada trajimos a este mundo, y nada podemos llevarnos. Así que, si tenemos ropa y comida, contentémonos con eso.

—1 Timoteo 6.6-8

Mi alma se aferra a ti;
tu mano derecha me sostiene.

—Salmos 63.8

Lee también: Juan 3.16

ATESÓRAME POR ENCIMA de todo. Esto infundirá Gozo en tu corazón y tu mente. ¡También me glorificará! Atesorar algo es conservarlo, estimándolo como algo precioso. Yo te estoy preparando para que te aferres fuertemente a mí, tu Dios-Salvador y Compañero constante. Saber que nunca me separaré de tu lado puede aumentar tu Gozo y Paz inconmensurablemente. Además, estimarme como tu precioso Salvador fortalece tu deseo de mantenerme «en la mira» y vivir de acuerdo a mi voluntad.

Cuando me aprecias por sobre todo lo demás, las otras cosas pierden prioridad. Una forma de discernir lo que más aprecias es examinando tus pensamientos cuando tu mente está en reposo. Si no te gusta lo que encuentras, no te desesperes. Eso te puede enseñar a pensar en mí de una forma más constante. Es útil memorizar versículos de la Biblia, especialmente los que te acercan más a mí. Trata de colocar recordatorios de mi Presencia amorosa por toda tu casa y el lugar de trabajo. Y recuerda enrolar a mi Espíritu para que te ayude. Él se complace en hacerte regresar a mí.

> *El reino de los cielos es como un tesoro escondido en un campo.*
> *Cuando un hombre lo descubrió, lo volvió a esconder, y lleno de*
> *alegría fue y vendió todo lo que tenía y compró ese campo.*
> —MATEO 13.44

> *Pero el Consolador, el Espíritu Santo, a quien el Padre enviará en mi nombre,*
> *les enseñará todas las cosas y les hará recordar todo lo que les he dicho.*
> —JUAN 14.26

LEE TAMBIÉN: FILIPENSES 3.8, 9; JUAN 16.14

Quiero que conozcas la profundidad y la amplitud de *mi Amor que sobrepasa todo conocimiento*. Hay una enorme diferencia entre conocerme y saber acerca de mí. Del mismo modo, experimentar mi amorosa Presencia es muy diferente a conocer hechos sobre mi carácter. A fin de experimentar mi Presencia, necesitas la obra fortalecedora de mi Espíritu. Pídele que *te fortalezca con Poder en lo interior de tu ser*, de modo que puedas *conocer mi Amor* en toda su extensión.

Desde el momento de tu salvación, he estado vivo en tu corazón. Mientras más espacio haces para mí allí, más te puedo llenar con mi Amor. Hay varias formas de ampliar este espacio en tu corazón. Es fundamental que pases tiempo conmigo, disfrutando de mi Presencia y estudiando mi Palabra. También resulta vital mantenerte comunicado conmigo. Como escribió el apóstol Pablo, *ora sin cesar*. Esta excelente práctica te mantendrá cerca de mí. Por último, deja que mi amor fluya hacia los demás a través de ti, tanto en palabras como en acciones. *Esto hará que mi amor en ti sea pleno.*

Le pido que, por medio del Espíritu y con el poder que procede de sus gloriosas riquezas, los fortalezca a ustedes en lo íntimo de su ser, para que por fe Cristo habite en sus corazones. Y pido que, arraigados y cimentados en amor, puedan comprender, junto con todos los santos, cuán ancho y largo, alto y profundo es el amor de Cristo; en fin, que conozcan ese amor que sobrepasa nuestro conocimiento, para que sean llenos de la plenitud de Dios.

—Efesios 3.16-19

De hecho, en ningún otro hay salvación, porque no hay bajo el cielo otro nombre dado a los hombres mediante el cual podamos ser salvos.

—Hechos 4.12

Lee también: 1 Tesalonicenses 5.17; 1 Juan 4.11, 12

Cuando el camino delante de ti te parezca demasiado difícil, vuélvete a mí y dime: «Yo solo no puedo, pero *nosotros* (tú y yo juntos) *sí podremos*». Reconocer tu incapacidad para manejar las cosas por tu cuenta implica una dosis saludable de realidad. Sin embargo, esta es solo una parte de la ecuación, porque un sentido de ineptitud por sí mismo puede resultar paralizante. La parte más importante de la ecuación es reconocer mi Presencia permanente contigo y mi deseo de ayudarte.

Ábreme tu corazón. Pídeme que lleve tus cargas y te muestre el camino que tienes por delante. No malgastes tu energía preocupándote por cosas que están fuera de tu control. En lugar de eso, usa esa energía para conectarte conmigo. *Busca mi rostro continuamente.* Mantente listo para seguirme adondequiera que te lleve confiando en que yo te iré abriendo camino.

Atrévete a ver tu incapacidad como una puerta a mi Presencia. Considera tu caminar como una aventura en la que quieres que yo participe. Mantén la comunicación, disfrutando de mi compañía a medida que vamos caminando juntos.

Todo lo puedo en Cristo que me fortalece.
—Filipenses 4.13

Confía siempre en él, pueblo mío;
ábrele tu corazón cuando estés ante él.
¡Dios es nuestro refugio!
—Salmos 62.8

Lee también: Salmos 105.4

HAY PAZ Y PLENITUD DE GOZO en mi amorosa Presencia. Búscame a medida que avanzas a través de este día. Yo estoy deseoso de que me encuentres. Nunca te pierdo de vista. Te cuido continuamente. Sin embargo, hay muchas formas en que tú puedes perderme de vista. La mayoría de ellas constituyen simplemente distracciones temporales, las cuales abundan en el mundo. El remedio es simple: ¡no te olvides de que yo estoy contigo!

Un problema mucho más serio es que abandones tu *Primer Amor*. Si te das cuenta de que esto ha sucedido, arrepiéntete y corre de nuevo a mí. Confiesa qué ídolos te han alejado de mí. Tómate tu tiempo para recibir mi perdón con acción de gracias. Colabora conmigo en el reordenamiento de tus prioridades, poniéndome primero en tu vida. Al pasar tiempo en mi Presencia, piensa en quién soy: el Rey del universo, la *Luz del mundo*. Disfruta en esta *Luz de la Vida*, para que puedas reflejarme a otros. Mientras permaneces deleitándote en mí, te llenaré de *Amor, Alegría y Paz*.

> *El Señor te cuidará en el hogar y en el camino,*
> *desde ahora y para siempre.*
> —SALMOS 121.8

> *Sin embargo, tengo en tu contra que has abandonado tu primer amor.*
> —APOCALIPSIS 2.4

> *Una vez más Jesús se dirigió a la gente, y les dijo:*
> *—Yo soy la luz del mundo. El que me sigue no andará*
> *en tinieblas, sino que tendrá la luz de la vida.*
> —JUAN 8.12

LEE TAMBIÉN: GÁLATAS 5.22, 23

AGRADÉCEME POR TODOS LOS desafíos en tu vida. Son regalos que te hago, oportunidades para crecer más fuerte y dependiente de mí. La mayoría de las personas piensa que mientras más fuertes se vuelven, menos dependientes serán. Sin embargo, en *mi* reino, la fuerza y la dependencia van de la mano. Esto se debe a que fuiste diseñado para caminar cerca de mí mientras vas por la vida. Las circunstancias difíciles hacen resaltar tu necesidad y te ayudan a confiar en mi suficiencia infinita.

Cuando las circunstancias se vuelven difíciles y las enfrentas confiando en mí, eres bendecido. Resulta vivificante atravesar aquellos retos que pensabas que eran demasiado grandes para ti. Cuando lo haces dependiendo de mí, nuestra relación se torna más fuerte.

Tu éxito en el manejo de las dificultades también aumenta tu sentido de seguridad. Ganas confianza de que tú y yo, *juntos*, podemos hacerle frente a cualquier tiempo difícil que el futuro pudiera traer. *Estás listo para lo que sea a través del Único que infunde fuerza interior en ti.* ¡Alégrate en mi suficiencia!

Hermanos míos, considérense muy dichosos cuando tengan que enfrentarse con diversas pruebas.
—SANTIAGO 1.2

Todo lo puedo en Cristo que me fortalece.
—FILIPENSES 4.13

LEE TAMBIÉN: SALMOS 31.14-16

YO SOY *DIOS, TU ALEGRÍA Y TU DELEITE.* Quiero que encuentres placer en mí y mi Palabra. Yo soy el Verbo siempre viviente: *en el principio y para siempre.* Por eso me puedes encontrar abundantemente en mi Palabra escrita, la Biblia. Mientras más y más interiorizas las Escrituras, experimentarás el deleite de mi Presencia de una forma cada vez más constante. Dedica un tiempo a meditar en los pasajes de la Biblia y memorizar algunos de ellos. Te ayudarán a superar las noches de insomnio y a salir victorioso de tus encuentros con la adversidad.

Saber que yo soy *tu alegría* puede evitar que te lamentes por tus circunstancias o que envidies a otros cuya situación pareciera mejor que la tuya. Debido a que no te dejo ni por un momento, tienes en tu vida una fuente de Gozo siempre presente. Encontrarás placer en mí a través de *regocijarte en mi Nombre todo el día.* Simplemente pronunciar «Jesús» como una oración puede levantarte el ánimo. Una excelente manera de *deleitarte en mí es regocijándote en mi justicia,* la cual te he otorgado amorosamente. ¡Este *manto de justicia* te cubrirá perfectamente y para siempre!

> *Llegaré entonces al altar de Dios,*
> *del Dios de mi alegría y mi deleite,*
> *y allí, oh Dios, mi Dios,*
> *te alabaré al son del arpa.*
>
> —SALMOS 43.4

> *En el principio ya existía el Verbo,*
> *y el Verbo estaba con Dios,*
> *y el Verbo era Dios.*
>
> —JUAN 1.1

LEE TAMBIÉN: SALMOS 89.16; ISAÍAS 61.10

MI REINO NO ES DE ESTE MUNDO; es indestructible y eterno. Cuando observes a tu alrededor el mal impactante y los abusos de autoridad, no te desesperes. Poco antes que me detuvieran en Getsemaní, les dije a mis discípulos que *si hubiese querido, le habría pedido a mi Padre que mandara a doce legiones de ángeles* para que me rescataran. Sin embargo, ese no era el plan que habíamos elegido. Resultaba necesario que fuera crucificado para salvar *a todo el que invoque mi Nombre.*

Recuerda que tú eres parte de mi reino de eterna Vida y Luz. Mientras más oscuro llegue a ser tu planeta, más necesario será que te aferres a la esperanza que tienes en mí. A pesar de cómo se ven las cosas, yo estoy en control, y me mantengo cumpliendo mis propósitos de formas que no puedes entender. Aunque este mundo está terriblemente caído, es posible vivir en él con Gozo y Paz en el corazón. Como les dije a mis discípulos, así te digo a ti ahora: *¡Ten buen ánimo; yo he vencido al mundo!* Debido a que perteneces a mi reino, en *mí puedes tener Paz.*

> — *Mi reino no es de este mundo —contestó Jesús—. Si lo fuera, mis propios guardias pelearían para impedir que los judíos me arrestaran. Pero mi reino no es de este mundo.*
> —JUAN 18.36

> *¿Crees que no puedo acudir a mi Padre, y al instante pondría a mi disposición más de doce batallones de ángeles?*
> —MATEO 26.53

> *Y todo el que invoque el nombre del Señor será salvo"*
> —HECHOS 2.21

LEE TAMBIÉN: JUAN 16.33

Yo soy la Vid; tú eres una de las ramas. El que permanece en mí y yo en él, ese da fruto abundante. Separado de mí, sin la unión vital conmigo, no puedes hacer nada.

Piensa en esta gloriosa verdad: ¡yo estoy vivo en tu interior! Así como la savia fluye a través de las ramas de la vid, así mi Vida fluye a través de ti. Soy infinito y perfecto, pero he elegido vivir en ti. Esta intimidad que tienes conmigo resulta maravillosamente valiosa. Yo leo cada uno de tus pensamientos. Estoy consciente de todos tus sentimientos. Sé lo débil que eres, y estoy listo para fortalecerte con mi fuerza.

Si cooperas con mi Presencia que vive en ti y me pides que esté en control, puedes producir abundantes frutos; en cambio, si tratas de hacer las cosas con tus propias fuerzas, ignorando tu unión vital conmigo, es muy probable que te vayas de bruces. Cualquier cosa que *hagas* separado de mí no tendrá ningún valor en mi reino. Por lo tanto, nutre bien tu intimidad conmigo, mi amado. Deléitate en mi Presencia que da Vida.

Yo soy la vid y ustedes son las ramas. El que permanece en mí, como yo en él, dará mucho fruto; separados de mí no pueden ustedes hacer nada.
—JUAN 15.5

A estos Dios se propuso dar a conocer cuál es la gloriosa riqueza de este misterio entre las naciones, que es Cristo en ustedes, la esperanza de gloria.
—COLOSENSES 1.27

LEE TAMBIÉN: 2 CORINTIOS 12.9; DEUTERONOMIO 33.12

Mayo 29

Agradéceme gozosamente por perdonar *todos* tus pecados: pasados, presentes y futuros; conocidos y desconocidos. El perdón es tu mayor necesidad, y yo he satisfecho esa necesidad perfectamente. ¡Y para siempre! Yo soy *la Vida eterna que estaba con el Padre y se ha manifestado a ti.* Debido a que crees en mí como tu Salvador-Dios tienes Vida eterna. Deja que esta maravillosa promesa te llene de Gozo y expulse de tu vida el miedo al futuro. Tu futuro es glorioso y seguro: *una herencia indestructible, incontaminada e inmarchitable y que te está reservada en los cielos.* ¡La mejor respuesta a este regalo infinito e inapreciable es la gratitud!

Mientras más frecuentemente me expreses tu agradecimiento, más gozosa será tu vida. Así que busca las cosas que alimenten tu gratitud. El mismo acto de darme las gracias —de forma hablada o mediante la palabra escrita, por medio de la oración silenciosa, susurros, gritos o cánticos de alabanza— aumenta tu Gozo y te eleva por sobre tus circunstancias. Una forma encantadora de expresar tu adoración es leer salmos en voz alta. Regocíjate en mí, mi redimido, *porque nada puede separarte de mi Amor.*

> *Esta vida se manifestó. Nosotros la hemos visto y damos testimonio de ella, y les anunciamos a ustedes la vida eterna que estaba con el Padre y que se nos ha manifestado.*
> —1 Juan 1.2

> *Porque tanto amó Dios al mundo que dio a su Hijo unigénito, para que todo el que cree en él no se pierda, sino que tenga vida eterna.*
> —Juan 3.16

Lee también: 1 Pedro 1.3, 4; Romanos 8.38, 39

YO SOY DIOS, Y TÚ NO LO ERES. Esto puede sonar duro, pero la verdad es que implica una bendita dosis de realidad. En el Jardín del Edén, Satanás tentó a Eva con el mismo deseo que había provocado que él mismo fuera expulsado del cielo: *ser como Dios*, intentando usurpar así mi posición divina. Eva sucumbió a esta tentación, al igual que Adán. Desde aquel tiempo, la naturaleza pecaminosa en los seres humanos los impulsa a actuar como si ellos fueran Dios, tratando de controlarlo todo y juzgándome cuando las circunstancias no van como les gustaría que fueran.

Recordar que tú *no* eres Dios te ayudará a vivir en libertad. No asumas responsabilidad alguna por asuntos que están fuera de tu control, lo cual incluye la *mayor* parte de los asuntos. Si te desentendieras de todo lo que no es tu responsabilidad, te librarías de llevar cargas innecesarias. Y podrías ser más eficaz en áreas donde sí tienes alguna forma de control. Además, podrías orar por todas tus preocupaciones, confiando en mi soberanía. Tráeme tus *oraciones con acciones de gracias y preséntame tus peticiones*. Vivir de esta manera te protegerá de la ansiedad y te bendecirá con la *Paz que sobrepasa todo entendimiento*.

— *Yo veía a Satanás caer del cielo como un rayo —respondió él—.*
—LUCAS 10.18

Dios sabe muy bien que, cuando coman de ese árbol, se les abrirán los ojos y llegarán a ser como Dios, conocedores del bien y del mal.
—GÉNESIS 3.5

LEE TAMBIÉN: FILIPENSES 4.6, 7

SIGUE VIVIENDO ARRAIGADO y edificado en mí, y llenos de gratitud. La relación que tienes conmigo es diferente a cualquiera otra. Tú vives en mí, y yo vivo en ti. ¡Nunca vas a ningún lado sin mí! Este sorprendente grado de conexión proporciona un sólido fundamento para tu vida. Quiero que continúes construyendo sobre esta base, viviendo en la gozosa seguridad de mi Presencia.

El agradecimiento provee algunos de los más importantes pilares de tu vida. Mientras más de estos pilares uses, mejor será tu experiencia de vida. El agradecimiento amplía la capacidad de tu corazón para el Gozo abundante. También ayuda a soportar los sufrimientos sin caer en la desesperación o la autocompasión. Pase lo que pase, siempre puedes agradecerme por tu salvación eterna y *mi gran Amor*. Estas son bendiciones constantes e inmutables. Otras bendiciones —tales como tus relaciones, tus finanzas y tu salud— pueden cambiar con mucha frecuencia. ¡Yo te animo a que cuentes *ambos* tipos de bendiciones hasta que te desbordes de agradecimiento!

> *Por eso, de la manera que recibieron a Cristo Jesús como Señor,*
> *vivan ahora en él, arraigados y edificados en él, confirmados*
> *en la fe como se les enseñó, y llenos de gratitud.*
> —COLOSENSES 2.6, 7

> *A estos Dios se propuso dar a conocer cuál es la gloriosa riqueza de este*
> *misterio entre las naciones, que es Cristo en ustedes, la esperanza de gloria.*
> —COLOSENSES 1.27

LEE TAMBIÉN: SALMOS 13.5, 6

Junio

Te cubrirá con sus plumas
y bajo sus alas hallarás refugio.
¡Su verdad será tu escudo y tu baluarte!

SALMOS 91.4

Yo TE APRUEBO, mi hijo. Debido a que eres mío —adoptado en mi familia real— te veo a través de los ojos de la gracia. *Te escogí desde antes de la creación del mundo para que fueras santo y sin mancha ante mis ojos.* Yo sé que en tu vida diaria no logras llegar a la altura de esta norma perfecta, pero te veo como santo y sin mancha, porque esta es tu posición permanente en mi reino. Por supuesto, yo no apruebo todo lo que haces (o dejas de hacer). Aun así, *apruebo* tu verdadero yo, el que te creé para que fueses.

Sé cuánto deseas mi afirmación y lo difícil que es para ti aceptarla. Quiero que aprendas a verte a ti mismo y a otros a través de la visión de la gracia. Si miras con los ojos de la gracia, podrás concentrarte más en lo que es bueno y correcto que en lo que es malo y equivocado. Aprenderás a cooperar conmigo y a apreciar lo que estoy haciendo en tu vida: *transformándote a mi semejanza con una Gloria cada vez mayor.* Yo no solo te apruebo, sino que me *complazco* en ti.

> *Dios nos escogió en él antes de la creación del mundo, para que seamos santos y sin mancha delante de él. En amor.*
> —EFESIOS 1.4

> *Por último, hermanos, consideren bien todo lo verdadero, todo lo respetable, todo lo justo, todo lo puro, todo lo amable, todo lo digno de admiración, en fin, todo lo que sea excelente o merezca elogio.*
> —FILIPENSES 4.8

> *Porque el SEÑOR se complace en su pueblo; a los humildes concede el honor de la victoria.*
> —SALMOS 149.4

LEE TAMBIÉN: 2 CORINTIOS 3.18

FIJA TUS OJOS NO EN LO QUE SE VE, sino en lo que no se ve. Gastas demasiado tiempo y energía mental pensando en cosas triviales, en asuntos superficiales que no tienen ningún valor en mi reino. El sentido de la vista es un maravilloso regalo que te he dado, pero puede convertirse en una fuente de servidumbre si lo utilizas mal. Resulta fácil para ti contemplarte en el espejo y verte con una exactitud deslumbrante. Esto, combinado con las imágenes de los medios de comunicación de personas que parecen perfectas, hace que le dediques demasiada atención a tu apariencia. Lo mismo puede ocurrir con tu hogar o tu familia. Poner demasiado énfasis en las apariencias te distrae del placer de conocerme, el cual satisface el alma.

Cuando me buscas, disfrutas de la compañía de la única Persona perfecta que haya existido alguna vez, aunque mi perfección no estaba en mi apariencia, sino en mi carácter divino, sin pecado. Yo soy el Único que puede amarte con un *gran Amor* y darte una *Paz perfecta*. De modo que no pierdas tiempo pensando en trivialidades. En lugar de eso, *fija tus pensamientos en mí* y recibe mi Paz.

> *Así que no nos fijamos en lo visible, sino en lo invisible, ya que lo que se ve es pasajero, mientras que lo que no se ve es eterno.*
> —2 CORINTIOS 4.18

> *¡Cuán precioso, oh Dios, es tu gran amor!*
> *Todo ser humano halla refugio*
> *a la sombra de tus alas.*
> —SALMOS 36.7

LEE TAMBIÉN: ISAÍAS 26.3

TE INVITO A CONTEMPLAR *mi hermosura y buscarme* cada vez más. ¡Esta es una invitación muy deliciosa que te hago! Podrás vislumbrar algo de mi hermosura observando las maravillas de la naturaleza, a pesar de que tales atisbos son solamente un pequeño y débil reflejo de mi inmensa Gloria. En realidad, lo mejor aún está por venir, cuando me veas cara a Cara en el cielo. Por ahora, vislumbrar mi belleza requiere que te concentres en mi Presencia invisible a través de la oración y la meditación de mi Palabra.

Algo fundamental mientras me buscas es recordar que estoy continuamente contigo; que siempre estoy sintonizado con tu frecuencia y te estoy preparando para que seas cada vez más consciente de mí. Coloca recordatorios de mi Presencia en tu casa, automóvil y oficina. Susurrar mi nombre te recordará mi cercanía. Entona alabanzas. Lee o recita pasajes de las Escrituras en voz alta. Encuentra a otras personas que deseen conocerme más a fondo y comparte esta gloriosa misión con ellas. *Búscame como si fuera una necesidad vital; búscame con todo tu corazón.*

Una sola cosa le pido al SEÑOR,
y es lo único que persigo:
habitar en la casa del SEÑOR
todos los días de mi vida,
para contemplar la hermosura del SEÑOR
y recrearme en su templo.
—SALMOS 27.4

Me buscarán y me encontrarán cuando me busquen de todo corazón.
—JEREMÍAS 29.13

LEE TAMBIÉN: 1 CORINTIOS 13.12

¡Yo soy tu Gozo! Deja que estas palabras resuenen en tu mente y penetren en lo más íntimo de tu ser. Yo, tu Compañero que *nunca te dejará* solo, soy una ilimitada fuente de Gozo. Si realmente crees esto, puedes descansar en la verdad de que cada día de tu vida es un buen día. Niégate a utilizar el calificativo de «un día malo», incluso cuando pudieras estar luchando denodadamente con alguna contrariedad. Es posible que tus circunstancias sean muy duras, no obstante, yo estoy contigo, *sosteniéndote de tu mano derecha*. Hay algo bueno para encontrar en este día —y todos los días— gracias a mi Presencia constante y mi Amor inamovible.

¡Es posible que no seas rico según los criterios del mundo, pero *mi gran amor no tiene precio!* Este Amor te garantiza que podrás *encontrar refugio a la sombra de mis alas* sin importar lo que esté sucediendo. Además, te da acceso a *mi río de deleites.* Cuando tu mundo parezca cualquier cosa menos encantador, vuélvete a mí y bebe a tus anchas de este río encantador: mi amorosa Presencia. ¡Yo soy tu Gozo!

El Señor mismo marchará al frente de ti y estará contigo; nunca te dejará ni te abandonará. No temas ni te desanimes.
—Deuteronomio 31.8

*Pero yo siempre estoy contigo,
pues tú me sostienes de la mano derecha.*
—Salmos 73.23

Lee también: Salmos 36.7, 8

Haz lo que puedas y déjame el resto a mí. Cuando estés enredado en una situación difícil, *ábreme tu corazón* sabiendo que yo te escucho y me preocupo. Descansa en mí, tu *Ayudador siempre presente si te encuentras en problemas.* Sin importar cuán ansioso estés por resolver una situación dada, no permitas que te robe la tranquilidad. Cuando hayas hecho todo lo posible, lo mejor es simplemente esperar y buscar reposo en mi Presencia. No te dejes atrapar por la mentira de que la vida no se puede disfrutar mientras no estén resueltos todos los problemas. *En el mundo tendrás aflicciones*, pero *en mí tendrás Paz*… ¡incluso en medio de la peor batalla.

Tu relación conmigo es de colaboración: tú y yo trabajando juntos. Acude a mí cuando busques ayuda y orientación. Haz todo lo posible y confía en que yo haré lo que no puedes hacer. En lugar de tratar de forzar las cosas procurando una conclusión prematura, relájate y pídeme que *te muestre el camino por donde debes segui*r, según mi tiempo. Sujétate de mi mano con la más profunda confianza, y disfruta tu jornada en mi Presencia.

> *Confía siempre en él, pueblo mío;*
> *ábrele tu corazón cuando estés ante él.*
> *¡Dios es nuestro refugio!*
> —Salmos 62.8

> *Dios es nuestro amparo y nuestra fortaleza,*
> *nuestra ayuda segura en momentos de angustia.*
> —Salmos 46.1

Lee también: Juan 16.33; Salmos 143.8

¡ALIMENTA BIEN TU SENTIDO DE LA GRATITUD, porque ese es el camino real que lleva al Gozo! De hecho, ningún placer está realmente completo sin que se exprese gratitud por él. Es bueno que les agradezcas a las personas a través de las cuales recibes bendiciones, pero recuerda que yo soy *Dios, de quien todas las bendiciones fluyen*. Por eso, alábame y *agradéceme* en todo momento y cada día. Esto nutre tu alma y completa tu Gozo. También realza tu relación conmigo, proporcionándote una manera fácil de acercarte a mí.

Como mi amado seguidor, has recibido el glorioso regalo de la gracia en la forma de un favor inmerecido. Nadie ni ningún conjunto de circunstancias podrán despojarte de este regalo espléndido. ¡Tú me perteneces para siempre! *Nada en toda la creación podrá separarte de mi Amor.*

Cuando te despiertes cada mañana, di: «Gracias, Jesús, por el regalo de este nuevo día». Y a medida que el día transcurra, busca las bendiciones y satisfacciones que están dispersas a lo largo de tu camino. ¡El mayor tesoro es mi Presencia contigo, porque yo soy el *Don inefable*!

> *Lleguemos ante su presencia con alabanza;*
> *Aclamémosle con cánticos.*
> —SALMOS 95.2 RVR1960

Porque por gracia ustedes han sido salvados mediante la fe; esto no procede de ustedes, sino que es el regalo de Dios, no por obras, para que nadie se jacte.

—EFESIOS 2.8, 9

LEE TAMBIÉN: ROMANOS 8.38, 39; 2 CORINTIOS 9.15

Si me tienes a mí, tu Salvador, Señor y Amigo, tienes todo lo que realmente importa. Tal vez no poseas riquezas, fama o éxito, pero no te dejes desalentar por eso que no tienes. Como les dije a mis discípulos: *«¿Cuál será el beneficio si ganas el mundo entero pero pierdes tu alma?»*. ¡Nada se puede comparar con el inestimable tesoro de la Vida eterna! Piensa en *aquel comerciante de joyas que andaba a la caza de las mejores perlas. Cuando encontró una que no tenía defecto, vendió todo y la compró.* Mi reino es así: ¡de un valor incalculable! Así que aprende a sentirte contento por tenerme a *mí*, mi amado, independientemente de lo que puede que no tengas en este mundo.

Compararse con los demás es la fuente de mucho descontento. Te animo a que hagas todo lo posible para evitar esta trampa mortal. Recuerda que tú eres mi creación única, redimido con mi sangre y exquisitamente precioso para mí. Mantente en gozosa comunicación conmigo, el Salvador que te ama inmensamente más de lo que puedes imaginar. Te iré transformando cada vez más hasta que llegues a ser la *obra maestra* que yo diseñé que fueras.

> *Porque ¿qué aprovechará al hombre, si ganare todo el mundo, y perdiere su alma? ¿O qué recompensa dará el hombre por su alma?*
> —Mateo 16.26 rvr1960

> *Cuando encontró una de gran valor, fue y vendió todo lo que tenía y la compró.*
> —Mateo 13.46

> *Es cierto que con la verdadera religión se obtienen grandes ganancias, pero solo si uno está satisfecho con lo que tiene.*
> —1 Timoteo 6.6

Lee también: Efesios 2.10

¡MI AMOR TE HA CONQUISTADO Y *eres libre*! El Poder de mi Amor es tan grande que te ha esclavizado a mí. *Ya no eres tu propio dueño. Fuiste comprado por un precio*: mi sangre preciosa. Mientras más me ames, más vas a querer servirme con cada fibra de tu ser. Este servicio puede llenarte de Gozo celestial en la medida que te entregas a mí más plenamente.

Debido a que soy perfecto en todos mis caminos, te puedes rendir de todo corazón a mí sin miedo a que me pueda aprovechar de ti. Por el contrario, ser conquistado por mí es lo que te hace verdaderamente libre. Yo he invadido el lugar más íntimo de tu ser, y mi Espíritu viviendo en ti va tomando control de cada vez más territorio. *Donde está el Espíritu del Señor, allí hay libertad.* Quiero que *reflejes mi Gloria* a otros, porque te estoy *transformando a mi semejanza con una Gloria que crece de día en día*. ¡Regocíjate en la libertad que has encontrado en mí, y entrégate con agrado a mi Amor victorioso!

> En efecto, habiendo sido liberados del pecado, ahora
> son ustedes esclavos de la justicia.
> —ROMANOS 6.18

> ¿Acaso no saben que su cuerpo es templo del Espíritu Santo, quien está en ustedes
> y al que han recibido de parte de Dios? Ustedes no son sus propios dueños;
> fueron comprados por un precio. Por tanto, honren con su cuerpo a Dios.
> —1 CORINTIOS 6.19, 20

> Ahora bien, el Señor es el Espíritu; y, donde está el Espíritu del Señor, allí
> hay libertad. Así, todos nosotros, que con el rostro descubierto reflejamos
> como en un espejo la gloria del Señor, somos transformados a su semejanza
> con más y más gloria por la acción del Señor, que es el Espíritu.
> —2 CORINTIOS 3.17, 18

SEPARADO DE MÍ NO PUEDES HACER NADA. Durante los días en que las tareas que te aguardan te parezcan abrumadoras, recuerda esto: yo estoy contigo listo para ayudarte. Tómate un momento para descansar en mi amorosa Presencia. Susurra: *«En realidad, el Señor está en este lugar».* Relájate, sabiendo que no estás destinado a ser autosuficiente. Yo te diseñé para que me necesitaras y dependieras de mí. Así es que *ven a mí* tal como eres, sin vergüenza ni pretensión. Háblame de los desafíos que estás enfrentando y lo incapaz que te sientes. Ora para que te muestre el camino que tengo para ti, pero en lugar de lanzarte locamente hacia adelante, da mejor pequeños pasos llenos de confianza, manteniendo la comunicación conmigo.

Yo soy la vid; tú eres una de mis ramas. Al permanecer conectado a mí, mi vida fluirá a través de ti, lo que te permitirá *dar mucho fruto.* No te preocupes por tener éxito a los ojos del mundo. Llevar fruto en mi reino significa *hacer las buenas obras que Dios dispuso de antemano.* Así es que vive cerca de mí, listo para hacer mi voluntad, y yo abriré el camino delante de ti.

> *Yo soy la vid y ustedes son las ramas. El que permanece en mí, como yo en él, dará mucho fruto; separados de mí no pueden ustedes hacer nada.*
>
> —JUAN 15.5

> *Al despertar Jacob de su sueño, pensó: «En realidad, el SEÑOR está en este lugar, y yo no me había dado cuenta».*
>
> —GÉNESIS 28.16

LEE TAMBIÉN: MATEO 11.28,29; EFESIOS 2.10

RECIBE MI GLORIA-FUERZA. Cuando los problemas en los que estás involucrado te exijan *perseverar por un tiempo largo*, procura no reaccionar apretando los dientes y mostrando un esquema mental sombrío. Esta actitud pasiva-negativa *no* es la forma en que quiero que afrontes las dificultades.

Yo soy soberano sobre las circunstancias de tu vida, por lo que siempre hay oportunidades de superarlas. No seas como el hombre aquel que *escondió el dinero de su señor en la tierra*, porque estaba descontento con sus circunstancias. Él se rindió y tomó el camino más fácil, culpando a su difícil situación en lugar de aprovechar al máximo su oportunidad. En realidad, mientras más difícil sea tu circunstancia, más podrás aprender de ella.

Gustoso te doy mi Gloria-fuerza. Esta fórmula es especialmente poderosa, porque el Espíritu mismo te da el poder *fortaleciéndote en lo íntimo de tu ser*. Además, mi ilimitada Gloria-fuerza te permite mantenerte fuerte, *soportando lo insoportable*. Dado que este poder es tan vasto, hay más que suficiente de él como para dejar que se *derrame sobre el Gozo*.

> *...y ser fortalecidos en todo sentido con su glorioso poder.*
> *Así perseverarán con paciencia en toda situación.*
> —COLOSENSES 1.11

> *Miren, el SEÑOR omnipotente llega con poder,*
> *y con su brazo gobierna.*
> *Su galardón lo acompaña;*
> *su recompensa lo precede.*
> —ISAÍAS 40.10

LEE TAMBIÉN: MATEO 25.25; EFESIOS 3.16

MI PRESENCIA IRÁ CONTIGO, y te daré descanso. ¡Donde quiera que estés, donde quiera que vayas, yo estaré contigo! Esta es una declaración sorprendente, pero es verdad. Mi Presencia invisible es más *real* que la gente de carne y sangre que te rodea. Sin embargo, debes «verme» con los ojos del corazón y comunicarte conmigo a través de la oración, confiando en que de verdad te escucho y me preocupo por ti.

Te aseguro que tus oraciones son determinantes y yo las respondo, aunque no siempre de maneras que puedas ver ni en el tiempo en que desearías. Yo tengo en cuenta las oraciones de los creyentes en mi gobierno soberano de tu mundo de formas demasiado complejas para que las mentes finitas las puedan comprender. Recuerda: *como los cielos son más altos que la tierra, así son mis caminos y mis pensamientos más altos que los tuyos.*

Debido a que mis métodos de obrar en el mundo son a menudo tan misteriosos para ti, es importante que apartes un tiempo para *estar quieto y saber que yo soy Dios.* Siéntate tranquilo en mi Presencia, respirando en mi Paz, y yo te haré descansar.

> — *Yo mismo iré contigo y te daré descanso —respondió el* SEÑOR.
> —ÉXODO 33.14

> *«Porque mis pensamientos no son los de ustedes,*
> *ni sus caminos son los míos*
> *—afirma el* SEÑOR*—.*
> *Mis caminos y mis pensamientos*
> *son más altos que los de ustedes;*
> *¡más altos que los cielos sobre la tierra!*
> —ISAÍAS 55.8, 9

LEE TAMBIÉN: SALMOS 46.10; SALMOS 29.11

Si yo estoy contigo, ¿quién podría estar contra ti? Mi amado, que no te quepa ninguna duda de que yo estoy contigo, pues tú eres mi seguidor. Por supuesto, esto no quiere decir que nunca nadie se te opondrá. Significa que tenerme a tu lado es el hecho más importante de tu existencia. ¡Independientemente de lo que pudiera suceder en tu vida, estás en el lado ganador! Yo ya obtuve la victoria a través de mi muerte y resurrección. Yo soy el eterno Vencedor, y tú compartes mi triunfo, sin importar la cantidad de adversidades con las que te encuentres en tu viaje al cielo. Por último, nada ni nadie puede derrotarte, ya que me perteneces para siempre.

Saber que tu futuro está completamente asegurado puede cambiar tu perspectiva de manera radical. En lugar de vivir a la defensiva —tratando con desesperación de protegerte del sufrimiento— aprende a seguirme valientemente a donde quiera que desee llevarte. Te estoy preparando no solo para que *busques mi Rostro* y me sigas, sino también para que disfrutes de la aventura de abandonarte a mí. Recuerda: yo soy tu *Ayuda segura en las pruebas y los problemas.*

> *¿Qué diremos frente a esto? Si Dios está de nuestra
> parte, ¿quién puede estar en contra nuestra?*
> —Romanos 8.31

> *El corazón me dice: «¡Busca su rostro!»
> Y yo, Señor, tu rostro busco.*
> —Salmos 27.8

> *Dios es nuestro amparo y nuestra fortaleza,
> nuestra ayuda segura en momentos de angustia.*
> —Salmos 46.1

DEJA QUE MI PAZ proteja tu mente y tu corazón. Recuerda que *yo estoy cerca*, así que *alégrate* en mi Presencia permanente. Pasa todo el tiempo que puedas conmigo, *presentándome tus peticiones con accion de gracia.* Esta es la forma de recibir mi *Paz que sobrepasa todo entendimiento.* De ese modo, *resguardo tu corazón y tu mente.* Este es un esfuerzo en colaboración. Tú y yo juntos. ¡Tú nunca tendrás que enfrentar algo solo!

Para los cristianos, la soledad es una ilusión… tan peligrosa, que puede conducir a la depresión o la autocompasión. El diablo y sus subordinados trabajan duro para obnubilar tu convicción de mi Presencia. Es crucial que te des cuenta de sus ataques y los resistas. Defiéndete con mi Palabra, que es *viva y poderosa.* Léela, medita en ella, memorízala, compártela.

Incluso, si te sientes solo, puedes hablar libremente conmigo, confiando en que *yo estoy contigo siempre.* Mientras más te comunicas conmigo, más convencido estarás de mi cercanía. *Resiste al diablo, y él huirá de ti. Acércate a mí, y yo me acercaré a ti.*

> *Alégrense siempre en el Señor. Insisto: ¡Alégrense! Que su amabilidad sea evidente a todos. El Señor está cerca. No se inquieten por nada; más bien, en toda ocasión, con oración y ruego, presenten sus peticiones a Dios y denle gracias. Y la paz de Dios, que sobrepasa todo entendimiento, cuidará sus corazones y sus pensamientos en Cristo Jesús.*
>
> —FILIPENSES 4.4-7

> *…enseñándoles a obedecer todo lo que les he mandado a ustedes. Y les aseguro que estaré con ustedes siempre, hasta el fin del mundo.*
>
> —MATEO 28.20

LEE TAMBIÉN: HEBREOS 4.12 ; SANTIAGO 4.7, 8

EL AMOR ES PACIENTE. Observa que el primer adjetivo que el apóstol Pablo usa para describir al amor es «paciente». Yo aprecio esta cualidad en mis seguidores, aunque no sea muy visible en la mayoría de las descripciones del amor del siglo veintiuno.

La gente paciente puede mantener la calma mientras soporta largas esperas o trata con personas o problemas difíciles. Te animo a que examines tu propia vida para ver cómo respondes a las esperas y las dificultades. Esto te dará una buena medida de cuán paciente —y amoroso— eres.

La «paciencia» aparece en cuarto lugar en la lista *del fruto del Espíritu.* Mi Espíritu te ayudará a crecer en este importante rasgo de tu carácter, especialmente si se lo pides. Algunos cristianos tienen miedo de orar pidiendo paciencia. Creen que les voy a responder sometiéndolos a severos sufrimientos y pruebas. Sin embargo, en mi reino el sufrimiento sirve a un importante propósito y las pruebas no son opcionales. *¡Vienen para que tu fe pueda ser probada como genuina y pueda resultar en alabanza, gloria y honra* a Dios!

El amor es paciente, es bondadoso.
El amor no es envidioso ni jactancioso ni orgulloso.
—1 CORINTIOS 13.4

En cambio, el fruto del Espíritu es amor, alegría, paz, paciencia, amabilidad, bondad, fidelidad, humildad y dominio propio. No hay ley que condene estas cosas.
—GÁLATAS 5.22, 23

LEE TAMBIÉN: 1 PEDRO 1.6, 7

VEN A MÍ, MI AMADO. Continuamente te estoy invitando a que te acerques a mí. Guarda silencio en mi Presencia, y *fija tus pensamientos en mí*. Relájate y escucha cómo mi Amor te susurra en el corazón: «*Con Amor eterno te he amado*». Medita en la gloriosa verdad de que *estoy contigo siempre*. Puedes edificar tu vida sobre esta realidad, sólida como una roca.

El mundo en que habitas está constantemente en proceso de cambio. Aquí no vas a encontrar un terreno sólido. Por eso te desafío a que te mantengas consciente de mi Presencia a medida que avanza el día. No lo vas a hacer perfectamente, pero yo te ayudaré cuando me lo pidas. Puedes orar así: «Señor Jesús, mantenme al tanto de tu Presencia». Permite que estas palabras tengan eco a través de tu corazón y tu mente. Aunque con cierta frecuencia tus pensamientos se van a otras partes, esta oración sencilla puede atraerte de nuevo a mí.

Mientras más forme parte de tu vida —al permanecer cerca de mí— más gozoso estarás y a más personas puedo bendecir a través de ti.

> *Por lo tanto, hermanos, ustedes que han sido santificados y que tienen parte en el mismo llamamiento celestial, consideren a Jesús, apóstol y sumo sacerdote de la fe que profesamos.*
> —HEBREOS 3.1

> *Hace mucho tiempo se me apareció el SEÑOR y me dijo:*
> «*Con amor eterno te he amado;*
> *por eso te sigo con fidelidad,*
> —JEREMÍAS 31.3

LEE TAMBIÉN: MATEO 28.19, 20

Tengo buenas intenciones contigo. Pueden ser radicalmente diferentes de lo que esperabas, pero son buenas. *Yo soy la Luz, y en mí no hay oscuridad.* Busca mi Luz en todas tus circunstancias. Yo estoy abundantemente presente en tus momentos. Tu responsabilidad consiste en estar atento a mí y a los caminos que tengo para ti. A veces, esto requiere renunciar a cosas que habías planeado o soñado. Necesitas recordar y creer de todo corazón que *mi camino es perfecto*, pese a lo difícil que es.

Soy un escudo para todos los que buscan refugio en mí. Cuando te estés sintiendo afligido o con miedo, ven a mí y dime: «Señor, me refugio en *ti*». No te protejo de las cosas que puedes manejar, pues tienes una parte importante que jugar en este mundo. Sin embargo, te protejo de más peligros y dificultades de las que te puedes imaginar. Así que haz todos los esfuerzos necesarios para *vivir la vida que te he asignado.* Hazlo en gozosa dependencia de mí, y *tu alma será ricamente satisfecha.*

Este es el mensaje que hemos oído de él y que les anunciamos:
Dios es luz y en él no hay ninguna oscuridad.

—1 Juan 1.5

El camino de Dios es perfecto;
la palabra del Señor es intachable.
Escudo es Dios a los que en él se refugian.

—Salmos 18.30

Lee tambien: 1 Corintios 7.17; Salmos 63.5

Trata de ser cada vez más receptivo y sensible a mí. Yo siempre me estoy involucrando activamente en tu vida. En lugar de intentar forzarme a que haga lo que deseas, *cuando* lo deseas, tranquilízate y fíjate en lo que ya estoy haciendo por ti. Vive de un modo receptivo, esperándome y confiando en mi manejo del tiempo. *Yo soy bueno con aquellos que confían en mí y me buscan.* Pídeme que abra tus ojos a fin de que puedas ver todo lo que tengo para ti. Tal conocimiento te ayudará a vivir responsablemente, listo para hacer mi voluntad.

A menudo, mis seguidores no logran ver las muchas bendiciones que derramo sobre ellos. Están tan ocupados en otras cosas que no perciben lo que está delante de sus ojos o están por recibir. Se olvidan de que yo soy Dios soberano y el manejo del tiempo es mi prerrogativa.

Quiero que confíes en mí lo suficiente como para dejar que te guíe. Cuando una pareja está bailando, uno de ellos conduce y el otro lo sigue; de lo contrario, habría confusión y torpeza. Danza *conmigo*, mi amado. Sígueme, mientras te guío con elegancia a través de la vida.

Bueno es el Señor con quienes en él confían,
con todos los que lo buscan.
—Lamentaciones 3.25

Por tanto, no sean insensatos, sino entiendan cuál es la voluntad del Señor.
—Efesios 5.17

Soberano Señor, relataré tus obras poderosas,
y haré memoria de tu justicia,
de tu justicia solamente.
—Salmos 71.16

Lee también: Salmos 28.7

LA QUIETUD ES CADA VEZ MÁS DIFÍCIL de conseguir en este mundo inquieto y agitado. Tú debes esforzarte a fin de apartar un tiempo para mí. Cuando intentas reunirte tranquilamente conmigo, las distracciones te llegan de todos lados. Sin embargo, nuestra conexión íntima es digna de que se luche por ella, así es que no te rindas. Separa un tiempo sin interrupciones para estar conmigo. Concéntrate en un pasaje favorito de las Escrituras y respira hondo para relajarte. Recuerda que yo soy *Emanuel, Dios contigo*. Relájate en mi pacífica Presencia, dejando que tus preocupaciones se alejen. *Quédate quieto*, mi amado, *y reconoce que yo soy Dios*.

Mientras más tiempo mantengas la mirada en mí, más te regocijarás en mi majestuoso esplendor y más confianza tendrás en mi control soberano. *Aunque se desmorone la tierra y las montañas se hundan en el fondo del mar*, yo soy tu Refugio. En mi Presencia hay una estabilidad trascendente. Al reflexionar en la inmensidad de mi Poder y Gloria, tu perspectiva cambiará y tus problemas se verán más pequeños. *En este mundo tendrás aflicción, pero anímate. Yo he vencido al mundo.*

> *«La virgen concebirá y dará a luz un hijo, y lo llamarán*
> *Emanuel» (que significa «Dios con nosotros»).*
> —MATEO 1.23

> *«Quédense quietos, reconozcan que yo soy Dios.*
> *¡Yo seré exaltado entre las naciones!*
> *¡Yo seré enaltecido en la tierra!»*
> —SALMOS 46.10

LEE TAMBIÉN: SALMOS 46.1, 2; JUAN 16.33

Yo te guío por el camino de la sabiduría y te dirijo por sendas de rectitud. La sabiduría se puede definir como «la habilidad de hacer buenas decisiones basadas en el conocimiento y la experiencia». Por eso es tan importante que aprendas lo que es verdadero y apliques ese conocimiento a tu vida, sobre todo a tus decisiones. Puesto que *yo soy el Camino, la Verdad, y la Vida,* soy el mejor Guía que te puedas imaginar. También soy *el Verbo que estaba con Dios y es Dios.* El camino de la sabiduría que se encuentra en la Palabra escrita te guía de manera muy eficaz. Así que estudia mi Palabra y permanece cerca de mí mientras vas por el mundo.

Busca y sigue las *sendas de rectitud* que tengo para ti. No te prometo que vayan a ser siempre fáciles. No obstante, si caminas cerca de mí, tu andar será mucho menos tortuoso. Si miras hacia adelante, verás curvas y giros desconcertantes. Sin embargo, cuando miras hacia atrás al trecho que ya has cubierto, podrás ver que he estado contigo en cada instancia del camino, protegiéndote de los peligros, eliminando los obstáculos y enderezando tus veredas.

> *Yo te guío por el camino de la sabiduría,*
> *te dirijo por sendas de rectitud.*
> —PROVERBIOS 4.11

> *—Yo soy el camino, la verdad y la vida —le contestó*
> *Jesús—. Nadie llega al Padre sino por mí.*
> —JUAN 14.6

LEE TAMBIÉN: JUAN 1.1

NO TE IRRITES *por la gente malvada que prospera; no te inquietes por sus intrigas.* En estos días de comunicación instantánea tienes acceso a tanta información y noticias que resulta fácil sentirte abrumado. No solo *oyes* hablar de gente mala y sus planes perversos, sino que también *ves* los detalles gráficos. Estas imágenes visuales tienen un poderoso impacto en tu química cerebral. Una dieta constante de tal catástrofe puede hacer de ti una persona ansiosa y temerosa.

Quiero que ores por los acontecimientos del mundo y busques la paz hasta donde seas capaz. Sin embargo, es crucial reconocer lo que puedes cambiar y lo que no. Preocuparte por cosas que están fuera de tu control drenará tu energía y te desalentará. En lugar de este enfoque doloroso, esfuérzate por *fijar tus pensamientos en mí.* Yo estoy contigo y para ti. *¡Deléitate en mí!*

Recuerda que yo soy un Dios de justicia y lo sé todo. Al final, voy a enderezar todo lo torcido. Así que *mantente quieto en mi Presencia, confiando en mí con un corazón firme mientras esperas que actúe.*

Guarda silencio ante el SEÑOR,
y espera en él con paciencia;
no te irrites ante el éxito de otros,
de los que maquinan planes malvados.
—SALMOS 37.7

Por lo tanto, hermanos, ustedes que han sido santificados y que tienen parte en el mismo llamamiento celestial, consideren a Jesús, apóstol y sumo sacerdote de la fe que profesamos.
—HEBREOS 3.1

LEE TAMBIÉN: SALMOS 37.3, 4

¡Yo VIVO EN TI! Soy todo lo que pudieras necesitar en un Dios-Salvador, y estoy vivo en tu interior. Te lleno de Vida radiante y Amor. Quiero que mi Vida en ti se desborde e impacte a otras personas. Al interactuar con ellas, pídeme que viva y ame a través de ti. Cuando colabores conmigo de esta manera, mi luz se reflejará desde tu rostro y mi Amor le dará gracia a tus palabras.

En mí, tú estás completo. Todo lo que necesitas para tu salvación y tu crecimiento espiritual lo encuentras conmigo. Mediante *mi Poder divino* tienes todo lo necesario para perseverar en la Vida eterna que te he dado. También te doy un *conocimiento* íntimo de mí. Te invito a sincerarte y compartir conmigo en los niveles más profundos tanto tus luchas como tus deleites.

Encuentra descanso en mi obra terminada en la cruz y regocíjate de estar eternamente seguro conmigo. Disfruta de una rica satisfacción espiritual a través de conocer a tu amoroso Salvador y Amigo eterno.

> *He sido crucificado con Cristo, y ya no vivo yo, sino que Cristo vive en mí. Lo que ahora vivo en el cuerpo, lo vivo por la fe en el Hijo de Dios, quien me amó y dio su vida por mí.*
> —GÁLATAS 2.20

> *Así, todos nosotros, que con el rostro descubierto reflejamos como en un espejo la gloria del Señor, somos transformados a su semejanza con más y más gloria por la acción del Señor, que es el Espíritu.*
> —2 CORINTIOS 3.18

LEE TAMBIÉN: COLOSENSES 2.9, 10; 2 PEDRO 1.3

CADA VEZ QUE TE SIENTAS TRISTE, quiero que pienses en la alegría jubilosa que te espera. Esto eliminará el dolor de la tristeza, porque te ayudará a recordar que tal estado de ánimo es solo temporal. Aunque con el tiempo esa tristeza tienda a hacerse más grande tratando de convencerte de que siempre serás un infeliz, eso no es más que una mentira. La verdad es que a *todos* mis seguidores les espera un Gozo infinito, garantizado por toda la eternidad. Esto es algo que *nadie te puede quitar.*

Tu paso por este mundo tiene muchos altibajos. Los tiempos de desaliento son difíciles, pero sirven a un propósito importante. Si confías en mí en medio de la adversidad, el dolor y las luchas, te ayudarán a mejorar y crecer más fuerte. Tus problemas son comparables a los dolores de parto. Los dolores de una mujer dando a luz son dolores muy reales. En medio del sufrimiento, ella puede preguntarse cuánto tiempo más podrá soportarlos. Sin embargo, tan ardua lucha produce un resultado maravilloso: un bebé precioso que viene al mundo. Mientras experimentas dolores a través de tus luchas terrenales, mantén tus ojos fijos en la recompensa prometida: ¡Gozo sin límites en el cielo! Incluso en medio de la tristeza, tu seguridad de mi Presencia, que implica una *plenitud de alegría,* aumentará.

> *Lo mismo les pasa a ustedes: Ahora están tristes, pero cuando vuelva a verlos se alegrarán, y nadie les va a quitar esa alegría.*
> —JUAN 16.22

LEE TAMBIÉN: JUAN 16.21; SALMOS 16.11

TU CIUDADANÍA ESTÁ EN LOS CIELOS. Algún día *transformaré tu cuerpo terrenal para que sea como mi cuerpo glorioso.* Vas a tener una eternidad para disfrutar de tu cuerpo perfecto, glorificado. Así que no te preocupes demasiado por tu estado físico ahora. Muchos de mis seguidores se aferran desesperadamente a su vida terrenal cuando están a las puertas mismas del paraíso, pero una vez que se van y pasan a través de ese velo fino y entran en el cielo, experimentan un Gozo extático que supera cualquier cosa que alguna vez hayan imaginado.

Tu vida está en mis manos. Yo he planificado todos tus días, y sé exactamente cuántos te quedan. Debido a que *tu cuerpo es templo del Espíritu Santo,* espero que lo cuides, pero no quiero que te concentres demasiado en su condición. Esto te puede volver ansioso y distraerte de mi Presencia. Mejor, recibe cada día como un regalo precioso que te hago. Busca tanto los placeres como las responsabilidades que he puesto ante ti en tu camino. Toma mi mano con gozosa confianza; siempre estoy a tu lado.

En cambio, nosotros somos ciudadanos del cielo, de donde anhelamos recibir al Salvador, el Señor Jesucristo. Él transformará nuestro cuerpo miserable para que sea como su cuerpo glorioso, mediante el poder con que somete a sí mismo todas las cosas.
—FILIPENSES 3.20, 21

Mi vida entera está en tus manos; líbrame de mis enemigos y perseguidores.
—SALMOS 31.15

LEE TAMBIÉN: 1 CORINTIOS 2.9; 1 CORINTIOS 6.19

Te estoy haciendo *nuevo en tu actitud mental*. Vivir cerca de mí tiene que ver con la novedad y el cambio. Te estoy transformando *mediante la total renovación de tu mente*. Esta es una empresa de gran envergadura; vas a participar en el proceso de edificación hasta el día de tu muerte. Sin embargo, a diferencia de los materiales inanimados que los constructores usan para construir edificios, tú eres un «material» vivo y que respira. Te he dado la asombrosa habilidad de pensar y hacer decisiones importantes. Quiero que uses esta habilidad divina para cooperar conmigo mientras te transformo. Esto implica *deponer tu vieja naturaleza* —tu antigua manera de pensar y hacer las cosas— y *activar la nueva naturaleza*.

A fin de tomar decisiones buenas y piadosas, necesitas conocerme como en realidad soy. Búscame en mi Palabra; pídele a mi Espíritu que te ilumine, proyectando su Luz de modo que las Escrituras adquieran vida en ti. Mientras más decidido estás de vivir conforme a mi voluntad, más serás *como yo*, y más te deleitarás *caminando en la Luz de mi Presencia*.

Con respecto a la vida que antes llevaban, se les enseñó que debían quitarse el ropaje de la vieja naturaleza, la cual está corrompida por los deseos engañosos; ser renovados en la actitud de su mente; y ponerse el ropaje de la nueva naturaleza, creada a imagen de Dios, en verdadera justicia y santidad.
—Efesios 4.22-24

Por lo tanto, si alguno está en Cristo, es una nueva creación. ¡Lo viejo ha pasado, ha llegado ya lo nuevo!
—2 Corintios 5.17

Lees: Romanos 12.2; Salmos 89.15

REHÚSATE A PREOCUPARTE, MI AMADO. Saca de tu mente, con confianza y una actitud agradecida, esos pensamientos que te quitan el sueño. Afirma tu fe en mí mientras me alabas por todo lo que soy y todo lo que he hecho. Esta combinación de alabanza y confianza es potente. Ahuyenta la ansiedad y los poderes de la oscuridad. También fortalece tu relación conmigo. Es muy posible que todavía tengas preocupaciones legítimas contra las cuales estás luchando, pero yo te ayudaré con ellas. Mientras recuperas la calma, mira tus problemas a la Luz de mi Presencia y busca mi consejo. Deja que las Escrituras obren en tus pensamientos de modo que pueda comunicarme contigo con mayor claridad.

Tómate tu tiempo para agradecerme por las muchas cosas buenas que he hecho en tu vida. Quiero que expreses agradecimiento en tus oraciones, tus conversaciones con otros y tus pensamientos privados. Yo leo tus pensamientos continuamente, y me alegro cuando contienen gratitud. Agradéceme incluso por cosas que desearías que fueran diferentes. Este acto de fe te ayudará a liberarte de los pensamientos negativos. *Da gracias en todo; esta es mi voluntad para ti.*

Pero yo, SEÑOR, en ti confío,
y digo: «Tú eres mi Dios».

—SALMOS 31.14

El SEÑOR dice:
«Yo te instruiré,
yo te mostraré el camino que debes seguir;
yo te daré consejos y velaré por ti.

—SALMOS 32.8

LEE TAMBIÉN: 1 TESALONICENSES 5.18

Si yo estoy contigo, ¿quién podría estar en contra de ti? Es esencial que comprendas que en verdad *estoy* contigo. Esta es una promesa para todos mis seguidores. Cuando las cosas no marchan como tú quisieras y la gente en la que confiabas se pone en contra tuya, es fácil sentirte como si yo te hubiese abandonado. Es importante que en esos momentos te digas a ti mismo la verdad: yo no solo estoy *contigo* siempre, sino que también estoy *para ti* todo el tiempo. Esto es verdad en los días en que estás haciendo las cosas bien y en los días en que no es así; cuando los demás te tratan bien y cuando te maltratan.

Si en realidad entiendes y crees absolutamente que yo estoy *para ti,* entonces el miedo disminuirá y podrás enfrentar las adversidades con más calma. El hecho de saber que nunca te dejaré te debe dar confianza para no claudicar en los tiempos difíciles. ¡Yo te apruebo, mi amado, porque eres mío! Es *mi* opinión que tengo de ti la que prevalece y seguirá prevaleciendo por toda la eternidad. ¡Ninguna persona o cosa te *podrá separar de mi amorosa Presencia*!

> *¿Qué diremos frente a esto? Si Dios está de nuestra parte, ¿quién puede estar en contra nuestra?*
> —Romanos 8.31

> *...el Señor te muestre su favor y te conceda la paz".*
> —Números 6.26

> *...ni lo alto ni lo profundo, ni cosa alguna en toda la creación podrá apartarnos del amor que Dios nos ha manifestado en Cristo Jesús nuestro Señor.*
> —Romanos 8.39

Yo ESTOY RICAMENTE presente en el mundo que te rodea, en la Palabra y en tu corazón a través de mi Espíritu. Pídeme que abra los ojos de tu corazón para que puedas «verme», porque yo estoy amorosamente presente en todos tus momentos. Es muy importante que separes tiempo para *buscar mi Presencia*. Esto requiere una disciplina mental persistente: dejar de pensar en los ídolos que te atraen y decidirte a dedicarme tus pensamientos. Yo soy la Palabra viviente, por lo que me encontrarás vibrantemente presente cuando me busques en las Escrituras.

Creé una belleza asombrosa en el mundo para que señalara al Único que lo hizo todo. *Sin mí, nada de lo que está hecho se habría hecho.* Cuando estés disfrutando de algo hermoso, dame las gracias. Esto me complace, y también aumenta la complacencia tuya. Cuando te encuentres en medio de dificultades o situaciones feas en este mundo quebrantado, confía también en mí. Mantén tus ojos puestos en mí en medio de tus momentos buenos *y* en los momentos difíciles. Encontrarás esperanza y consuelo a través del conocimiento de que *toda tu vida está en mis manos.*

> *¡Refúgiense en el Señor y en su fuerza,*
> *busquen siempre su presencia!*
> —1 Crónicas 16.11

> *Por medio de él todas las cosas fueron creadas;*
> *sin él, nada de lo creado llegó a existir.*
> —Juan 1.3

Lee también: Salmos 31.14, 15

TODO LO QUE TIENES ES UN REGALO que te he hecho, incluyendo cada aliento que respiras. Yo derramo tantas bendiciones sobre ti que es fácil que consideres algunos de mis preciosos dones como algo natural. Por ejemplo, la mayoría de la gente no reconoce la maravilla de estar inhalando mi Vida continuamente. Sin embargo, fue solo cuando soplé *mi hálito de Vida* en Adán que se *convirtió en un ser viviente.*

Mientras permaneces en silencio en mi Presencia, trata de agradecerme íntimamente cada vez que inhalas. Al exhalar, estarás afirmando tu confianza en mí. Mientras más frecuentemente practiques esto, más relajado te sentirás. Al pasar tiempo conmigo, te ayudaré a apreciar y agradecer las bendiciones que sueles pasar por alto: el cielo y los árboles, la luz y los colores, tus seres queridos y tus comodidades diarias. ¡La lista es interminable! Mientras más te fijes en las cosas buenas de tu vida, más clara será tu visión.

Por supuesto, tu mayor gratitud debería ser por la *Vida eterna,* que es tuya debido a que *creíste en mí.* ¡Este es el don eterno inapreciable que te llenará de un cada vez mayor *Gozo en mi Presencia!*

Y Dios el Señor formó al hombre del polvo de la tierra, y sopló en su nariz hálito de vida, y el hombre se convirtió en un ser viviente.
—GÉNESIS 2.7

Porque tanto amó Dios al mundo que dio a su Hijo unigénito, para que todo el que cree en él no se pierda, sino que tenga vida eterna.
—JUAN 3.16

LEE TAMBIEN: SALMOS 16.11

Los que siembran *con lágrimas cosecharán con regocijo*. Así que no subestimes tus lágrimas, mi hijo amado; para mí son preciosas. Algún día *enjugaré toda lágrima de tus ojos*, pero por ahora vives en un valle donde el llanto abunda. Así como el agua es necesaria para que las semillas se conviertan en plantas, tus lágrimas te ayudan a ser un cristiano más fuerte y gozoso. Tu disposición a participar del dolor de este mundo tan profundamente caído te proporciona un sentido más real de compasión. También aumenta tu capacidad para disfrutar del Gozo y tu habilidad para compartirlo conmigo en los tiempos buenos y los no tan buenos.

Los *cantos llenos de Gozo* han sido tu patrimonio desde que te convertiste en mi seguidor. No te olvides de este delicioso modo de adorarme y mejorar tu ánimo. A pesar de que es contrario a la intuición natural cantar alabanzas cuando te sientes triste, hacerlo es una forma poderosa de elevar tu corazón a mí. En la medida en que este Gozo en mí encuentra mi deleite en ti, puedes descansar en la Luz de mi Presencia. ¡Este es *el Gozo del Señor*!

> *El que con lágrimas siembra,*
> *con regocijo cosecha.*
> *El que llorando esparce la semilla,*
> *cantando recoge sus gavillas.*
>
> —Salmos 126.5, 6

> *Él les enjugará toda lágrima de los ojos. Ya no habrá muerte, ni llanto,*
> *ni lamento ni dolor, porque las primeras cosas han dejado de existir.*
>
> —Apocalipsis 21.4

Lee también: Isaías 62.4; Nehemías 8.10

CONFÍA EN MÍ Y NO TENGAS MIEDO. No te amedrentes por los acontecimientos del planeta o los informes noticiosos. Estos informes no son objetivos, ya que se presentan como si yo no existiera. Las noticias muestran pequeños trozos de acontecimientos mundiales en los que el elemento más importante ha sido cuidadosamente eliminado. *Mi Presencia en el mundo*. Mientras las empresas noticiosas filtran grandes cantidades de información, eliminan todo lo que tenga que ver conmigo y lo que estoy logrando en la tierra.

Cada vez que sientas que tu mundo es un lugar aterrorizante, vuélvete a mí y busca valor en mi Presencia. Sigue el ejemplo de David, que *se animó y puso su confianza en el Señor* cuando el pueblo estaba por apedrearlo. También podrás encontrar valor recordando quién soy yo. Piensa en mi impresionante Gloria y Poder; disfruta de mi Amor inagotable. Alégrate de que estás en un viaje venturoso conmigo cuyo destino final es el cielo. A medida que te mantengas centrado en mí y disfrutes de la rica relación que te ofrezco, el miedo va a ir desapareciendo y el Gozo se alzará de nuevo dentro de ti. Confía en mí con todo tu corazón, mi amado, porque *yo soy tu Fuerza y tu Canción*.

¡Dios es mi salvación!
Confiaré en él y no temeré.
El SEÑOR es mi fuerza,
el SEÑOR es mi canción;
¡él es mi salvación!
—ISAÍAS 12.2

—*Yo mismo iré contigo y te daré descanso* —respondió el SEÑOR.
—ÉXODO 33.14

LEE TAMBIÉN: 1 SAMUEL 30.6

Julio

«¡Yo no te olvidaré!
Grabada te llevo en las palmas de mis manos».

Isaías 49.15, 16

Yo TE HE GRABADO *en las palmas de mis manos*, y este es un compromiso eterno. Nada podría borrar ni destruir esta inscripción, porque tú eres mi posesión atesorada, comprada con sangre.

Grabar los metales preciosos es una práctica destinada a ser permanente. Sin embargo, el grabado puede deteriorarse con los años, y a veces los objetos en los que se ha hecho alguna inscripción se pierden, son robados o se funden. Por lo tanto, mi amado, pon primero lo primero. Los metales preciosos como el oro y la plata tienen *algún* valor en el mundo, *pero comparados con la grandeza insuperable de conocerme a mí son como basura.*

Ya que te encuentras escrito en las palmas de mis manos, puedes estar seguro de que siempre estarás visible para mí. A veces la gente anota algo en las palmas de sus manos para recordarlo más tarde. Yo te he grabado en mis palmas debido a que eres eternamente precioso para mí. Alégrate en la maravilla de saber que yo, el Rey del universo, te considero un tesoro inapreciable. Responde atesorándome tú a *mí* por encima de todo.

> «¿Puede una madre olvidar a su niño de pecho,
> y dejar de amar al hijo que ha dado a luz?
> Aun cuando ella lo olvidara,
> ¡yo no te olvidaré!
> Grabada te llevo en las palmas de mis manos;
> tus muros siempre los tengo presentes».
> —ISAÍAS 49.15, 16

LEE TAMBIÉN: FILIPENSES 3.8, 9; SALMOS 43.4

CUANDO YA NO TE QUEDA ALIENTO, yo te muestro el camino. Este es uno de los beneficios de la debilidad. Ella pone de manifiesto que no puedes avanzar sin mi ayuda. Si te estás sintiendo cansado o confundido, puedes optar por dejarte llevar por esos estados de ánimo o volverte incondicionalmente a mí. Derrama tu corazón libremente y luego descansa en la Presencia del Único que *conoce tu camino* a la perfección, hasta llegar al cielo mismo.

Continúa con la práctica de mantener tu mirada en mí incluso cuando te sientas fuerte y seguro. En realidad, es en tales ocasiones cuando estás más en riesgo de tomar la dirección equivocada. En lugar de asumir que conoces el siguiente paso de tu andar, prepárate para planificar en mi Presencia, pidiéndome que sea yo quien te guíe. Recuerda que *mis caminos y pensamientos son más altos que los tuyos, así como los cielos son más altos que la tierra.* Deja que estos recordatorios te inciten a adorarme, *al Excelso y Sublime, que vive para siempre* y descendió para ayudarte a ti.

> *Cuando ya no me queda aliento,*
> *tú me muestras el camino.*
> *Por la senda que transito*
> *algunos me han tendido una trampa.*
>
> —SALMOS 142.3

> *Mis caminos y mis pensamientos*
> *son más altos que los de ustedes;*
> *¡más altos que los cielos sobre la tierra!*
>
> —ISAÍAS 55.9

LEE TAMBIÉN: ISAÍAS 57.15

Yo soy el Señor tu Dios, que sostiene tu mano derecha, y te dice: No temas, yo te ayudaré. Es esencial que reconozcas y creas que yo no solo soy tu Salvador, sino también *tu Dios.* Muchas personas tratan de identificarme con un gran modelo humano, un mártir que lo sacrificó todo por los demás. No obstante, si yo fuera solo humano, tú todavía estarías *muerto en tus pecados.* ¡El Único que te sostiene de tu mano y calma tus temores es el Dios vivo! Alégrate al meditar en esta asombrosa verdad. Deléitate con la misteriosa maravilla de la Trinidad: Padre, Hijo y Espíritu. Un Dios.

Aparta un tiempo para esperar en mi Presencia. Háblame de tus problemas; *abre tu corazón delante de mí.* Escúchame cuando te digo: «No tengas miedo, mi amado. Yo estoy aquí, listo para ayudarte». No te condeno por tus miedos, pero quiero que los eches de ti con la esperanza y la confianza en mí. Y cuando confiadamente *esperes en mí, mi infalible Amor te acompañará.*

> *Porque yo soy el Señor, tu Dios,*
> *que sostiene tu mano derecha;*
> *yo soy quien te dice:*
> *"No temas, yo te ayudaré".*
> —Isaías 41.13

> *En otro tiempo ustedes estaban muertos en sus transgresiones y pecados.*
> —Efesios 2.1

Lee también: Salmos 62.8; Salmos 33.22

A TODO AQUEL QUE VENCIERE, *le daré a comer el fruto del Árbol de la Vida en el paraíso.* Mi amado, en cierto sentido ya eres victorioso. *Porque a los que predestiné, yo también los llamé; y a los que llamé, también los justifiqué; y a los que justifiqué, también los glorifiqué.* Te traje de la oscuridad a mi reino de Luz; ¡esto significa que estás en camino a la Gloria! Ya tienes la victoria ganada, cumplida a través de mi obra terminada en la cruz.

En otro sentido debes luchar durante toda tu vida para ser victorioso. En este mundo te vas a encontrar con pruebas de fuego y tentaciones que pondrán de relieve tu pecaminosidad y tus debilidades. Esto puede llevarte al desaliento a medida que te das cuenta de tus múltiples fallas. Incluso te puede parecer que ya no me perteneces, pero no te dejes engañar por tales sentimientos. En lugar de eso, aférrate con todas tus fuerzas a mí, no te sueltes por nada de mi mano y confía en las indescriptibles maravillas del paraíso que son tu herencia prometida. La Luz en la ciudad celestial es deslumbradoramente brillante, porque *la Gloria de Dios la ilumina y el Cordero es su Lumbrera.*

El que tenga oídos, que oiga lo que el Espíritu dice a las iglesias. Al que salga vencedor le daré derecho a comer del árbol de la vida, que está en el paraíso de Dios.
—APOCALIPSIS 2.7

A los que predestinó, también los llamó; a los que llamó, también los justificó; y a los que justificó, también los glorificó.
—ROMANOS 8.30

LEE TAMBIÉN: APOCALIPSIS 21.23

CAMINA EN LA LUZ DE MI PRESENCIA. Esta encantadora manera de vivir implica *aclamarme, alegrarte en mi Nombre y regocijarte en mi justicia.* Aclamarme es alabarme de una manera decidida y entusiasta, a veces con gritos y aplausos. Cuando te regocijas en mi Nombre, encuentras Gozo en todo lo que soy: tu Salvador y Pastor, tu Señor y Dios, tu Rey Soberano, tu Amigo que te ama con un *gran Amor.* Puedes regocijarte en mi justicia, porque la he compartido contigo. Aunque continuarás pecando en esta vida, mi justicia perfecta ya ha sido acreditada en tu cuenta.

Cuando andas en mi Luz gloriosa, *mi sangre te limpia continuamente de todo pecado.* Al tratar de vivir cerca de mí, reconociendo que eres un pecador que necesita del perdón, mi santa luminosidad te purifica. Esta bendición es para todos los creyentes, por lo que hace posible que mis seguidores *tengan comunión unos con otros.* Así que, anda en la Luz conmigo, amigo mío. Pasa tiempo disfrutando de mi Presencia brillante y amorosa.

Dichosos los que saben aclamarte, SEÑOR,
y caminan a la luz de tu presencia;
los que todo el día se alegran en tu nombre
y se regocijan en tu justicia.
—SALMOS 89.15, 16

Que irradie tu faz sobre tu siervo;
por tu gran amor, sálvame.
—SALMOS 31.16

LEE TAMBIÉN: ROMANOS 3.22; 1 JUAN 1.7

Yo soy antes de todas las cosas, que por medio de mí forman un todo coherente. Siempre he sido y siempre seré. *Todas las cosas fueron creadas por mí: las cosas en el cielo y la tierra, visibles e invisibles.* ¡Yo soy Señor de la creación, de la iglesia, de todo! Adórame como tu vibrante Señor, *el Dios vivo.* Quiero que mis amados tengan sed de mí, así *como el ciervo jadea por las corrientes de las aguas.*

No te sientas satisfecho con solo pensar en mí o conocerme intelectualmente. Ten sed de un conocimiento experiencial de mí, basado en la sana verdad bíblica. Busca conocer *mi Amor que sobrepasa todo conocimiento.* Para lograrlo, vas a necesitar la ayuda de mi Espíritu.

Debes *ser fortalecido con gran Poder por medio del Espíritu Santo, que habita en lo íntimo de tu ser.* Invítalo a que te fortalezca y te guíe en esta amorosa aventura. Sin embargo, recuerda que *yo* soy el objetivo de tu búsqueda. Conviérteme en tu meta. *¡Me buscarás y me hallarás, cuando me busques con todo tu corazón!*

> *...porque por medio de él fueron creadas todas las cosas*
> *en el cielo y en la tierra, visibles e invisibles,*
> *sean tronos, poderes, principados o autoridades:*
> *todo ha sido creado por medio de él y para él.*
> *Él es anterior a todas las cosas,*
> *que por medio de él forman un todo coherente.*
>
> —COLOSENSES 1.16, 17

> *Cual ciervo jadeante en busca del agua,*
> *así te busca, oh Dios, todo mi ser.*
> *Tengo sed de Dios, del Dios de la vida.*
> *¿Cuándo podré presentarme ante Dios?*
>
> —SALMOS 42.1, 2

LEE TAMBIÉN: EFESIOS 3.16-19; JEREMÍAS 29.13

Yo soy la Puerta; el que por mí entra será salvo. Yo soy la única entrada a *la senda de la Vida*, de la Vida eterna. Si no entras a través de mí, nunca vas a encontrar la salvación de tus pecados.

Algunas personas comparan el viaje espiritual con escalar una montaña: hay muchos caminos que conducen a la cumbre, y todos los escaladores que tengan éxito terminarán en el mismo lugar, sin importar el camino que hayan tomado. A menudo se usa esta analogía para afirmar que todos los caminos a Dios son igualmente efectivos. ¡Nada podría estar más lejos de la verdad! Tú puedes entrar en la salvación solo por *mí*, la única Puerta verdadera.

Una vez que hayas atravesado esta Puerta, podrás disfrutar yendo por el camino de la Vida. No garantizo que sea un viaje fácil, pero sí te prometo estar contigo en todo momento. No importa qué dificultades puedan asaltarte en la jornada, *hay Gozo al encontrarse en mi Presencia.* Además, cada paso que das te acerca a la meta: tu hogar celestial.

> *Yo soy la puerta; el que entre por esta puerta, que soy yo, será*
> *salvo. Se moverá con entera libertad, y hallará pastos.*
>
> —JUAN 10.9

> *Me has dado a conocer la senda de la vida;*
> *me llenarás de alegría en tu presencia,*
> *y de dicha eterna a tu derecha.*
>
> —SALMOS 16.11

LEE TAMBIÉN: MATEO 1.21; 2 TIMOTEO 4.18

ME ACERCO A TI en el momento presente. Intenta disfrutar de mi Presencia ahora. La confianza y el agradecimiento son tus mejores aliados en esta búsqueda.

Cuando te regodeas en el pasado o te preocupas por el futuro, tu conciencia de mí se oscurece. Sin embargo, mientras más confías en mí, más completa será tu vida en el presente, donde mi Presencia te espera siempre. Dime con frecuencia: «Confío en ti, Señor Jesús». «*¡Cuánto te amo, Señor, fuerza mía!*». Estas breves oraciones te mantendrán cerca de mí, con la confianza de que yo estoy amorosamente velando por ti.

Es importante que crezcas no solo en lo que respecta a la confianza, sino también a la gratitud. Una actitud agradecida es esencial para vivir cerca de mí. La ingratitud me resulta ofensiva y te arrastra hacia abajo tanto en lo espiritual como emocionalmente. Recuerda que sin importar lo que esté sucediendo en tu vida o en el mundo, estamos *recibiendo un reino inconmovible*. Esto significa que tienes una razón constante e inquebrantable para *ser agradecido*. Permanece unido a mí y disfruta de mi Presencia, *dando gracias en toda situación*.

> *¡Cuánto te amo, Señor, fuerza mía!*
> —SALMOS 18.1

> *Así que nosotros, que estamos recibiendo un reino inconmovible, seamos agradecidos. Inspirados por esta gratitud, adoremos a Dios como a él le agrada, con temor reverente, porque nuestro «Dios es fuego consumidor».*
> —HEBREOS 12.28, 29

LEE TAMBIÉN: 1 TESALONICENSES 5.18

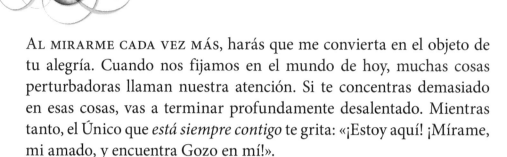

AL MIRARME CADA VEZ MÁS, harás que me convierta en el objeto de tu alegría. Cuando nos fijamos en el mundo de hoy, muchas cosas perturbadoras llaman nuestra atención. Si te concentras demasiado en esas cosas, vas a terminar profundamente desalentado. Mientras tanto, el Único que *está siempre contigo* te grita: «¡Estoy aquí! ¡Mírame, mi amado, y encuentra Gozo en mí!».

Mi Presencia te bendecirá siempre, incluso cuando esté solo en el fondo de tu mente. Puedes aprender a estar consciente de mí aunque te ocupes de otros asuntos. El magnífico cerebro que te di puede funcionar en varias tareas al mismo tiempo. Cuando estás haciendo algo que demanda una gran inversión de energía mental, tu conciencia de mi Presencia se vuelve sutil, aunque de todos modos resulta reconfortante y alentadora.

Haz de mí tu enfoque jubiloso. El enfoque *no* es escapismo. Por el contrario, tu concentración en mí te fortalecerá y te dará valor para enfrentar las dificultades en tu vida. Mientras más persistas en mirarme, más eficaz y gozoso serás.

Recurran al Señor y a su fuerza;
busquen siempre su rostro.

—Salmos 105.4

Pero yo siempre estoy contigo,
pues tú me sostienes de la mano derecha.

—Salmos 73.23

Sean fuertes y valientes. No teman ni se asusten ante esas naciones, pues el Señor su Dios siempre los acompañará; nunca los dejará ni los abandonará.

—Deuteronomio 31.6

TÚ PUEDES SER UN VENCEDOR formidable por medio de mí, el Rey de Gloria que te ama. No importa lo que esté ocurriendo en este mundo quebrantado y caído o en tu propia vida, eres un triunfador. Yo obtuve la Victoria de una vez por todas a través de mi muerte sacrificial y mi milagrosa resurrección. *Mi gran Amor* ha logrado esta maravillosa conquista y ha hecho de ti mucho, mucho más que un vencedor. ¡Eres un heredero del reino de Vida eterna y Luz!

¡Nada te podrá apartar de mi Amor! Piensa en lo que significa tenerme a mí como Aquel que ama a tu alma en todo momento y para siempre. Tu alma es la parte eterna de ti, la parte que jamás podrá separarse de mí. No es lo que ves en el espejo o lo que otras personas ven en ti. Es la esencia de quien eres, el «verdadero tú» que está *siendo transformado con cada vez más Gloria.* Por lo tanto, no te desanimes por los defectos que veas en ti. En lugar de eso, recuerda que estás siendo continuamente *transformado a mi semejanza.* ¡Alégrate!

> *Sin embargo, en todo esto somos más que vencedores por medio de aquel que nos amó. Pues estoy convencido de que ni la muerte ni la vida, ni los ángeles ni los demonios, ni lo presente ni lo por venir, ni los poderes, ni lo alto ni lo profundo, ni cosa alguna en toda la creación podrá apartarnos del amor que Dios nos ha manifestado en Cristo Jesús nuestro Señor.*
>
> —ROMANOS 8.37-39

> *Pero yo confío en tu gran amor;*
> *mi corazón se alegra en tu salvación.*
> *Canto salmos al SEÑOR.*
> *¡El SEÑOR ha sido bueno conmigo!*
>
> —SALMOS 13.5, 6

LEE TAMBIÉN: 2 CORINTIOS 3.18

TU CAPACIDAD PROVIENE DE MÍ. Eso significa que no hay lugar para el orgullo por lo que logres en la vida. También significa que eres capaz de mucho más de lo que crees posible. La combinación de tus habilidades naturales y mi capacidad sobrenatural resulta muy efectiva. Te he llamado a que vivas en una alegre dependencia de mí, así es que no dudes en pedirme ayuda. Haz todos los esfuerzos necesarios para identificar mi voluntad para ti, escudriñando las Escrituras y *buscando mi Presencia.* También, procura recibir consejos sabios de otros cristianos. Yo te mostraré el camino por donde deberás ir de acuerdo con mi sabiduría y voluntad.

Pídele a mi Espíritu que te guíe al transitar por el camino que he elegido para ti. El Santo Ayudador te equipará y te capacitará para lograr mis propósitos en tu vida. Dame las gracias por todo: las habilidades que te he dado, las oportunidades que tienes ante ti y la capacitación de mi Espíritu para que logres cosas importantes en mi reino. Mantente en comunicación conmigo, disfrutando de mi compañía mientras vas avanzando por *la senda de la Vida. ¡Te llenaré de alegría en mi Presencia!*

> *No es que nos consideremos competentes en nosotros*
> *mismos. Nuestra capacidad viene de Dios.*
> —2 CORINTIOS 3.5

> *¡Gloríense en su nombre santo!*
> *¡Alégrense de veras los que buscan al SEÑOR!*
> *¡Refúgiense en el SEÑOR y en su fuerza,*
> *busquen siempre su presencia!*
> —1 CRÓNICAS 16.10, 11

LEE TAMBIÉN: 1 TESALONICENSES 5.16-18; SALMOS 16.11

QUIERO QUE CON ALEGRÍA SAQUES *agua de las fuentes de salvación.* Estas fuentes son insondablemente profundas y están llenas hasta los bordes de mis bendiciones. El valor de tu salvación es incalculable: mucho mayor que todas las fortunas terrenales del pasado, presente y futuro. Cuando tu vida en este mundo llegue a su fin, vivirás conmigo para *siempre* en un ambiente perfecto lleno de Gloria deslumbrante. Me adorarás con un número incalculable de mis seguidores, todos los cuales se relacionarán entre sí con un Amor maravilloso y responderán a mí con un Amor aun *más grande.* ¡Además, serás capaz de recibir Amor de mí en una medida inimaginable!

La seguridad de los placeres sempiternos que te esperan en el cielo te podrá ayudar a soportar tus luchas en este mundo. Entiendo las dificultades que estás enfrentando, pero recuerda: Yo soy *tu Fuerza y tu Canción.* Soy lo suficiente fuerte para llevarte adelante cuando sientas que no puedes seguir. Incluso te capacito para que cantes conmigo: en los días buenos *y* en los días difíciles. ¡Yo, *tu canción,* puedo llenarte de Gozo!

¡Dios es mi salvación!
Confiaré en él y no temeré.
El SEÑOR es mi fuerza,
el SEÑOR es mi canción;
¡él es mi salvación!
Con alegría sacarán ustedes agua
de las fuentes de la salvación.
—ISAÍAS 12.2, 3

LEE TAMBIÉN: 2 CORINTIOS 8.9; SALMOS 16.11

203

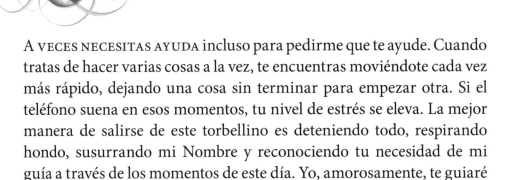

A veces necesitas ayuda incluso para pedirme que te ayude. Cuando tratas de hacer varias cosas a la vez, te encuentras moviéndote cada vez más rápido, dejando una cosa sin terminar para empezar otra. Si el teléfono suena en esos momentos, tu nivel de estrés se eleva. La mejor manera de salirse de este torbellino es deteniendo todo, respirando hondo, susurrando mi Nombre y reconociendo tu necesidad de mi guía a través de los momentos de este día. Yo, amorosamente, te guiaré por *sendas de justicia por Amor de mi nombre.*

Mientras te estás preparando para hacer algo difícil, por lo general dedicas un tiempo a conseguir mi ayuda. Sin embargo, cuando estás enfrentando las tareas cotidianas, tiendes a llevarlas a cabo sin mí, como si fueras capaz de manejar estos asuntos solo. ¡Cuánto mejor es que intentes hacer *todo* en humilde dependencia de mí! Siempre que te dispongas a actuar de algún modo, pídeme que te ayude a detenerte y buscarme, dejándome que te muestre el camino por el cual avanzar en tu vida. *Yo te mostraré el camino que debes seguir.*

> *…me infunde nuevas fuerzas.*
> *Me guía por sendas de justicia*
> *por amor a su nombre.*
> —Salmos 23.3

> *Esto lo hizo Dios para que todos lo busquen y, aunque sea a tientas, lo encuentren. En verdad, él no está lejos de ninguno de nosotros.*
> —Hechos 17.27

Lee también: Salmos 32.8

GUARDA SILENCIO EN MI PRESENCIA y espera pacientemente en mí para actuar. La quietud es un bien escaso en este mundo. Muchas personas se juzgan a sí mismas y su día por lo mucho o poco que han logrado hacer. Descansar en mi Presencia no suele ser uno de esos logros. ¡Sin embargo, qué gran cantidad de bendiciones se pueden encontrar en este santo reposo!

La Paz y el Gozo abundan en mi Presencia, pero se necesita tiempo para que penetren hasta el interior de tu ser. También se necesita confianza. En lugar de quejarte y disgustarte cuando tus planes se vean frustrados, espera pacientemente a que yo actúe. Puedes *poner tu esperanza en mí*, porque yo soy el *Dios de tu salvación*. Ten la seguridad de que *te escucharé*. Es posible que no te conteste con la prontitud que desearías, pero siempre respondo a tus oraciones de la manera que más te conviene a ti.

No te irrites ante el éxito de la gente mala ni te inquietes por sus intrigas. Yo me río de los malvados, porque sé que les llegará su hora. Descansa en mí, mi amado. *Quédate quieto y reconoce que yo soy Dios.*

> *Guarda silencio ante el SEÑOR,*
> *y espera en él con paciencia;*
> *no te irrites ante el éxito de otros,*
> *de los que maquinan planes malvados.*
> —SALMOS 37.7

> *Pero yo he puesto mi esperanza en el SEÑOR;*
> *yo espero en el Dios de mi salvación.*
> *¡Mi Dios me escuchará!*
> —MIQUEAS 7.7

LEE TAMBIÉN: Salmos 37.13; Salmos 46.10

¡MI AMOR ES MEJOR QUE LA VIDA MISMA! En calidad, cantidad o duración, mi Amor no tiene límites. Es infinitamente mejor que cualquiera cosa que este mundo pudiera ofrecerte, y nunca se agotará. *¡Cuán precioso es mi gran Amor!*

Piensa por un momento en la parábola *del comerciante que buscaba perlas finas y que cuando encontró una de gran valor, vendió todo lo que tenía y la compró.* Mi Amor es como esa perla: tan invaluable que vale la pena perder lo que sea a fin de asegurarlo para siempre.

Aunque para ganar mi Amor vale la pena incluso exponerse a perder la vida, lo que realmente ocurre es que, lejos de hacer que la pierdas, mi Amor enriquece tu vida. Este glorioso regalo provee un fundamento para construir sobre él, y mejora tus relaciones con otras personas. El hecho de saber que eres amado de una manera perfecta y eterna te ayuda a que llegues a ser la persona que yo diseñé que fueras. *Entender cuán ancho y largo, alto y profundo es mi Amor* por ti te conduce a la adoración. ¡Aquí es donde tu intimidad conmigo crece a pasos agigantados, a medida que gozosamente celebras mi magnífica Presencia!

Tu amor es mejor que la vida;
por eso mis labios te alabarán.
—SALMOS 63.3

¡Cuán precioso, oh Dios, es tu gran amor!
Todo ser humano halla refugio
a la sombra de tus alas.
—SALMOS 36.7

LEE TAMBIÉN: MATEO 13.45, 46; EFESIOS 3.17, 18

ANUNCIA MI SALVACIÓN DÍA A DÍA. Necesitas recordar la verdad del evangelio a cada momento: *Porque por gracia has sido salvado mediante la fe, y esto no es tu propia obra; es un regalo, no un resultado de tu propio esfuerzo.* Esta verdad es muy contracultural. El mundo te dice que tienes que trabajar para ser lo suficiente bueno. Tu propia mente caída y tu corazón estarán de acuerdo con estos mensajes, a menos que estés vigilante. Es por eso que las Escrituras te advierten para que *te mantengas alerta.* El diablo es *el acusador* de mis seguidores. Sus acusaciones desalientan y derrotan a muchos cristianos, por lo que debes recordar con frecuencia la verdad del evangelio.

La mejor respuesta al glorioso regalo de la gracia es un corazón agradecido que se deleita en hacer mi voluntad. Es vital que anuncies el evangelio no solo a ti mismo, sino al mundo. *¡Proclama mi Gloria entre las naciones!* Trata de compartir esta buena noticia, tanto cerca (a familiares, amigos, compañeros de trabajo) como lejos (a las naciones). *Todos los pueblos* necesitan conocer la verdad sobre mí. Deja que tu gratitud te motive, te energice y te llene de Gozo.

> *Canten al SEÑOR, alaben su nombre;*
> *anuncien día tras día su victoria.*
> *Proclamen su gloria entre las naciones,*
> *sus maravillas entre todos los pueblos.*
> —SALMOS 96.2, 3

> *Porque por gracia ustedes han sido salvados mediante la fe; esto no procede de ustedes, sino que es el regalo de Dios, no por obras, para que nadie se jacte.*
> —EFESIOS 2.8, 9

LEE TAMBIÉN: 1 PEDRO 5.8; APOCALIPSIS 12.10

DICHOSOS AQUELLOS QUE HAN aprendido a aclamarme. La palabra «aclamar» significa expresar aprobación de forma entusiasta. Esta no es una inclinación natural de la humanidad. Es algo que necesitas aprender y practicar. Comienza con tus pensamientos. ¡En lugar de pensar en mí de maneras aburridas y repetitivas, medita en mi gloriosa grandeza! Yo hablé y el mundo existió. Formé a las personas a mi propia imagen y les di almas eternas. Creé belleza en el mundo y en todo el universo. Soy infinitamente más brillante que el más grande genio que te puedas imaginar. Mi sabiduría es *profunda*, y mi Amor es inagotable. Aprende a tener grandes pensamientos acerca de mí y exprésalos con entusiasmo. Los salmos proveen una excelente instrucción en esta búsqueda.

Alabarme también significa reconocer públicamente mi excelencia. *Tú eres la luz del mundo*, porque me conoces como tu Dios-Salvador. Quiero que *dejes que tu luz brille delante de los hombres*; cuéntales de las maravillas de quien soy y todo lo que he hecho. *Proclama las obras maravillosas de Aquel que te llamó de las tinieblas a su Luz admirable.*

Dichosos los que saben aclamarte, SEÑOR,
y caminan a la luz de tu presencia.
—SALMOS 89.15

¡Qué profundas son las riquezas
de la sabiduría y del conocimiento de Dios!
¡Qué indescifrables sus juicios
e impenetrables sus caminos!
—ROMANOS 11.33

LEE TAMBIÉN: MATEO 5.14-16; 1 PEDRO 2.9

¡Estén siempre alegres! Este es uno de los versículos más cortos de la Biblia, pero irradia Luz celestial. Yo te hice a mi imagen, y te creé con la capacidad de elegir el Gozo para cada momento de tu vida. Cuando tu mente tiende a descender por caminos desagradables y sombríos, detenla con este mandato glorioso. Comprueba cuántas veces al día puedes recordar que debes alegrarte.

Es importante no solo regocijarse, sino también debes pensar en los motivos específicos para estar contento. Pueden ser tan sencillos como las provisiones diarias: alimento, casa, ropa. Las relaciones con los seres queridos también pueden ser una rica fuente de Gozo. Dado que tú eres mi amado, tu relación conmigo es una fuente omnipresente de alegría. Estos pensamientos gozosos iluminarán tanto tu mente como tu corazón, capacitándote para encontrar más placer en tu vida.

Elegir regocijarte te bendecirá a ti y a los que te rodean. También fortalecerá tu relación conmigo.

Estén siempre alegres.

—1 Tesalonicenses 5.16

Y Dios creó al ser humano a su imagen;
lo creó a imagen de Dios.
Hombre y mujer los creó.

—Génesis 1.27

Alégrense siempre en el Señor. Insisto: ¡Alégrense!

—Filipenses 4.4

Yo soy tu Socorro y tu Escudo. Préstale especial atención al pronombre posesivo, *tu*. Eso significa que no soy solo *una* Ayuda y *un* Escudo. Soy los *tuyos* para todos los tiempos y por toda la eternidad. Deja que este compromiso eterno te fortalezca y anime mientras caminas conmigo a lo largo de este día. *Nunca te dejaré ni te abandonaré.* ¡Puedes depender de mí!

Debido a que soy tu Ayuda, no es necesario que les temas a tus incapacidades. Cuando la tarea que tienes por delante parezca desalentadora, alégrate porque estoy listo para ayudarte. Reconoce francamente tu insuficiencia, y confía en mi suficiencia infinita. Tú y yo *juntos* podemos lograr cualquier cosa que esté dentro de mi voluntad.

Definitivamente, me necesitas como tu Escudo. Te protejo de muchos peligros: físicos, emocionales y espirituales. A veces eres consciente de mi obra protectora a tu favor, pero también te protejo de peligros que ni siquiera sospechas. Encuentra reposo en esta seguridad de mi Presencia velando por ti. *No temas peligro alguno,* mi amado, *porque yo estoy contigo.*

Esperamos confiados en el Señor;
él es nuestro socorro y nuestro escudo.
—SALMOS 33.20

El Señor mismo marchará al frente de ti y estará contigo; nunca
te dejará ni te abandonará. No temas ni te desanimes.
—DEUTERONOMIO 31.8

Todo lo puedo en Cristo que me fortalece.
—FILIPENSES 4.13

LEE TAMBIÉN: SALMOS 23.4

AFÉRRATE A MÍ, MI AMADO, porque *mi mano derecha te sostiene.* Cuando te agarras de mí en infantil dependencia, estás demostrando tu compromiso conmigo. A veces utilizo los tiempos difíciles para refinar tu fe y probar que es genuina. Al aferrarte a mí en medio de la adversidad, tu fe se hace más fuerte y tú experimentas consuelo. Habiendo soportado diversas pruebas, ganas la confianza de que con mi ayuda puedes hacerles frente a las dificultades futuras. Eres cada vez más consciente de que yo siempre estaré disponible para ayudarte.

En medio de la noche o de tiempos difíciles, recuerda que mi diestra te sostiene. Esta mano que te sostiene es fuerte y justa; no hay límite para la cantidad de apoyo que te puede proporcionar. Por eso, cuando te sientas abrumado, no te rindas. En cambio, *recurre a mí y mi Fuerza.* Ten la seguridad de que mi mano poderosa es también justa, y que todo lo que te provee es bueno. *No temas, porque yo te fortaleceré y te ayudaré. Te sostendré con mi diestra victoriosa.*

Mi alma se aferra a ti;
tu mano derecha me sostiene.
—SALMOS 63.8

El oro, aunque perecedero, se acrisola al fuego. Así también la fe de ustedes, que vale mucho más que el oro, al ser acrisolada por las pruebas demostrará que es digna de aprobación, gloria y honor cuando Jesucristo se revele.
—1 PEDRO 1.7

Recurran al SEÑOR y a su fuerza;
busquen siempre su rostro.
—SALMOS 105.4

LEE TAMBIÉN: ISAÍAS 41.10

Los que me miran a mí, están radiantes. Yo soy el Sol que te alumbra de forma continua, incluso cuando tus circunstancias pudieran ser difíciles y el camino por delante luzca oscuro. Debido a que me conoces como Salvador, tienes una fuente de Luz que vence a la oscuridad. Yo te diseñé para que *reflejaras mi Gloria*, y lo haces mirándome, volviendo tu rostro hacia la Luz. Aparta un tiempo para permanecer quieto en mi Presencia, con tu rostro vuelto hacia arriba para absorber mi resplandor. Mientras más tiempo permanezcas en esta atmósfera de Luz radiante, más podré bendecirte y fortalecerte.

Cuando estés descansando conmigo, podrías susurrar las palabras de Jacob: «*En realidad, el Señor está en este lugar*». Yo estoy en todas partes en todo momento, por lo que esta declaración es siempre verdad, ya sea que sientas o no mi cercanía.

Dedicar un tiempo a disfrutar de mi Amor-Luz, solazándote en mi resplandor, puede elevar tu percepción de mi Presencia. Además, el tiempo pasado conmigo te ayuda a ser una luz en el mundo, irradiando mi Amor a todos los que tienes cerca.

> *Radiantes están los que a él acuden;*
> *jamás su rostro se cubre de vergüenza.*
>
> —Salmos 34.5

> *Así, todos nosotros, que con el rostro descubierto reflejamos como en un espejo la gloria del Señor, somos transformados a su semejanza con más y más gloria por la acción del Señor, que es el Espíritu.*
>
> —2 Corintios 3.18

Lee también: Génesis 28.16; Mateo 5.16

MEDIANTE MI RESURRECCIÓN de entre los muertos, *has recibido un nuevo nacimiento a una esperanza viva.* Yo morí en la cruz para pagar el castigo por los pecados de todos mis seguidores. Si hubiera permanecido muerto, *tu fe habría sido ilusoria* y hubieras estado espiritualmente muerto para siempre, siendo *todavía culpable por tus pecados.* ¡Por supuesto, era imposible que mi muerte fuera permanente, porque yo soy Dios! Como les dije claramente a los que se me oponían: *Mi Padre y yo somos Uno.*

Mi resurrección es un hecho histórico muy bien documentado. Este acontecimiento milagroso te abrió el camino para que pudieras experimentar el *nuevo nacimiento.* Al confesar tu pecado y confiar en mí como tu Salvador, te has convertido en uno de los míos, transitando por un camino que te lleva al cielo. ¡Debido a que soy tu Salvador viviente, vas por un camino de *esperanza viva!* La Luz de mi amorosa Presencia brilla sobre ti siempre, incluso en los momentos más oscuros y difíciles. Mírame a mí, mi amado. Deja que mi Amor-Luz brillante perfore la oscuridad y llene tu corazón de Gozo.

> *¡Alabado sea Dios, Padre de nuestro Señor Jesucristo! Por su gran misericordia, nos ha hecho nacer de nuevo mediante la resurrección de Jesucristo, para que tengamos una esperanza viva.*
>
> —1 PEDRO 1.3

> *Y, si Cristo no ha resucitado, la fe de ustedes es ilusoria y todavía están en sus pecados.*
>
> —1 CORINTIOS 15.17

LEE TAMBIÉN: EFESIOS 2.1; JUAN 10.30

Yo soy Dios tu Libertador. No importa lo que esté sucediendo en el mundo, puedes *alegrarte en mí*. Tu planeta ha estado en una condición terriblemente caída desde la desobediencia de Adán y Eva. Ellos perdieron a sus dos primeros hijos de una manera desgarradora. Caín mató a su hermano menor, Abel, porque estaba celoso de él. Dios entonces lo castigó sentenciándolo a *ser un fugitivo errante* sobre la tierra.

Los efectos persistentes de la Caída siguen haciendo del mundo un lugar peligroso e incierto. Por eso, el reto que tienes ante ti cada día es estar siempre gozoso en medio del quebrantamiento en que yace el mundo. Recuérdate a menudo: «Jesús está conmigo y a mi favor. *Nada puede apartarme de su Amor*». Dedica tus energías a disfrutar de mi Presencia y de lo bueno que aún queda sobre la tierra. Usa tus dones para proyectar mi Luz en los lugares a los que te he dado acceso. *No tengas miedo de las malas noticias*, porque yo soy capaz de sacar algo bueno de lo malo. Entrena tu corazón para que se *mantenga firme, confiando en mí*, tu Salvador.

*...aun así, yo me regocijaré en el Señor,
¡me alegraré en Dios, mi libertador!*
—Habacuc 3.18

*Cuando cultives la tierra, no te dará sus frutos, y
en el mundo serás un fugitivo errante.*
—Génesis 4.12

*...ni lo alto ni lo profundo, ni cosa alguna en toda la creación podrá apartarnos
del amor que Dios nos ha manifestado en Cristo Jesús nuestro Señor.*
—Romanos 8.39

Lee también: Salmos 112.7

NO TEMAS NI TE DESANIMES. Te estás preocupando anticipadamente por las incertidumbres que tienes por delante dejando que te amilanen. El miedo y el desánimo te están esperando en cualquier recodo del camino, listos para acompañarte si se lo permites. *Sin embargo, yo estoy siempre contigo, sosteniéndote de tu mano derecha.* Debido a que yo vivo más allá del tiempo, también estoy en el camino adelante, brillando intensamente, haciéndote señas para que fijes tu mirada en mí. Aférrate a mi mano y con paso resuelto pasa junto a aquellas oscuras presencias del miedo y la desesperación. Mantén la mirada en mi radiante Presencia que lanza rayos de *Amor* y *consuelo* inagotables.

Tu confianza proviene de saber que yo estoy continuamente contigo *y* ya estoy en tu futuro, preparando el camino delante de ti. Escúchame mientras te llamo… con palabras de advertencia y sabiduría, valor y esperanza: *No temas, porque yo estoy contigo. No te angusties, porque yo soy tu Dios. Te fortaleceré y te ayudaré; te sostendré con mi diestra victoriosa.*

> *El SEÑOR mismo marchará al frente de ti y estará contigo; nunca te dejará ni te abandonará. No temas ni te desanimes.*
> —DEUTERONOMIO 31.8

> *Pero yo siempre estoy contigo,*
> *pues tú me sostienes de la mano derecha.*
> —SALMOS 73.23

> *Que sea tu gran amor mi consuelo,*
> *conforme a la promesa que hiciste a tu siervo.*
> —SALMOS 119.76

LEE TAMBIÉN: ISAÍAS 41.10

ES EN EL MOMENTO PRESENTE que me encuentras más cerca de ti. Mi Presencia hoy es una fuente inagotable de Gozo… *¡siempre es día de fiesta!* Estoy entrenándote para que *te alegres en mí siempre.* Esta es una elección de momento a momento. Es posible encontrar Gozo en mí, aun durante tus situaciones más difíciles. Siempre me encuentro cerca, por lo que estoy siempre disponible para ayudarte. Incluso te puedo llevar a través de tus experiencias más arduas.

Imagínate a una mujer que se ha comprometido con un hombre al que ama y admira profundamente. Su corazón se desborda de placer cada vez que piensa en su amado. Mientras él está en su mente, los problemas se pierden en el fondo de sus pensamientos, incapaces de atenuar su entusiasmo y emoción. Del mismo modo, cuando recuerdas que yo soy tu prometido y has hecho un compromiso conmigo para siempre, podrás encontrar placer en mí aun frente a las peores dificultades. La satisfacción del alma que encuentras en mí te ayuda a relacionarte bien con otras personas. Y al disfrutar de mi Presencia amorosa, con tu Gozo podrás ser de bendición para muchos.

Para el afligido todos los días son malos;
para el que es feliz todos son de fiesta.
—PROVERBIOS 15.15

Alégrense siempre en el Señor. Insisto: ¡Alégrense! Que su
amabilidad sea evidente a todos. El Señor está cerca.
—FILIPENSES 4.4, 5

LEE TAMBIÉN: SALMOS 63.5; DEUTERONOMIO 33.12

Yo DESPEJO EL CAMINO *debajo de tus pies para que tus tobillos no fla-queen*. Esto demuestra hasta qué punto llega mi participación en tu vida. Sé exactamente lo que hay delante de ti y cómo puedo alterar el camino por donde vas a transitar para que tu andar sea más fácil. A veces te permito ver lo que he hecho a tu favor. En otras ocasiones no te percatas de las dificultades de las que te he librado. De cualquier manera, el hecho de que despeje el camino por donde pasarás demuestra cuán amorosamente estoy involucrado en tu vida.

Desde tu perspectiva, a menudo lo que hago te resulta misterioso. No te protejo, a ti ni a nadie, de *todas* las adversidades. Tampoco *yo* estuve protegido contra las adversidades durante los treinta y tres años que viví en tu mundo. ¡Al contrario, por tu bien sufrí de forma total-mente voluntaria dolores inimaginables, humillaciones y la agonía de la cruz! Cuando mi Padre se alejó de mí, experimenté un sufrimiento indecible. Sin embargo, debido a que estuve dispuesto a soportar tal aislamiento de Él, tú nunca tendrás que sufrir solo. ¡He prometido es-*tar contigo siempre*!

> *Me has despejado el camino,*
> *así que mis tobillos no flaquean.*
> —SALMOS 18.36

> *Como a las tres de la tarde, Jesús gritó con fuerza:*
> *—Elí, Elí, ¿lama sabactani? (que significa: "Dios mío,*
> *Dios mío, ¿por qué me has desamparado?").*
> —MATEO 27.46

LEE TAMBIÉN: MATEO 28.20

EL QUE CREE EN MÍ, no cree solo en mí, sino en el que me envió. Cuando me ves a mí, estás viendo al que me envió. Vine al mundo no solo para ser tu Salvador, sino también para ayudarte a ver al Padre con mayor claridad. Él y yo siempre trabajamos en perfecta unidad. Como lo proclamé cuando enseñaba en el templo en Jerusalén: *«El Padre y yo somos uno».* Así que cuando busques vivir cerca de mí —*fijando tus ojos en mí*— de ninguna manera estarás ignorando a mi Padre.

La Trinidad, compuesta de Padre, Hijo y Espíritu Santo, es un gran regalo para ti; también es un misterio más allá de tu comprensión. Esta bendición de tres Personas en una enriquece en gran medida tu vida de oración. Puedes orar al Padre en mi Nombre; también me puedes hablar directamente a mí. Y el Espíritu Santo está continuamente disponible para ayudarte con tus oraciones. No dejes que los misterios de la Trinidad te perturben. ¡En lugar de eso, responde a estas maravillas con alabanza gozosa y adoración!

«El que cree en mí —clamó Jesús con voz fuerte—, cree no solo en mí, sino en el que me envió. Y el que me ve a mí ve al que me envió».

—JUAN 12.44, 45

El Padre y yo somos uno.

—JUAN 10.30

Fijemos la mirada en Jesús, el iniciador y perfeccionador de nuestra fe, quien, por el gozo que le esperaba, soportó la cruz, menospreciando la vergüenza que ella significaba, y ahora está sentado a la derecha del trono de Dios.

—HEBREOS 12.2

LEE TAMBIÉN: SALMOS 150.6

YO SOY *EL VIVIENTE QUE TE VE* SIEMPRE. Yo veo lo más profundo de tu ser. Ni siquiera uno de tus pensamientos escapa a mi observación. Mi conocimiento íntimo de todo lo que tiene que ver contigo significa que nunca estás solo, tanto en los tiempos apacibles como en los tiempos turbulentos. También significa que quiero limpiar tus pensamientos de sus tendencias pecaminosas.

Cuando te encuentres pensando de una forma odiosa e hiriente, confiésamelo de inmediato. No me pidas solo que te perdone, sino que te cambie. No tienes que elaborar demasiado tu confesión, como si tuvieras que convencerme para que extienda mi gracia sobre ti. Yo pasé a través de una tortuosa ejecución y la separación absoluta de mi Padre, por eso puedo *echar tan lejos de ti tus transgresiones como lejos está el oriente del occidente.* ¡Me deleito en perdonarte!

Recuerda que incluso ahora te veo vestido con radiantes vestiduras: mi perfecta justicia. Y ya puedo ver en ti la gloriosa visión que tendrás cuando el cielo se convierta en tu hogar.

Por eso también el pozo que está entre Cades y Béred se conoce
con el nombre de «Pozo del Viviente que me ve».
—GÉNESIS 16.14

SEÑOR, tú me examinas,
tú me conoces.
Sabes cuándo me siento y cuándo me levanto;
aun a la distancia me lees el pensamiento.
—SALMOS 139.1, 2

LEE TAMBIÉN: 2 CORINTIOS 5.21; SALMOS 103.12

TE ESTOY ENTRENANDO *en la perseverancia*. Esta lección no es para los débiles de corazón. Sin embargo, es una rica bendición, una forma de compartir mi reino y mi sufrimiento.

Ya que mi reino es eterno, resulta de un valor infinito. He dejado en claro que para *participar en mi Gloria* es necesario *compartir mis sufrimientos*. Además, esta experiencia produce beneficios reales aquí y ahora: carácter.

La perseverancia solo puede desarrollarse a través de las pruebas. Así que haz todo lo que sea necesario para aceptar cualquier problema que te cause miedo. Tráelo a mi Presencia con acción de gracias, y reconoce tu disposición a soportarlo todo el tiempo que sea necesario. Pídeme que tome este problema feo y oscuro y lo transforme en algo encantador. A partir de la más desgarradora situación yo puedo tejer brillantes hilos dorados de Gloria. Quizás haya que esperar un tiempo para que el modelo precioso emerja, pero esta espera puede producir paciencia. ¡Alégrate, mi amado, porque estoy puliendo tu carácter hasta que brille con la Luz de mi Gloria!

Yo, Juan, hermano de ustedes y compañero en el sufrimiento, en el reino y en la perseverancia que tenemos en unión con Jesús, estaba en la isla de Patmos por causa de la palabra de Dios y del testimonio de Jesús.
—APOCALIPSIS 1.9

Y, si somos hijos, somos herederos; herederos de Dios y coherederos con Cristo, pues, si ahora sufrimos con él, también tendremos parte con él en su gloria.
—ROMANOS 8.17

LEE TAMBIÉN: FILIPENSES 2.14, 15

MI AMADO, *MIS BONDADES JAMÁS SE AGOTAN. Son nuevas cada maña-na.* Así que puedes comenzar cada día con confianza, sabiendo que mi gran reserva de bendiciones está llena hasta el borde. Esta certidumbre te ayuda a *esperar en mí*, confiando a mi preocupación y cuidado tu larga espera por una respuesta a tus oraciones. Te aseguro que a nin-guna de esas peticiones ha pasado inadvertida sin que me ocupe de ella. Quiero que bebas abundantemente de mi fuente de Amor ilimi-tado y compasión inagotable. Mientras esperas en mi Presencia, estos nutrientes divinos están libremente disponibles para ti.

Aunque quizás muchas de tus oraciones aun no tienen respuesta, puedes encontrar esperanza en *mi gran fidelidad*. Yo mantengo to-das mis promesas según mi manera y tiempo perfectos. He prometido *darte la Paz* que puede desterrar los problemas y las angustias de tu corazón. Si te sientes cansado de esperar, recuerda que yo también es-pero; *que puedo tener piedad contigo y mostrarte compasión*. Me con-tengo hasta que estés listo para recibir las cosas que amorosamente te he preparado. *Dichosos son todos los que esperan en mí.*

El gran amor del SEÑOR nunca se acaba,
y su compasión jamás se agota.
Por tanto, digo:
«El Señor es todo lo que tengo.
¡En él esperaré!»
—LAMENTACIONES 3.22, 24

La paz les dejo; mi paz les doy. Yo no se la doy a ustedes como
la da el mundo. No se angustien ni se acobarden.
—JUAN 14.27

LEE TAMBIÉN: ISAÍAS 30.18

ANTES QUE ME LLAMES, YO TE RESPONDERÉ; todavía estarás hablando cuando ya te habré escuchado. Sé que a veces te sientes como si estuvieras solo, en la oscuridad. Te mantienes orando porque es lo que hay que hacer, pero te preguntas si tus oraciones producen algún cambio. Cuando te estés sintiendo de esta manera, es bueno que te detengas y recuerdes quién soy yo: *¡el Rey de la Gloria!* Yo trasciendo el tiempo. Pasado, presente y futuro son todos iguales para mí. Esta es la razón por la que puedo responderte antes de que me digas tu necesidad.

Ninguna oración tuya es desoída ni queda sin respuesta. Sin embargo, a veces tengo que decirte «No» o «Todavía no». En otras ocasiones tus oraciones reciben una respuesta que no puedes percibir. *Mi sabiduría es profunda*, está enormemente más allá de tu comprensión. Dedica un tiempo a pensar en las maravillas de mi inteligencia infinita y deléitate en mi Amor inagotable. Si persistes en esta adoración íntima, sabrás más allá de cualquiera duda que *nunca* estarás solo. ¡Eres mío!

Antes que me llamen,
yo les responderé;
todavía estarán hablando
cuando ya los habré escuchado.
—ISAÍAS 65.24

¿Quién es este Rey de la gloria?
Es el SEÑOR Todopoderoso;
¡él es el Rey de la gloria!
—SALMOS 24.10

LEE TAMBIÉN: ROMANOS 11.33

Agosto

Me has dado a conocer los caminos de la vida;
me llenarás de alegría en tu presencia.

HECHOS 2.28

VEN CON ANSIAS ANTE MI PRESENCIA, invitándome a que te *sacie con mi Amor*. El mejor tiempo para buscar mi Rostro es *por la mañana*, poco después de que te despiertes. Conectarte conmigo temprano marcará la pauta para el resto del día. Mi Amor inagotable satisface inmensamente: Te ayuda a saber que eres apreciado e importante. Te recuerda que *juntos*, tú y yo podemos manejar las circunstancias de tu día. Saber que eres amado por siempre te da energías y valor para atravesar victorioso las dificultades.

Tu encuentro con mi Presencia amorosa por la mañana temprano te equipa para *cantar de alegría*. Piensa en el asombroso privilegio de encontrarte, en la intimidad de tu casa, con quien es *Rey de reyes y Señor de señores*. Alégrate de que tu nombre está escrito con tinta indeleble en el *libro de la Vida del Cordero*. Aparta tiempo para disfrutar en mi Presencia. Habla o canta alabanzas; lee las Escrituras y ora. ¡Deléitate asimismo en la maravillosa verdad de que *nada en toda la creación te podrá apartar de mi Amor!*

> *Sácianos de tu amor por la mañana,*
> *y toda nuestra vida cantaremos de alegría.*
> —SALMOS 90.14

> *En su manto y sobre el muslo lleva escrito este nombre:*
> *Rey de reyes y Señor de señores.*
> —APOCALIPSIS 19.16

> *Nunca entrará en ella nada impuro, ni los idólatras ni los farsantes, sino solo aquellos que tienen su nombre escrito en el libro de la vida, el libro del Cordero.*
> —APOCALIPSIS 21.27

LEE TAMBIÉN: ROMANOS 8.39

Yo soy tu Señor viviente, tu Roca, tu Dios-Salvador. Dedica un tiempo a pensar en mi grandeza y mi compromiso infinito contigo. Vives en una cultura en la que la gente se resiste a hacer compromisos. Incluso aquellos que dicen: «Sí, acepto», a menudo cambian de opinión a última hora. Sin embargo, yo soy tu Amigo para siempre y el Amor eterno de tu alma. ¡Puedes estar seguro de mi Amor!

En lugar de preocuparte por los problemas de tu vida y tu mundo, recuerda quién soy yo. No solo soy tu Señor viviente y tu Roca inmutable, sino que también soy *Dios tu Salvador.* ¡Debido a que soy el Dios eterno, mi muerte en la cruz por tus pecados *te salva por completo!* Así que no tienes que preocuparte de que vaya a dejar de amarte porque tu comportamiento pudiera no haber sido lo suficiente bueno. Es *mi* bondad y *mi* justicia las que te conservan seguro en mi Amor. Deja que mi compromiso interminable contigo sea un consuelo en tu caminar por este mundo lleno de problemas. Algún día vas a vivir conmigo en el paraíso.

¡El Señor vive! ¡Alabada sea mi roca!
¡Exaltado sea Dios mi Salvador!
—Salmos 18.46

Por eso también puede salvar por completo a los que por medio de él
se acercan a Dios, ya que vive siempre para interceder por ellos.
—Hebreos 7.25

Al que no cometió pecado alguno, por nosotros Dios lo trató como
pecador, para que en él recibiéramos la justicia de Dios.
—2 Corintios 5.21

ESPERA EN MI PRESENCIA. Hay muchos beneficios —espirituales, emocionales y físicos— al pasar tiempo conmigo. Sin embargo, muchos de mis hijos creen que esto es un lujo que no pueden permitirse. Aunque saben que necesitan descansar y permanecer en quietud, persisten en su acelerado estilo de vida. Quiero que *tú* organices tus prioridades de una manera tal que puedas tener algunos momentos de descanso conmigo. Voy a refrescar tu alma y fortalecerte para el camino que queda por delante.

Ten valor. Vivir en este mundo quebrantado y corrompido requiere valentía de tu parte. Puesto que la valentía no es una característica en muchos de los corazones de los seres humanos, vas a necesitar mi ayuda para *ser fuerte y valiente.* A pesar de todos los acontecimientos alarmantes en el mundo, no tienes por qué sentirte aterrorizado o desanimado. Disciplínate para *tenerme en tus pensamientos* una y otra y otra vez. Encuentra consuelo en mi promesa de *acompañarte dondequiera que vayas.*

Continúa en tus esfuerzos a fin de ser valiente, y búscame para que te ayude. *Yo fortaleceré tu corazón.*

> *Pon tu esperanza en el SEÑOR;*
> *ten valor, cobra ánimo;*
> *¡pon tu esperanza en el SEÑOR!*
> —SALMOS 27.14

Ya te lo he ordenado: ¡Sé fuerte y valiente! ¡No tengas miedo ni te desanimes!
Porque el SEÑOR tu Dios te acompañará dondequiera que vayas.

—JOSUÉ 1.9

LEE TAMBIÉN: HEBREOS 3.1

¡NUNCA SUBESTIMES EL PODER DE LA ORACIÓN! Hay personas que cuando se sienten desanimadas y desesperanzadas suelen decir: «No hay nada más que hacer, sino solo orar». La implicación es que para ellos este es su último recurso y bastante débil. ¡Nada podría estar más lejos de la verdad!

Yo creé a la humanidad con la capacidad de comunicarse conmigo. Puesto que *soy el Rey eterno, inmortal e invisible* del universo, este es un sorprendente privilegio. Aun cuando la raza humana se corrompió con el pecado de la desobediencia de Adán y Eva, no invalidé este glorioso privilegio. Y cuando viví en tu mundo como un hombre de carne y hueso, siempre dependí de la oración a mi Padre. Fui muy consciente de la necesidad de ayuda que tenía.

La oración persistente y sincera te bendecirá no solo a ti, sino también a tu familia, amigos, iglesia e incluso a tu país. Pídele al Espíritu Santo que te ayude a orar de manera eficaz. Únete a otros en esta aventura de buscar mi Rostro en humildad y arrepentimiento. Ruégame para que *restaure tu tierra.*

> *...porque por medio de él fueron creadas todas las cosas*
> *en el cielo y en la tierra, visibles e invisibles,*
> *sean tronos, poderes, principados o autoridades:*
> *todo ha sido creado por medio de él y para él.*
> —COLOSENSES 1.16

> *Por tanto, al Rey eterno, inmortal, invisible, al único Dios,*
> *sea honor y gloria por los siglos de los siglos. Amén.*
> —1 TIMOTEO 1.17

LEE TAMBIÉN: MATEO 14.23; 2 CRÓNICAS 7.14

REFÚGIENSE EN MÍ Y EN MI FUERZA; busca mi Rostro siempre. Deja que tu corazón se alegre cada vez que me buscas.

Imagínate a una pareja de enamorados. Cuando el hombre va a visitar a su prometida, ella no abre la puerta y dice despreocupadamente: «¡Oh, eres tú!». Ni él mira por sobre el hombro de ella y pregunta: «¿Tienes algo para comer?». En lugar de eso, sus corazones saltan de alegría, porque están juntos. Tú eres mi prometida, y yo soy el amor de tu alma para siempre. ¡Regocíjate en el sorprendente afecto que te tengo!

Gloríate en mi santo Nombre. Mi Nombre es santo porque *me* representa. Este Nombre está *sobre todo nombre*, y tú puedes utilizarlo libremente para comunicarte conmigo y ofrecerme tu adoración. Gozas del privilegio de tener un acceso fácil a mí. Algunas personas se glorían en su riqueza, sus logros, su belleza o su fama. Sin embargo, yo te invito a que te glories en mi, tu Salvador, Señor y Amigo. Al glorificarme, estarás fortaleciéndote, deleitándote y otorgándole poder a tus oraciones y Gozo a tu corazón.

> *¡Gloríense en su nombre santo!*
> *¡Alégrense de veras los que buscan al Señor!*
> *¡Refúgiense en el SEÑOR y en su fuerza,*
> *busquen siempre su presencia!*
> —1 CRÓNICAS 16.10, 11

> *El celo que siento por ustedes proviene de Dios, pues los tengo prometidos a un solo esposo, que es Cristo, para presentárselos como una virgen pura.*
> —2 CORINTIOS 11.2

LEE TAMBIÉN: JUAN 15.13, 14; FILIPENSES 2.9, 10

CUANDO LA PLANIFICACIÓN y los problemas ocupan tu mente, acude a mí y pronuncia mi Nombre. Deja que la Luz de mi Presencia brille en ti mientras te alegras en *mi gran Amor*. Dame las gracias por velar permanente y amorosamente por ti. Afirma tu confianza en mí y exprésame tu devoción. Después, pídeme que ilumine el camino que tienes por delante y te ayude a planear lo que necesitas hacer y lo que no, a enfrentar los problemas que debes atender, y a no dejar que las preocupaciones y los miedos se conviertan en el centro de tus pensamientos.

Mantén tu atención en mí tan a menudo como puedas, y yo aclararé tu forma de ver las cosas. Satura tu mente y tu corazón con las Escrituras, leyéndolas, estudiándolas y memorizando versículos que sean especialmente útiles para ti en una situación dada. *Mi Palabra es una lámpara a tus pies y una Luz en tu sendero*.

Si sigues estas pautas, tu preocupación por la planificación y los problemas disminuirá, lo que dejará espacio en tu vida para más de mí. ¡Deléitate en *la alegría de mi Presencia*!

¡Que den gracias al SEÑOR por su gran amor,
por sus maravillas en favor de los hombres!
¡Que ofrezcan sacrificios de gratitud,
y jubilosos proclamen sus obras!
—SALMOS 107.21, 22

Depositen en él toda ansiedad, porque él cuida de ustedes.
—1 PEDRO 5.7

LEE TAMBIÉN: SALMOS 119.105; HECHOS 2.28

AGOSTO 7

Yo soy el Único que mantiene tu lámpara encendida e ilumino tus tinieblas. A veces, cuando estás *cansado y cargado*, puedes sentir como si tu lámpara estuviera a punto de apagarse. Parece que el parpadeo y el chisporroteo anunciaran que el combustible estuviera a punto de agotarse. Cada vez que esto te suceda, acude a mí en busca de ayuda. Inhala profundamente en mi Presencia y recuerda que *yo* soy el Único que puede proveerle a tu lámpara combustible. ¡Yo soy *tu Fuerza*!

También soy tu Luz. Mantente en contacto conmigo y así permitirás que la Gloria de mi Presencia inunde tu vida. Mi belleza radiante te iluminará y cambiará tu perspectiva. Si te alejas de mí y olvidas que estoy contigo, tu existencia se tornará tenebrosa. Es cierto que en este mundo caído en el que habitas hay mucha oscuridad. Sin embargo, *yo soy la Luz que resplandece en la oscuridad.* Por eso, no tienes que alejarte de mí ni dejarte atrapar por el miedo, hijo mío. Créeme de todo corazón: no importa cuán sombrías las cosas puedan parecer, *yo transformaré tu oscuridad en Luz.*

> *Tú, Señor, mantienes mi lámpara encendida;*
> *tú, Dios mío, iluminas mis tinieblas.*
> —Salmos 18.28

> *Vengan a mí todos ustedes que están cansados y agobiados,*
> *y yo les daré descanso.*
> —Mateo 11.28

> *¡Cuánto te amo, Señor, fuerza mía!*
> —Salmos 18.1

Lee también: Juan 1.5

TEMER A LOS HOMBRES RESULTA UN TRAMPA. Una trampa es una especie de lazo, algo que te enreda, haciendo difícil que puedas escapar. «Temer a los hombres» implica estar demasiado preocupado por lo que otros piensen de ti. Verte a ti mismo a través de los ojos de otros es malsano e inmoral. Este miedo puede ser paralizante y está lleno de distorsiones. El punto de vista de los demás puede estar distorsionado debido a su propia naturaleza pecaminosa. Además, es casi imposible saber lo que realmente piensan de ti. Cuando te ves a ti mismo desde la perspectiva de otros, estás añadiendo tu propia distorsión a la de ellos. Al esforzarte por presentarte como una «persona» aceptable a los ojos de los demás, caes en la trampa.

Si te das cuenta de que el miedo a los hombres te está motivando —controlando tus pensamientos y conducta— ven a mí. Si me lo pides, te perdonaré por hacer de otros puntos de vista un ídolo; te ayudaré a liberarte de esos lazos. Afirma tu confianza en mí y date tiempo para disfrutar de mi Presencia. ¡En la medida que te olvides de ti mismo y te concentres en mí, tu amado Señor, serás cada vez más libre!

> *Temer a los hombres resulta una trampa,*
> *pero el que confía en el SEÑOR sale bien librado.*
> —PROVERBIOS 29.25

> *Si confesamos nuestros pecados, Dios, que es fiel y justo,*
> *nos los perdonará y nos limpiará de toda maldad.*
> —1 JUAN 1.9

> *Ahora bien, el Señor es el Espíritu; y, donde está el*
> *Espíritu del Señor, allí hay libertad.*
> —2 CORINTIOS 3.17

Ven, descansa conmigo, mi amado. Aunque muchas tareas te estén llamando, urgiéndote para que les des prioridad, yo sé qué es lo que más necesitas: *quedarte quieto* en mi Presencia. Respira hondo y fija tu mirada en mí. Al volver tu atención a mí, deja que tus preocupaciones se deslicen sin afectarte en lo más mínimo. Esto te permitirá relajarte y disfrutar de mi cercanía. ¡Yo nunca estoy lejos de ti!

Medita en las Escrituras; búscame en la Biblia. Deja que sus palabras llenas de gracia y verdad penetren hasta las profundidades de tu alma y te acerquen a mí. *Mi Palabra es viva y poderosa*, por lo que puede infundir vida fresca en ti.

Cuando sea el momento de volver a tus ocupaciones, llévame contigo. Inclúyeme en tus planes y en la solución de tus problemas. Me interesa todo lo que haces, dices y piensas. Susurra mi nombre, «Jesús», en dulce recordatorio de mi cercanía. *Reconóceme en todos tus caminos,* porque yo soy el Señor de tu vida.

> «Quédense quietos, reconozcan que yo soy Dios.
> ¡Yo seré exaltado entre las naciones!
> ¡Yo seré enaltecido en la tierra!»
> —Salmos 46.10

> Ciertamente, la palabra de Dios es viva y poderosa, y más cortante que cualquier espada de dos filos. Penetra hasta lo más profundo del alma y del espíritu, hasta la médula de los huesos, y juzga los pensamientos y las intenciones del corazón.
> —Hebreos 4.12

> Reconócelo en todos tus caminos,
> y él allanará tus sendas.
> —Proverbios 3.6

Te estoy entrenando para que seas un vencedor, para que encuentres Gozo en medio de las circunstancias que antes te habrían derrotado. Tu capacidad para trascender los problemas se basa en este principio, sólido como una roca: *yo he vencido al mundo*; ¡ya he obtenido la victoria final! No obstante, como te he enseñado, *tendrás aflicciones en este mundo*. Así es que espera encontrarte con muchas dificultades a medida que avanzas por la vida. Tú habitas un planeta que siempre está en guerra, y el enemigo de tu alma nunca descansa. Sin embargo, no tengas miedo, *porque el que está en ti es más poderoso que el que está en el mundo*. ¡Esta es una buena razón para regocijarse!

Cuando te halles en medio de circunstancias difíciles, es crucial mantenerte confiando en mí. Susurra tan a menudo como sientas que lo necesitas: «Yo confío en ti, Jesús», recordando que estoy siempre cerca. Pídeme ayuda a fin de que aprendas todo lo que tengo para ti en esta prueba. Busca las flores de Gozo que crecen en el rico suelo de la adversidad. *Yo te miro con agrado*, mi amado.

> *Yo les he dicho estas cosas para que en mí hallen paz. En este mundo afrontarán aflicciones, pero ¡anímense! Yo he vencido al mundo.*
> —Juan 16.33

> *Ustedes, queridos hijos, son de Dios y han vencido a esos falsos profetas, porque el que está en ustedes es más poderoso que el que está en el mundo.*
> —1 Juan 4.4

> *El Señor está cerca de quienes lo invocan, de quienes lo invocan en verdad.*
> —Salmos 145.18

Lee también: Números 6.25

MI ROSTRO ESTÁ BRILLANDO SOBRE TI, mi amado. Dedica un tiempo a descansar en mi Luz gozosa, y procura conocerme como realmente soy. Siempre estoy cerca de ti, más cerca que el aire que respiras. Estar consciente de mi amorosa Presencia es una gran bendición. Sin embargo, lo más importante es *confiar* en que me encuentro contigo, independientemente de lo que estés experimentando.

Yo soy inmanente: estoy presente en todas partes, a través del universo entero. También soy trascendente: existo por sobre e independientemente del universo. Yo soy *el Rey eterno, inmortal, invisible, el único Dios. Como los cielos son más altos que la tierra, así mis caminos y mis pensamientos son más altos que los de ustedes.* Por eso, no esperes entenderme completamente a mí o a mis caminos. Cuando las cosas no salgan como deseas, inclínate ante mi infinita *sabiduría y conocimiento. Mis juicios son indescifrables y mis caminos impenetrables,* pero son buenos. Recuerda el ejemplo de Job. Cuando su familia experimentó múltiples desastres, él *se dejó caer al suelo en actitud de adoración.* ¡Yo estoy más allá de todos tus problemas!

> *Por tanto, al Rey eterno, inmortal, invisible, al único Dios,*
> *sea honor y gloria por los siglos de los siglos. Amén.*
> —1 TIMOTEO 1.17

> *Mis caminos y mis pensamientos*
> *son más altos que los de ustedes;*
> *¡más altos que los cielos sobre la tierra!*
> —ISAÍAS 55.9

LEE TAMBIÉN: ROMANOS 11.33; JOB 1.20

CUANDO EN EL CAMINO DE LA VIDA te encuentres enfrentando dificultades que parezcan superiores a tus fuerzas, quiero que *te consideres muy dichoso*. Al hacerle frente de esta manera a tales «imposibilidades», *mis brazos eternos* estarán abiertos y listos para acogerte, calmarte y ayudarte a hacer lo que sea necesario en tales casos. No tienes por qué perder la alegría cuando te encuentres en medio de las perplejidades de tus problemas, porque yo soy *Dios, tu Libertador*, y ya he hecho el milagro más grande en tu vida: salvarte de tus pecados. Si te mantienes con la vista fija en mí, tu Señor resucitado y Rey, tu pesimismo terminará dándole paso a la valentía. Aunque eres una criatura terrenal, nuestras almas comparten mi victoria eterna.

Tengo un Poder infinito, de manera que mi especialidad son las «imposibilidades». Me deleito en ellas, porque despliegan mi Gloria muy vívidamente. En cuanto a ti, te ayudan a vivir de la manera en que lo planeé: con gozo, confiando en tu dependencia de mí. La próxima vez que te enfrentes a una situación «imposible», búscame inmediatamente con un corazón lleno de esperanza. Reconoce tu total incapacidad y aférrate a mí, confiando en mi suficiencia infinita. *¡Para mí, todo es posible!*

Hermanos míos, considérense muy dichosos cuando tengan que enfrentarse con diversas pruebas, pues ya saben que la prueba de su fe produce constancia.
—SANTIAGO 1.2, 3

El Dios eterno es tu refugio;
por siempre te sostiene entre sus brazos.
Expulsará de tu presencia al enemigo
y te ordenará que lo destruyas.
—DEUTERONOMIO 33.27

LEE TAMBIÉN: HABACUC 3.17, 18; MATEO 19.26

NO IMPORTA CÓMO TE SIENTAS en este momento, recuerda que *no es-tás bajo juicio. No hay ninguna condenación para los que están unidos a mí*, los que me conocen como Salvador. Ya has sido juzgado en los tribunales del cielo y declarado «¡No culpable!».

Yo vine a la tierra para hacerte libre de la esclavitud del pecado. Mi deseo es verte viviendo con alegría dentro de esa libertad. Aprende a disfrutar de tu situación como una persona libre de culpa en mi reino, negándote a sentirte agobiado o encadenado. El mundo está en una condición caída donde el pecado y el mal abundan… ¡pero *yo he ven-cido al mundo*!

La mejor respuesta a la gracia que te he prodigado es el agrade-cimiento, una gratitud que alimenta el deseo de vivir de acuerdo a mi voluntad. Mientras más cerca vivas de mí, mejor podrás discernir mi voluntad; además, podrás experimentar más mi Paz y mi Gozo. Conocerme íntimamente te ayudará a confiar en mí lo suficiente como para recibir mi Paz incluso en medio de los problemas. *Vivir lleno de gratitud* tiene el encantador «efecto secundario» de aumentar tu Gozo. ¡Mi amado, vive libre y gozosamente en mi Presencia!

> *Por lo tanto, ya no hay ninguna condenación para los que están unidos a Cristo Jesús.*
> —ROMANOS 8.1

> *Así que, si el Hijo los libera, serán ustedes verdaderamente libres.*
> —JUAN 8.36

LEE TAMBIÉN: JUAN 16.33; COLOSENSES 2.6, 7

YO *TE DEVOLVERÉ EL GOZO DE MI SALVACIÓN*. Cuando me confiesas tus pecados con un corazón humilde, con mucho gusto te perdono. Sin embargo, hay más: yo te restauro. ¡*La salvación de tu alma* es la fuente de un *Gozo indecible y glorioso*! Quiero que vuelvas a experimentar el rico y profundo placer de una relación estrecha conmigo. Deseo ser tu *Primer Amor*.

Muchas personas y cosas compiten por tu atención, por lo que mantenerme a mí en el primer lugar en tu corazón requiere diligencia. Es posible que hayas desarrollado formas de buscarme que te son familiares y fáciles. Sin embargo, el peligro de confiar demasiado en la rutina es que puede convertirse en una tediosa obligación. Cuando te des cuenta de que esto está sucediendo en tu vida, detente e intenta algo nuevo. Recuerda que yo soy Rey de reyes, Señor de señores, y Creador-Sustentador de este vasto e increíble universo. Dedica un tiempo extra a adorarme y alabarme antes de traer ante mí otras oraciones y peticiones. Esto despertará tu corazón a *mi Gloria* y al Gozo de mi Presencia.

> *Devuélveme la alegría de tu salvación;*
> *que un espíritu obediente me sostenga.*
>
> —SALMOS 51.12

> *Ustedes lo aman a pesar de no haberlo visto; y, aunque no lo ven*
> *ahora, creen en él y se alegran con un gozo indescriptible y glorioso,*
> *pues están obteniendo la meta de su fe, que es su salvación.*
>
> —1 PEDRO 1.8, 9

LEE TAMBIÉN: APOCALIPSIS 2.4; JUAN 17.24

*ME BUSCARÁS Y ME ENCONTRARÁS cuando me busques de todo cora-
zón*. Esta es una deliciosa asignación, pero también un reto bastante
difícil. Pasar tiempo disfrutando de mi Presencia es un privilegio reservado solo a los que me conocen como Salvador y Señor. A fin de
maximizar los beneficios de esta experiencia preciosa, necesitas buscarme de todo corazón. Sin embargo, tu mente es a menudo un des-
orden enmarañado y desenfocado. Busca la ayuda de mi Espíritu para
que proteja tu mente y tu corazón de distracciones, distorsiones, engaños, ansiedades y otros enredos. Esto te ayudará a poner en orden tus
pensamientos y a calmar tu corazón, liberándote para que *me busques*
sin ninguna clase de obstáculos.

Quiero que me busques no solo en los momentos de quietud,
sino también cuando estás involucrado en otros asuntos. Tu cerebro
asombroso es capaz de concentrarse en mí, incluso cuando te encuentras ocupado. La simple oración: «Jesús, mantenme consciente de tu
Presencia» puede servirte como una suave música de fondo, sonando
continuamente por debajo de otras actividades mentales. Si *muestras
un carácter firme, yo te guardaré en perfecta Paz*.

Me buscarán y me encontrarán cuando me busquen de todo corazón.
—JEREMÍAS 29.13

*No temerá recibir malas noticias;
su corazón estará firme, confiado en el SEÑOR.*
—SALMOS 112.7

LEE TAMBIÉN: ISAÍAS 26.3

BENDECIRÉ A MI PUEBLO CON LA PAZ. Esta promesa bíblica es para todo aquel que confía en mí como Salvador. Así que cuando te sientas ansioso, ora: «Señor Jesús, bendíceme con tu Paz». Esta breve y sencilla oración te conectará conmigo y te predispondrá para recibir mi ayuda.

En mi reino, la paz y la confianza en mí se entrelazan estrechamente. Mientras más te apoyes en mí con una confiada dependencia, menos miedo vas a tener. *Si tu corazón está firme y confiado en mí*, no tienes que *asustarte por las malas noticias.* Debido a que yo soy a la vez soberano y bueno, puedes estar seguro de que este mundo no está girando fuera de control. En el mundo *hay* un sinfín de malas noticias, pero yo no estoy retorciéndome las manos con impotencia. Estoy trabajando sin cesar —aun en las situaciones más devastadoras— para producir el bien a partir del mal.

Mi reino tiene que ver con transformación. Te invito a que te unas a mí en este esfuerzo. *Vive como hijo de Luz.* Juntos vamos a atraer a otros desde la oscuridad a la Luz de mi Presencia transformadora.

> *El SEÑOR fortalece a su pueblo;*
> *el SEÑOR bendice a su pueblo con la paz.*
>
> —SALMOS 29.11

> *No temerá recibir malas noticias;*
> *su corazón estará firme, confiado en el SEÑOR.*
>
> —SALMOS 112.7

> *Porque ustedes antes eran oscuridad, pero ahora son luz en el Señor.*
> *Vivan como hijos de luz (el fruto de la luz consiste en toda bondad,*
> *justicia y verdad) y comprueben lo que agrada al Señor.*
>
> —EFESIOS 5.8-10

Mi pueblo escogido es santo y amado. Yo sé que tú no eres perfecto ni estás libre de pecado, pero *para mí eres santo.* Y lo eres porque te veo envuelto en el resplandor de mi justicia. Debido a que crees en mí, estás cubierto para siempre con una justicia perfecta. También eres amado tiernamente. Deja que esta verdad transformadora se filtre hasta lo más hondo de tu corazón, mente y espíritu. *Amado* es tu identidad más profunda y auténtica. Cuando te mires en el espejo, afírmate: «*Soy de mi Amado*». Repite estas cuatro palabras a lo largo del día y justo antes de dormirte.

Recordar que eres perfectamente amado por *el Rey de la Gloria* le ofrece un sólido fundamento a tu vida. Con tu identidad segura en mí, puedes relacionarte mejor con otros. Quiero que te *revistas de afecto entrañable y de bondad, humildad, amabilidad y paciencia.* Trabaja en el desarrollo de estas cualidades en tu relación con otras personas. El Espíritu Santo te ayudará. Él vive en ti y se deleita en obrar a través de ti, bendiciendo a otros *y* a ti mismo.

> *Por lo tanto, como escogidos de Dios, santos y amados, revístanse de afecto entrañable y de bondad, humildad, amabilidad y paciencia.*
> —COLOSENSES 3.12

> *Dios nos escogió en él antes de la creación del mundo, para que seamos santos y sin mancha delante de él. En amor*
> —EFESIOS 1.4

> *Yo soy de mi amado, y mi amado es mío;*
> *él apacienta su rebaño entre azucenas.*
> —CANTAR DE LOS CANTARES 6.3

LEE TAMBIÉN: SALMOS 24.10

TE SIENTES ABRUMADO por las frustraciones de ayer. ¡Cómo quisieras no haber hecho algunas decisiones de las que ahora te arrepientes! Sin embargo, lamentablemente, el pasado está más allá del ámbito de los cambios y ya no se puede deshacer. Incluso yo, que vivo en la intemporalidad, respeto los límites de tiempo que existen en tu mundo. Así que no gastes tus energías quejándote de las malas decisiones que hiciste. En lugar de eso, pídeme que perdone tus pecados y te ayude a aprender de tus errores.

No me gusta ver a mis hijos frustrados por los fallos cometidos en el pasado, arrastrándolos por ahí como si fueran pesadas cadenas sujetas a tus piernas. Cuando te sientas así, imagínate que estoy rompiendo esas cadenas y quitándotelas. Yo vine para darles libertad a mis amados. ¡Tú eres *verdaderamente libre*!

Alégrate de que te redimo de tus fracasos y frustraciones, perdonándote y llevándote por experiencias y caminos nuevos. Háblame de tus errores y prepárate para *aprender de mí*. Pídeme que te muestre los cambios que quiero que hagas. Yo te *guiaré por sendas de justicia*.

Vengan a mí todos ustedes que están cansados y agobiados, y yo les daré descanso. Carguen con mi yugo y aprendan de mí, pues yo soy apacible y humilde de corazón, y encontrarán descanso para su alma.
—MATEO 11.28, 29

Así que, si el Hijo los libera, serán ustedes verdaderamente libres.
—JUAN 8.36

LEE TAMBIÉN: SALMOS 23.3

ALÉGRATE EN TU DEPENDENCIA DE MÍ. Este es un lugar lleno de maravillosa seguridad. Las personas que dependen de sí mismas, los demás o las circunstancias, están construyendo sus vidas sobre la arena. Cuando las tormentas vengan, se darán cuenta de que su cimiento es tan endeble que no podrá soportarlos. Tú, por tu parte, estás construyendo tu vida *sobre la roca*. Tu cimiento será más que suficiente para soportarte durante las tormentas de la vida.

Quiero que dependas de mí, no solo en los tiempos de tormenta, sino cuando el cielo de tu vida esté en calma. El proceso de prepararte para lo que sea que te espere en el futuro es una disciplina diaria. También es una fuente de gran Gozo. Depender de mí implica permanecer en comunicación conmigo, lo cual es un privilegio extraordinario. Estas ricas bendiciones te proveerán fuerza, aliento y orientación. Al permanecer en contacto conmigo, sabrás que no estás solo. Mientras *caminas a la Luz de mi Presencia,* te ayudaré *a alegrarte en mi nombre todo del día.* Depender de mí es la forma más gozosa de vivir.

Por tanto, todo el que me oye estas palabras y las pone en práctica es como un hombre prudente que construyó su casa sobre la roca. Cayeron las lluvias, crecieron los ríos, y soplaron los vientos y azotaron aquella casa; con todo, la casa no se derrumbó porque estaba cimentada sobre la roca. Pero todo el que me oye estas palabras y no las pone en práctica es como un hombre insensato que construyó su casa sobre la arena. Cayeron las lluvias, crecieron los ríos, soplaron los vientos y azotaron aquella casa. Esta se derrumbó, y grande fue su ruina.

—MATEO 7.24-27

Estén siempre alegres, oren sin cesar,
—1 TESALONICENSES 5.16, 17

LEE TAMBIÉN: SALMOS 89.15, 16

ENCUENTRA TU SEGURIDAD EN MÍ. Mientras que el mundo en que habitas parece cada vez más inseguro, dirige tu atención a mí cada vez con mayor frecuencia. Recuerda que yo estoy contigo en *todo* momento, y que ya he ganado la victoria final. Debido a que *yo estoy en ti y tú en mí,* tienes esperándote por delante una eternidad de vida perfecta y libre de tensiones. En el cielo no habrá ni sombra de miedo o preocupación. Una adoración reverencial *al Rey de la Gloria* te inundará con inimaginable Gozo.

Deja que esta *esperanza* te fortalezca y anime mientras estás viviendo en este mundo tan profundamente caído. Cuando empieces a sentirte ansioso por algo que has visto, oído o pensado, trae esa preocupación ante mí. Acuérdate que yo soy el Único que te da seguridad en toda circunstancia. Si descubres que tu mente está desviándose hacia alguna forma idolátrica de falsa seguridad, recuérdate: «*Eso* no es lo que me da seguridad». Y luego, búscame con confianza y piensa en quién soy yo: el Salvador-Dios victorioso que es tu Amigo para siempre. ¡En mí estás absolutamente seguro!

> *En aquel día ustedes se darán cuenta de que yo estoy en mi Padre, y ustedes en mí, y yo en ustedes.*
> —JUAN 14.20

> *Eleven, puertas, sus dinteles;*
> *levántense, puertas antiguas,*
> *que va a entrar el Rey de la gloria.*
> —SALMOS 24.7

LEE TAMBIÉN: PROVERBIOS 23.18

Pon tu confianza en mí y podrás descubrir *mi Amor inagotable* alumbrándote en medio de tus problemas y necesidades. Cuando estés luchando con el desánimo, necesitas afirmar tu confianza en mí una y otra vez. Es muy importante que no olvides quién soy yo: el Creador y Sustentador del universo, así como tu Salvador, Señor y Amigo. Puedes contar conmigo, pues mi Amor por ti es inagotable. Nunca se acaba ni se debilita y no depende de lo bien que te comportes. Justo como *soy el mismo ayer, hoy y por los siglos,* así es de perfecto mi Amor.

Eleva tu alma a mí esperando en mi Presencia sin pretensiones ni demandas. Al dedicar tiempo a esperar y adorar, poco a poco te voy transformando y abriendo la senda delante de ti. No te revelaré necesariamente cosas futuras, pero paso a paso *te señalaré el camino que debes seguir* hoy. Así que, mi amado, confía en mí de todo corazón, porque yo estoy atento para cuidarte maravillosamente bien.

> *Por la mañana hazme saber de tu gran amor,*
> *porque en ti he puesto mi confianza.*
> *Señálame el camino que debo seguir,*
> *porque a ti elevo mi alma.*
> —Salmos 143.8

> *Dios, que muchas veces y de varias maneras habló a nuestros antepasados en otras épocas por medio de los profetas, en estos días finales nos ha hablado por medio de su Hijo. A este lo designó heredero de todo, y por medio de él hizo el universo.*
> —Hebreos 1.1, 2

> *Jesucristo es el mismo ayer y hoy y por los siglos.*
> —Hebreos 13.8

Yo soy la Luz; en mí no hay ninguna oscuridad. Yo, tu Dios, soy perfecto en todos los sentidos. En mí no hay ni siquiera un ápice de maldad. Tú vives en un mundo donde el mal y la impiedad proliferan sin control. Pero recuerda: *¡Yo soy la Luz que sigue brillando en las tinieblas!* Nada puede extinguir —o incluso disminuir— la perfección de mi brillantez eterna. Algún día serás capaz de ver mi esplendor en toda su Gloria y experimentarás el Gozo en una manera inimaginable. Sin embargo, por ahora debes *vivir por fe, no por vista.*

Cuando los acontecimientos en el mundo o tu vida privada amenacen con perturbarte, agárrate de mi mano con confiada determinación. Niégate a ser intimidado por el mal; en lugar de eso, *vence el mal con el bien.* Yo estoy contigo, y ya he ganado la batalla final y decisiva mediante mi crucifixión y resurrección. *Nada* podrá anular estos acontecimientos impresionantes que perforaron la oscuridad para que mi brillo deslumbrante pudiera irrumpir y volcarse en los corazones de mis seguidores. Pasa tiempo disfrutando en esta santa Luz, porque mi Rostro está brillando sobre ti.

> *Este es el mensaje que hemos oído de él y que les anunciamos:*
> *Dios es luz y en él no hay ninguna oscuridad.*
> —1 JUAN 1.5

> *Esta luz resplandece en las tinieblas,*
> *y las tinieblas no han podido extinguirla.*
> —JUAN 1.5

> *Vivimos por fe, no por vista.*
> —2 CORINTIOS 5.7

LEE TAMBIÉN: ROMANOS 12.21

AGOSTO 23

CUANDO TENGAS QUE ENFRENTARSE con diversas pruebas, considéralo como una feliz oportunidad. No malgastes tu energía lamentándote por cómo son las cosas o deseando volver al ayer. Recuerda que yo soy soberano, poderoso y amoroso; además, yo estoy contigo para ayudarte. En lugar de sentirte acongojado por todas las dificultades que encuentres en el camino, aférrate a mi mano con total confianza y seguridad. ¡Aunque seas incapaz de manejar tus problemas solo, tú y yo *juntos* podemos emprender con éxito cualquier tarea! Si analizas tus circunstancias desde esta perspectiva, puedes sentirte gozoso incluso en medio de tus luchas.

Tú no solo tienes mi Presencia contigo, sino que mi Espíritu también mora dentro de ti. Él está siempre dispuesto a ayudar; por eso, busca su ayuda tan a menudo como sientas que la necesitas. Una de las partes más difíciles en esto de tratar con múltiples pruebas es esperar que se resuelvan. Puesto que la paciencia es parte del fruto del Espíritu, él puede ayudarte a soportar la espera. No trates de dejar atrás los tiempos difíciles a toda prisa. En cambio, persevera con paciencia, sabiendo que *la constancia debe llevar a feliz término la obra* haciendo de ti *una persona perfecta e íntegra.*

> *Hermanos míos, considérense muy dichosos cuando*
> *tengan que enfrentarse con diversas pruebas.*
> —SANTIAGO 1.2

> *En cambio, el fruto del Espíritu es amor, alegría, paz, paciencia, amabilidad,*
> *bondad, fidelidad, humildad y dominio propio. No hay ley que condene estas cosas.*
> —GÁLATAS 5.22, 23

LEE TAMBIÉN: ROMANOS 12.12; SANTIAGO 1.4

VEN A MÍ SI TE SIENTES CANSADO, y yo te daré descanso. Conozco la profundidad y la amplitud de tu cansancio. Nada se oculta de mí. Hay un tiempo para seguir insistiendo, cuando las circunstancias lo requieren, y un tiempo para descansar. Incluso yo, que tengo una energía infinita, descansé el séptimo día después de haber completado mi obra de creación.

Busca mi Rostro, y luego simplemente quédate en mi amorosa Presencia mientras proyecto mi luminosidad sobre ti. Deja que tus pasajes favoritos de las Escrituras discurran a través de tu cerebro, refrescando tu corazón y tu espíritu. Si algo que no quieres olvidar viene a tu mente, anótalo; luego, vuelve tu atención a mí. Mientras descansas conmigo, mi Amor se filtrará hasta lo más profundo de tu ser. En tales circunstancias, es posible que desees expresar tu amor por mí mediante susurros, palabras, canciones.

Quiero que sepas que yo te apruebo y también tus descansos. Cuando te relajes en mi Presencia, confiando en mi obra terminada en la cruz, tanto tú como yo nos sentiremos reconfortados.

> *Vengan a mí todos ustedes que están cansados y agobiados,*
> *y yo les daré descanso.*
> —MATEO 11.28

> *Al llegar el séptimo día, Dios descansó*
> *porque había terminado la obra que había emprendido.*
> —GÉNESIS 2.2

> *...el SEÑOR te mire con agrado*
> *y te extienda su amor;*
> —NÚMEROS 6.25

¡YO VIVO EN TI! Esta verdad en cuatro palabras lo cambian todo, mejoran maravillosamente tu vida tanto ahora como para siempre. No te preocupes acerca de si tienes un hogar adecuado para mí. Yo gozosamente me instalo en los corazones humildes de los creyentes, donde trabajo pacientemente en su renovación. Pero me niego a vivir en aquellas personas que piensan que son «lo suficientemente buenas» sin mí. He llamado a tales hipócritas *sepulcros blanqueados: hermosos por fuera pero pútridos por dentro.*

Al reflexionar sobre la verdad milagrosa de que *yo vivo en ti*, deja que tu corazón ¡reboce de alegría! Yo no soy un inquilino de término corto, que habito en alguien mientras me complace con su comportamiento y luego me voy. Yo he venido para quedarme en forma permanente. Te advierto, sin embargo, que mis renovaciones pueden ser a veces dolorosas. Cuando mi obra transformadora en ti produzca un intenso malestar, aférrate confiadamente a mí. *Vive por la fe en Aquel que te amó y se entregó a sí mismo por ti.* A medida que continúes cediendo a los cambios que estoy haciendo en tu vida, te convertirás más y más plenamente en la obra maestra que yo diseñé para que fueras.

> He sido crucificado con Cristo, y ya no vivo yo, sino que Cristo vive en mí. Lo que ahora vivo en el cuerpo, lo vivo por la fe en el Hijo de Dios, quien me amó y dio su vida por mí.
> —GÁLATAS 2.20

> ¡Ay de ustedes, maestros de la ley y fariseos, hipócritas!, que son como sepulcros blanqueados. Por fuera lucen hermosos, pero por dentro están llenos de huesos de muertos y de podredumbre.
> —MATEO 23.27

LEE TAMBIÉN: EFESIOS 2.10

NO IMPORTA LO QUE ESTÉ SUCEDIENDO EN TU VIDA, puedes *regocijarte en mí*, porque yo soy *tu Salvador*. Cuando Habacuc escribió sobre esto, su nación estaba esperando la invasión de los babilonios, *un pueblo despiadado, temible y espantoso*. Mientras pensaba en lo que podría ocurrir, Habacuc pudo alegrarse en su relación conmigo. Este tipo de Gozo es sobrenatural, hecho posible por medio del Espíritu Santo, que vive en todos mis seguidores.

El gozo y la gratitud están estrechamente conectados. *Dame gracias por mi gran amor; preséntate ante mí con cánticos de Gozo*. Mi amor por ti nunca dejará de ser, porque yo ya he pagado la pena completa por tus pecados. ¡Mi Amor no depende de ti! Mientras más gratitud me expreses por tu salvación, mi Amor y otras bendiciones, más consciente estarás de cuán bendecido en realidad eres. Y una actitud de agradecimiento aumentará tu Gozo. Puedes alimentar esta alegría dándome las gracias en tus oraciones silenciosas, escritas y dichas a viva voz, mediante frases susurradas y a través de la música. *¡Ven ante mí con cánticos de gozo!*

> *…aun así, yo me regocijaré en el SEÑOR,*
> *¡me alegraré en Dios, mi libertador!*
> —HABACUC 3.18

> *¡Que den gracias al SEÑOR por su gran amor,*
> *por sus maravillas en favor de los hombres!*
> *¡Que ofrezcan sacrificios de gratitud,*
> *y jubilosos proclamen sus obras!*
> —SALMOS 107.21, 22

LEE TAMBIÉN: HABACUC 1.6, 7; SALMOS 100.2

YO DOY FUERZA AL CANSADO, y aumento el poder de los débiles. Así que no te desanimes por tu debilidad. Hay muchos tipos de debilidades, y nadie está exento de alguna de ellas. Yo las uso para mantener a mis amados humildes y para prepararlos para que esperen en mí en confiada dependencia. He prometido que *los que esperan en mí tendrán nuevas fuerzas.*

Esta espera no está destinada a que se practique solamente *de vez en cuando.* Te diseñé para que me miraras continuamente, conociéndome como el *Viviente que te ve* siempre. Esperar y confiar en mí están estrechamente relacionados. A mayor cantidad de tiempo pasado conmigo, mayor será tu confianza. Y mientras más confías en mí, más tiempo querrás pasar conmigo. Esperar en medio de tus momentos también aumenta tu esperanza en mí. Esta esperanza te bendice en un sinnúmero de formas, elevándote por sobre tus circunstancias, capacitándote para *alabarme por la ayuda de mi Presencia.*

> *Él fortalece al cansado y acrecienta las fuerzas del débil.*
> —ISAÍAS 40.29

> *Aun los jóvenes se cansan, se fatigan,*
> *y los muchachos tropiezan y caen;*
> *pero los que confían en el SEÑOR*
> *renovarán sus fuerzas;*
> *volarán como las águilas:*
> *correrán y no se fatigarán,*
> *caminarán y no se cansarán.*
> —ISAÍAS 40.30, 31

LEE TAMBIÉN: GÉNESIS 16.14; SALMOS 42.5

Yo ESTOY CONTIGO, *y te protegeré por dondequiera que vayas.* Hay un viaje arriesgado esperándote y tú lo aguardas con una mezcla de sentimientos. En cierto sentido estás ansioso por comenzar esta nueva aventura. Incluso puedes estar esperando encontrar abundantes bendiciones a lo largo del camino. Sin embargo, una parte de ti tiene miedo de abandonar tu rutina predecible y confortable. Cuando los pensamientos de miedo te asalten, recuerda que yo estaré con mis ojos puestos sobre ti constantemente, dondequiera que estés. ¡El consuelo de mi Presencia es una promesa para siempre!

Tu mejor preparación para el viaje que tienes por delante es practicar mi Presencia cada día. Recuérdate con frecuencia: «Jesús está conmigo, teniendo buen cuidado de mí».

Visualízate tomado de mi mano mientras caminas. Confía en mí, tu Guía, para que te muestre el camino que tienes por delante a medida que avanzas paso a paso. Yo tengo un perfecto sentido de la orientación, así que no te preocupes de que te puedas perder. Relájate en mi Presencia, y regocíjate en la maravilla de compartir tu vida entera conmigo.

Yo estoy contigo. Te protegeré por dondequiera que vayas, y te traeré de vuelta a esta tierra. No te abandonaré husta cumplir con todo lo que te he prometido.
—GÉNESIS 28.15

Ya te lo he ordenado: ¡Sé fuerte y valiente! ¡No tengas miedo ni te desanimes! Porque el SEÑOR tu Dios te acompañará dondequiera que vayas.
—JOSUÉ 1.9

LEE TAMBIÉN: SALMOS 48 14

LA LUZ DE MI PRESENCIA alumbra sobre cada situación de tu vida: pasada, presente y futura. Yo te conocía desde *antes de la fundación del mundo y te he amado con un Amor eterno.* Nunca estás solo, de modo que búscame en cualquier momento. Búscame con la pasión con que se busca un tesoro escondido.

Trata de «verme» en medio de todas tus circunstancias y no dejes que oscurezcan tu visión de mí. A veces, yo despliego mi Presencia de maneras excepcionalmente hermosas. En otras ocasiones me muestro de formas sencillas y humildes, que solo tienen sentido para ti. Pídeme que abra tus ojos y tu corazón a fin de que puedas discernir *todas* mis comunicaciones dirigidas a ti, mi amado.

A medida que transcurra este día, recuerda que debes buscar la Luz de mi Presencia brillando en tu vida. No tengas un enfoque tan estrecho que solo te permita ver las responsabilidades y preocupaciones mundanas. En lugar de eso, expande tu enfoque para incluirme en tu perspectiva. *Me buscarás y me encontrarás, cuando me busques de todo corazón.*

Dios nos escogió en él antes de la creación del mundo, para que seamos santos y sin mancha delante de él. En amor.
—EFESIOS 1.4

Hace mucho tiempo se me apareció el SEÑOR *y me dijo:*
«Con amor eterno te he amado;
por eso te sigo con fidelidad,
—JEREMÍAS 31.3

LEE TAMBIÉN: SALMOS 89.15; JEREMÍAS 29.13

YO LE DOY A TUS PIES LA LIGEREZA DEL VENADO, y te hago caminar por las alturas. Creé al venado con la capacidad de escalar montañas escarpadas con facilidad y permanecer en las alturas con seguridad. Tu confianza en mí te puede dar la seguridad necesaria para *andar y avanzar en tus lugares altos de problemas, responsabilidades o sufrimientos.*

Es muy importante que recuerdes que vives en un mundo donde tus enemigos espirituales nunca declaran una tregua. Por eso tienes que mantenerte alerta y estar listo para la batalla. A diferencia de los guerreros que tienen subalternos que los ayudan a ponerse sus equipos, tú tienes que ponerte tu armadura solo cada día. No importa lo que pase, quiero que *cuando llegue el día malo puedas resistir hasta el fin con firmeza.* Cuando te encuentres en medio de la batalla, declara tu confianza en mí, tu seguridad de que yo estoy contigo, ayudándote. En algún momento te pudiera parecer como si estuvieras perdiendo la batalla, ¡pero no te rindas! Mantente firmemente tomado de mi mano y solo resiste. ¡Esto es victoria!

...da a mis pies la ligereza del venado,
y me mantiene firme en las alturas.

—2 SAMUEL 22.34

El SEÑOR omnipotente es mi fuerza;
da a mis pies la ligereza de una gacela
y me hace caminar por las alturas.

—HABACUC 3.19

Por lo tanto, pónganse toda la armadura de Dios, para que cuando
llegue el día malo puedan resistir hasta el fin con firmeza.

—EFESIOS 6.13

Yo soy tu Tesoro. Soy inmensamente más valioso que cualquier cosa que puedas ver, oír o tocar. *Conocerme* a mí es el Premio por sobre cualquier otro premio.

Con frecuencia, los tesoros terrenales se acumulan, se aseguran, son objeto de preocupación, o se esconden para salvaguardarlos. Sin embargo, las riquezas que tienes en mí nunca podrán perderse, ser robadas o echarse a perder. Por el contrario, al compartirme libremente con los demás estarás adquiriendo más de mí. Puesto que yo soy infinito, siempre habrá más de Persona que descubrir y amar.

Tu mundo se presenta a menudo fragmentado, con un sinnúmero de cosas —tanto grandes como pequeñas— que compiten por ganar tu atención. Todo eso tiende a impedirte que disfrutes de mi Presencia. *Te inquietas y preocupas por muchas cosas, pero solo una es necesaria.* Cuando haces de mí *esa «única cosa»*, estás escogiendo lo que nunca *nadie te quitará.* Regocíjate en mi permanente cercanía, y deja que tu conocimiento de mí ponga todo lo demás en perspectiva. ¡Yo soy el Tesoro que puede iluminar todos tus momentos!

> *Lo he perdido todo a fin de conocer a Cristo, experimentar el poder que se manifestó en su resurrección, participar en sus sufrimientos y llegar a ser semejante a él en su muerte.*
> —Filipenses 3.10

> *No acumulen para sí tesoros en la tierra, donde la polilla y el óxido destruyen, y donde los ladrones se meten a robar.*
> —Mateo 6.19

Lee también: Lucas 10.41, 42

Septiembre

Me guías con tu consejo, y más tarde me acogerás en gloria.
¿A quién tengo en el cielo sino a ti? Si estoy
contigo, ya nada quiero en la tierra.

SALMOS 73.24, 25

YO SOY TU FORTALEZA. Esta verdad sobre mí es especialmente valiosa en los días en que tus insuficiencias te están vapuleando, diciéndote que te rindas porque ya no puedes más. Conocerme como tu Fortaleza es igual a tener un guía que está siempre contigo, indicándote el camino que tienes por delante, quitando los obstáculos y proveyéndote el poder que te permita dar el siguiente paso. *Yo te sostengo de la mano derecha, y te guío con mi consejo.* Puesto que soy omnisciente, sabiéndolo todo, mi consejo te ofrece la mejor sabiduría imaginable.

Así que no te preocupes por tus debilidades. Considéralas como un medio para aprender a depender de mi amorosa Presencia, confiando en que yo estoy contigo y te ayudaré. Tu mundo se volverá menos amenazante cuando deseches la pretensión de ser capaz de manejar las cosas por ti mismo. Además, yo me encuentro contigo en tus debilidades y las uso para atraer a otras personas a mí. Mi luz brillará en medio y a través de tus insuficiencias cuando te mantengas mirándome a mí, tu Fortaleza. Deja que este Amor-Luz fluya libremente a través de ti y te llene de un Gozo que se desborde hacia las vidas de otros.

> *A ti, fortaleza mía, te cantaré salmos,*
> *pues tú, oh Dios, eres mi protector.*
> *¡Tú eres el Dios que me ama!*
> —SALMOS 59.17

> *Pero yo siempre estoy contigo,*
> *pues tú me sostienes de la mano derecha.*
> *Me guías con tu consejo,*
> *y más tarde me acogerás en gloria.*
> —SALMOS 73.23, 24

LEE TAMBIÉN: 2 CORINTIOS 11.30; ROMANOS 12.12

CUANDO LAS PERSONAS te desnudan su alma, *estás pisando tierra santa*. Tu responsabilidad es escucharlas y expresarles amor. Si te apresuras a tratar de solucionar tú mismo sus problemas, estarás profanando ese terreno sagrado. Algunas personas no querrán seguir hablando contigo; otras quizás se sentirán demasiado heridas como para aceptar que han sido transgredidas. De cualquier manera, si te apresuras a actuar, habrás desperdiciado una oportunidad espléndida de brindarles una ayuda efectiva.

A fin de actuar eficazmente en terreno santo, vas a necesitar la ayuda del Espíritu Santo. Pídele que piense a través de ti, que escuche a través de ti, que ame a través de ti. Mientras el Espíritu Santo proyecta su Amor a través de ti, mi Presencia sanadora va a obrar en la otra persona. Mientras tú sigues escuchando, tu función principal es dirigirla a mí y mis abundantes recursos.

Si sigues estas instrucciones, tanto tú como los demás serán bendecidos. Se conectarán con *mi gran Amor* al nivel de alma y yo les mostraré el *camino que deben seguir*. Al escuchar a la gente y expresarle amor en una dependencia de mí, mi Espíritu fluirá a través de ti como *ríos de agua viva*, refrescando tu alma.

> — No te acerques más —le dijo Dios—. Quítate las
> sandalias, porque estás pisando tierra santa.
> —ÉXODO 3.5

LEE TAMBIÉN: SALMOS 143.8; JUAN 7.38, 39

CONSIDEREN BIEN TODO lo que sea excelente o merezca elogio. Esto puede parecer fácil, pero en la realidad no lo es. He aquí una muestra: los medios de comunicación casi siempre se enfocan en lo malo. Rara vez se molestan en informar acerca de las cosas buenas que están sucediendo, sobre todo las muchas cosas buenas que mis seguidores están haciendo.

Un enfoque positivo no solo es contracultural, sino que es contrario a la naturaleza humana misma. Tu mente es una magnífica creación, pero está tremendamente caída. Cuando Adán y Eva se rebelaron contra mí en el Jardín de Edén, todo resultó dañado por la Caída. Como resultado, tratar de enfocarse en lo excelente no es algo que surja de forma natural. Tomar la decisión correcta una y otra vez requiere de un esfuerzo persistente. Todos los días, momento a momento, tienes que optar por lo que es bueno.

A pesar de los enormes problemas en tu mundo, aún queda mucho que es digno de elogio. Por lo demás, el Único merecedor de toda la alabanza y que permanece a tu lado, más cerca que tus propios pensamientos, soy yo. ¡Regocíjate en mí, *mi* amado!

> *Por último, hermanos, consideren bien todo lo verdadero, todo lo respetable, todo lo justo, todo lo puro, todo lo amable, todo lo digno de admiración, en fin, todo lo que sea excelente o merezca elogio.*
>
> —FILIPENSES 4.8

> *La mujer vio que el fruto del árbol era bueno para comer, y que tenía buen aspecto y era deseable para adquirir sabiduría, así que tomó de su fruto y comió. Luego le dio a su esposo, y también él comió.*
>
> —GÉNESIS 3.6

LEE TAMBIÉN: PROVERBIOS 16.16; SALMOS 73.23

Yo DISCIPLINO A QUIEN AMO. La disciplina es una instrucción destinada a capacitar; es un curso de acción que conduce a un objetivo mayor que la simple satisfacción inmediata. En realidad, la disciplina eficaz puede ser desagradable e incluso dolorosa. Por esta razón, es fácil que sientas que no te amo cuando te estoy llevando por un camino difícil o confuso. En tal situación, o te aferras a mí en confiada dependencia o me das la espalda y te vas por tu propio camino.

Si eres capaz de reconocer mi disciplina como una faceta de mi Amor por ti, puedes atravesar las etapas difíciles con alegría, como ocurrió con mis primeros discípulos. Puedes venir confiadamente a mi Presencia, pedirme que te muestre lo que quiero que aprendas y qué cambios necesitas hacer. Háblame también de tu deseo de que te reafirme mi Amor. Tómate el tiempo para disfrutar de la Luz de mi amorosa Presencia. ¡Mientras contemplas mi Rostro, *la Luz de mi glorioso evangelio* brillará sobre ti!

> *...porque el Señor disciplina a los que ama,*
> *y azota a todo el que recibe como hijo.*
> *Ciertamente, ninguna disciplina, en el momento de recibirla, parece*
> *agradable, sino más bien penosa; sin embargo, después produce una*
> *cosecha de justicia y paz para quienes han sido entrenados por ella.*
> —HEBREOS 12.6, 11

> *Así, pues, los apóstoles salieron del Consejo, llenos de gozo por haber*
> *sido considerados dignos de sufrir afrentas por causa del Nombre.*
> —HECHOS 5.41

> *El dios de este mundo ha cegado la mente de estos incrédulos, para que no*
> *vean la luz del glorioso evangelio de Cristo, el cual es la imagen de Dios.*
> —2 CORINTIOS 4.4

EL GOZO ES UNA OPCIÓN. Es posible que no tengas mucho control sobre tus circunstancias, pero todavía puedes elegir ser feliz. Yo te creé *poco menos que un dios* y te di una mente increíble. Tu capacidad para pensar bien las cosas y tomar decisiones se deriva de tu elevada posición en mi reino. Tus pensamientos son extremadamente importantes, porque las emociones y tu comportamiento fluyen de ellos. Así que esfuérzate por tomar buenas decisiones.

Cada vez que te sientas triste, necesitas hacer una pausa y recordar que *yo estoy contigo.* Y que *te protegeré por dondequiera que vayas* continuamente. Te amo con un *gran Amor,* perfecto e inagotable. Te he dado mi Espíritu, y este Santo Ayudador que mora en tu interior tiene un poder infinito. Te puede ayudar a organizar tus pensamientos de acuerdo con las verdades absolutas de las Escrituras. Mi Presencia continua es una promesa bíblica, así es que trata de *verme* en medio de tus circunstancias. Al principio es posible que percibas solo tus problemas. No obstante, persiste en mirarme hasta que puedas discernir la Luz de mi Presencia alumbrando sobre tus dificultades y lanzando destellos de Gozo sobre ti.

> *Pues lo hiciste poco menos que un dios,*
> *y lo coronaste de gloria y de honra.*
> —SALMOS 8.5

> *Yo estoy contigo. Te protegeré por dondequiera que vayas, y te traeré de vuelta a esta tierra. No te abandonaré hasta cumplir con todo lo que te he prometido.*
> —GÉNESIS 28.15

LEE TAMBIÉN: SALMOS 107.8; ROMANOS 8.9

Yo HE DESPEJADO EL CAMINO *debajo de tus pies para que tus tobillos no flaqueen.* No quiero que te enfoques demasiado en lo que te espera en la senda por delante ni que te abrumes preguntándote si serás capaz de hacerle frente a lo que viene. Solo *yo* sé lo que hay en tu futuro. Además, soy el Único que entiende perfectamente de lo que eres capaz. Por último, puedo alterar tus circunstancias, ya sea de forma gradual o dramática. En realidad, yo puedo ensanchar el camino por el que vas en este momento.

Quiero que te des cuenta de cuán involucrado estoy en tu vida. Me deleito en cuidar de ti, «ajustando» la situación en que te encuentras para evitarte dificultades innecesarias. Recuerda que yo soy un *escudo para todos los que en mí se refugian.* Tu parte en esta aventura es confiar en mí, comunicarte conmigo y caminar a mi lado con pasos de feliz y confiada dependencia. No eliminaré todas las adversidades de tu vida, pero despejaré el camino por el que estás yendo, para *bendecirte y guardarte*, evitando que resultes dañado.

Me has despejado el camino,
así que mis tobillos no flaquean.
—SALMOS 18.36

El camino de Dios es perfecto;
la palabra del SEÑOR es intachable.
Escudo es Dios a los que en él se refugian.
—SALMOS 18.30

El SEÑOR te bendiga
y te guarde.
—NÚMEROS 6.24

TE HE EXAMINADO Y TE CONOZCO. Todos tus caminos me son familiares. No llega aún la palabra a tu lengua cuando yo ya la sé toda. Mi amado, indudablemente tú eres *plenamente conocido.* Tengo un conocimiento completo de todo sobre ti, incluyendo tus más secretos pensamientos y sensaciones. Esta transparencia te podría resultar aterradora si no fueras mi seguidor. Sin embargo, no tienes nada que temer, porque mi perfecta justicia se te ha acreditado a través de tu *fe en mí.* ¡Tú eres un miembro muy querido de mi familia!

Mi relación íntima contigo es un potente antídoto contra el sentimiento de soledad. Cuando te sientas solo o con miedo, exprésame en voz alta tus oraciones. También escucho tus oraciones silenciosas, pero susurrar tus palabras o pronunciarlas en voz alta te ayudará a pensar con mayor claridad. Debido a que te entiendo perfectamente, no tienes que explicarme nada. Puedes ser directo en lo que respecta a buscar mi ayuda en tus circunstancias «aquí y ahora». Pasa unos momentos de relajamiento conmigo, respirando *en la alegría de mi Presencia.*

SEÑOR, tú me examinas,
tú me conoces.
Sabes cuándo me siento y cuándo me levanto;
aun a la distancia me lees el pensamiento.
Mis trajines y descansos los conoces;
todos mis caminos te son familiares.
No me llega aún la palabra a la lengua
cuando tú, SEÑOR, ya la sabes toda.
—SALMOS 139.1-4

LEE TAMBIÉN: 1 CORINTIOS 13.12; ROMANOS 3.22; SALMOS 21.6

MIENTRAS QUE ESPERAS CONMIGO, yo trabajo en la *renovación de tu mente*. Al brillar en ella la Luz de mi Presencia, la oscuridad huye y el engaño es desenmascarado. Sin embargo, hay muchas grietas donde los patrones de los viejos pensamientos tratan de esconderse. Mi Espíritu puede detectarlos y destruirlos, pero será necesaria tu cooperación. Las formas habituales del pensamiento no mueren tan fácilmente. Cuando la Luz del Espíritu ilumine un pensamiento que te provoca daño, captúralo identificándolo por escrito. Luego, tráelo a mí para que podamos examinarlo juntos. Te ayudaré a identificar las distorsiones y a reemplazarlas con la verdad bíblica.

Mientras más te concentres en mí y en mi Palabra, más fácilmente podrás liberarte de aquellos pensamientos dolorosos e irracionales. Por lo general, esos pensamientos tienen sus raíces en experiencias angustiantes que te provocaron heridas y están profundamente grabadas en tu cerebro. Será necesario que recaptures los mismos pensamientos múltiples veces antes de que puedas tener dominio sobre ellos. Sin embargo, todo ese esfuerzo conduce a un maravilloso resultado: un aumento de la capacidad para vivir libremente y disfrutar de mi Presencia.

Espero al SEÑOR, lo espero con toda el alma;
en su palabra he puesto mi esperanza.
—SALMOS 130.5

Destruimos argumentos y toda altivez que se levanta contra el conocimiento
de Dios, y llevamos cautivo todo pensamiento para que se someta a Cristo.
—2 CORINTIOS 10.5

LEE TAMBIÉN: ROMANOS 12.2; JUAN 8.12

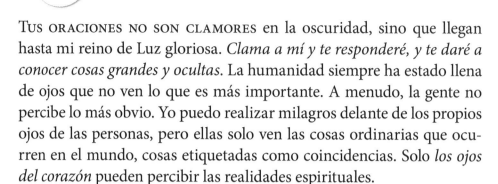

Tus oraciones no son clamores en la oscuridad, sino que llegan hasta mi reino de Luz gloriosa. *Clama a mí y te responderé, y te daré a conocer cosas grandes y ocultas.* La humanidad siempre ha estado llena de ojos que no ven lo que es más importante. A menudo, la gente no percibe lo más obvio. Yo puedo realizar milagros delante de los propios ojos de las personas, pero ellas solo ven las cosas ordinarias que ocurren en el mundo, cosas etiquetadas como coincidencias. Solo *los ojos del corazón* pueden percibir las realidades espirituales.

Yo me deleito con aquellos que están dispuestos a que los *enseñen.* Cuando vienes a mí con ganas de descubrir *cosas grandes y ocultas que no sabes,* yo me alegro. Un buen maestro se complace cuando uno de sus alumnos hace un esfuerzo extra para descubrir cosas nuevas. Estoy contento con tu deseo de aprender de mí cosas maravillosas. Tu buena disposición ante mi enseñanza te ayudará a entender *la esperanza a la que te he llamado, la riqueza de mi herencia gloriosa* en la que tienes participación. Puedes anticipar el futuro cuando vivirás conmigo en la Ciudad Santa, que *la Gloria de Dios ilumina.*

> *"Clama a mí y te responderé, y te daré a conocer*
> *cosas grandes y ocultas que tú no sabes".*
>
> —Jeremías 33.3

> *Pido también que les sean iluminados los ojos del corazón*
> *para que sepan a qué esperanza él los ha llamado, cuál es*
> *la riqueza de su gloriosa herencia entre los santos.*
>
> —Efesios 1.18

Lee también: Salmos 143.10; Apocalipsis 21.23

Mientras el mundo se vuelve más oscuro, recuerda que *tú eres la luz del mundo.* No desperdicies energías lamentándote por las cosas malas sobre las que no tienes control. Ora por esos asuntos, pero no dejes que te obsesionen. Más bien concentra tus energías en hacer lo que puedas para brillar en el lugar donde te he puesto. Usa tu tiempo, talentos y recursos a fin de hacer retroceder a las tinieblas. ¡Proyecta mi Luz en el mundo!

Yo soy *la Luz verdadera que resplandece en las tinieblas,* aun en las más terribles condiciones. Tu luz se origina en mí y se refleja en ti. ¡Yo te he llamado para que *reflejes mi Gloria*! Esto lo harás de manera más eficaz mientras más te parezcas a la persona que yo diseñé. Pasa bastante tiempo buscando mi Rostro. Concéntrate en mi Presencia y mi Palabra te ayudará a crecer en gracia y podrás discernir mejor mi voluntad. El tiempo que pases conmigo nutrirá tu alma, te proporcionará consuelo y te levantará el ánimo. De esta manera, te fortalezco y capacito para que seas una fuente de fortaleza para otros.

Ustedes son la luz del mundo.
Una ciudad en lo alto de una colina no puede esconderse.
—Mateo 5.14

Esa luz verdadera, la que alumbra a todo ser humano, venía a este mundo.
—Juan 1.9

Esta luz resplandece en las tinieblas,
y las tinieblas no han podido extinguirla.
—Juan 1.5

Lee también: 2 Corintios 3.18

Con la amenaza del terrorismo proyectándose sobre el planeta Tierra, hay quienes están diciendo —y sintiendo— que no hay un lugar realmente seguro. En cierto sentido, esto es verdad. La gente mala, especialmente los terroristas, es impredecible e implacable. Sin embargo, para los cristianos, no existe un lugar que sea realmente *inseguro*. Tu residencia final es el cielo y nadie te puede robar esta gloriosa *herencia indestructible, incontaminada e inmarchitable*. Además, yo soy *soberano* sobre todo, incluyendo tu vida y las de tus seres queridos. Nada te puede pasar a ti —o a ellos— a menos que yo lo permita.

La verdad es que el mundo ha estado en guerra desde el pecado de Adán y Eva. La Caída en el Jardín del Edén hizo de la tierra un lugar peligroso, donde el bien y el mal sostienen continuamente, uno contra el otro, una batalla feroz. Por eso resulta sumamente importante *estar alerta y tener dominio propio*. Recuerda que tu principal enemigo, el diablo, ya ha sido derrotado. *Yo he vencido al mundo*, y tú te encuentras en el lado de los vencedores, que es *mi* lado. *En mí, tendrás Paz*. En mi estarás siempre seguro.

¡Alabado sea Dios, Padre de nuestro Señor Jesucristo! Por su gran misericordia, nos ha hecho nacer de nuevo mediante la resurrección de Jesucristo, para que tengamos una esperanza viva y recibamos una herencia indestructible, incontaminada e inmarchitable. Tal herencia está reservada en el cielo para ustedes.

—1 Pedro 1.3, 4

Soberano Señor, relataré tus obras poderosas,
y haré memoria de tu justicia,
de tu justicia solamente.

—Salmos 71.16

Lee también: 1 Pedro 5.8; Juan 16.33

Tu vida entera está en mis manos. Así que confía en mí, mi amado. Yo te estoy entrenando para que te sientas seguro en medio de los cambios y la incertidumbre. En realidad, debería ser un alivio darte cuenta de que tú no estás en control de tu vida. Cuando aceptes esta condición humana mientras descansas en mi soberanía, llegarás a ser cada vez más libre.

No estoy diciendo que tienes que ser pasivo o fatalista. Es importante que uses tu energía y tus habilidades, pero yo quiero que lo hagas con oración. Ora por todo, y búscame en tus momentos. Yo soy un Dios de sorpresas, así que búscame en los lugares impredecibles.

Te invito a que te *regocijes en este día que he creado*, pidiéndome que me encargue de los detalles. Como estoy en control de *tu vida*, no tienes motivos para ponerte ansioso debido a que las cosas no ocurren más rápido. Las prisas y las ansiedades van de la mano, y yo te he instruido a no estar ansioso. Si dejas que sea yo quien marque el ritmo, te bendeciré con esa *Paz que sobrepasa todo entendimiento*.

> *Pero yo, Señor, en ti confío,*
> *y digo: «Tú eres mi Dios».*
> *Mi vida entera está en tus manos;*
> *líbrame de mis enemigos y perseguidores.*
> —Salmos 31.14, 15

> *Este es el día que el Señor ha hecho;*
> *regocijémonos y alegrémonos en él.*
> —Salmos 118.24 lbla

Lee también: Filipenses 4.6, 7

Tu vida es un regalo precioso que yo te he hecho. Abre tus manos y tu corazón para recibir este día con agradecimiento. Refiérete a mí como tu Salvador y Amigo, pero recuerda que también soy tu Dios-Creador. *Todas las cosas fueron creadas por mí.* A medida que transcurre este día que te he regalado, busca las señales de mi Presencia perdurable. *Yo estoy contigo, protegiéndote* siempre. En días brillantes y alegres, háblame de los disfrutes que te proveo. Al darme las gracias por ellos, tu Gozo se expandirá notablemente. En días oscuros y difíciles, agárrate de mi mano con una dependencia confiada. *Yo te ayudaré*, mi amado.

¡Tu vida física es un regalo increíble, pero tu vida espiritual es un tesoro de valor infinito! La gente que no me conoce como Salvador pasará una eternidad en horrible separación de mí. No obstante, debido a que tú me perteneces, vas a vivir conmigo para siempre, disfrutando de un cuerpo glorificado que nunca se va a enfermar o cansar. Ya que yo te he salvado por *gracia mediante la fe*, agradéceme por este regalo indescriptible que te llena de Gozo desbordante.

...porque por medio de él fueron creadas todas las cosas
en el cielo y en la tierra, visibles e invisibles,
sean tronos, poderes, principados o autoridades:
todo ha sido creado por medio de él y para él.
—Colosenses 1.16

Yo estoy contigo. Te protegeré por dondequiera que vayas, y te traeré de vuelta a
esta tierra. No te abandonaré hasta cumplir con todo lo que te he prometido.
—Génesis 28.15

Lee también: Isaías 41.13; Efesios 2.8

UN PROBLEMA QUE DURE MUCHO sin que se le encuentre solución se puede convertir en una forma de ídolo. Cuando estás preocupado por una situación que no acaba de resolverse, es necesario que te controles. Una dificultad que se prolonga puede ocupar cada vez más tus pensamientos, hasta alcanzar proporciones idolátricas, proyectando sombras feas sobre el panorama de tu mente. Cuando te des cuenta de que esto está sucediendo, dímelo. Expresa tus sentimientos a medida que tratas de liberarte de esa preocupación que te está causando daño. Reconoce tu debilidad y *humíllate bajo mi mano poderosa.*

Una preocupación con características de problema te hará estar ansioso. Así es que te sugiero que *deposites toda tu ansiedad sobre mí,* confiando en que *yo te cuidaré.* Es posible que tengas que hacer esto miles de veces al día, pero no te rindas. Cada vez que me entregues tus preocupaciones inquietantes, estarás redirigiendo tu atención desde los problemas hasta mi amorosa Presencia. A fin de fortalecer este proceso, dame las gracias por la ayuda que te ofrezco. Recuerda que yo no solo morí por ti, sino que *vivo para interceder por ti.*

Queridos hijos, apártense de los ídolos.
—1 JUAN 5.21

Humíllense, pues, bajo la poderosa mano de Dios, para que él los exalte a su debido tiempo. Depositen en él toda ansiedad, porque él cuida de ustedes.
—1 PEDRO 5.6, 7

Por eso también puede salvar por completo a los que por medio de él se acercan a Dios, ya que vive siempre para interceder por ellos.
—HEBREOS 7.25

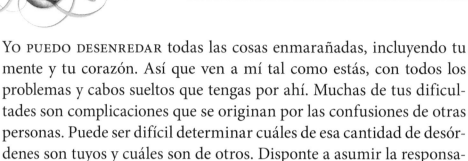

Yo PUEDO DESENREDAR todas las cosas enmarañadas, incluyendo tu mente y tu corazón. Así que ven a mí tal como estás, con todos los problemas y cabos sueltos que tengas por ahí. Muchas de tus dificultades son complicaciones que se originan por las confusiones de otras personas. Puede ser difícil determinar cuáles de esa cantidad de desórdenes son tuyos y cuáles son de otros. Disponte a asumir la responsabilidad por tus propios errores y pecados sin sentirte responsable por los fracasos de los demás. Yo estoy aquí para ayudarte a desenredar tus problemas y encontrar la mejor manera de que sigas adelante.

El cristianismo tiene que ver con transformación, un proceso que se prolonga por toda la vida. Algunos de los nudos de tu pasado son difíciles de desatar, sobre todo cuando se refieren a personas que continúan haciéndote daño. Ten cuidado con quedar atrapado en la introspección o la obsesión por la forma de arreglar las cosas. En lugar de eso, sigue acudiendo a mí, buscando mi Rostro *y* mi voluntad. Espera conmigo, confiando en mi forma y tiempo de poner en orden las cosas y despejar tu camino. Acepta que tendrás que seguir viviendo con problemas sin resolver, pero no dejes que ellos acaparen toda tu atención. Mi Presencia en el presente es *todo lo que tienes* y tu bendición ilimitada.

> *Así, todos nosotros, que con el rostro descubierto reflejamos como en un espejo la gloria del Señor, somos transformados a su semejanza con más y más gloria por la acción del Señor, que es el Espíritu.*
> —2 CORINTIOS 3.18

LEE TAMBIÉN: 1 CRÓNICAS 16.10, 11; LAMENTACIONES 3.24

Dedícate a la oración, persevera en ella con agradecimiento. Para mis seguidores, orar es una forma de vida, un medio de estar conectado conmigo. Sin embargo, no resulta fácil. El diablo odia tu devoción a mí y sus demonios trabajan para interrumpir y debilitar tu comunicación conmigo. Por eso es de vital importancia que te comprometas con esta disciplina, determinándote a permanecer en contacto conmigo.

Te puedes entrenar buscando mi Rostro, incluso mientras estés ocupado en otras actividades. Al hacerlo, estarás invitándome a ser parte de tu mundo para ayudarte a que tu trabajo vaya mejor y tu vida sea más satisfactoria. También es bueno que separes tiempo solo para mí. ¡Esto puede ser todo un reto! Para orar eficazmente necesitas una mente alerta y un corazón agradecido. Pídele a mi Espíritu, *el Consolador,* que les confiera poder a tus oraciones, aumentando tu vigilancia mental y tu gratitud.

Una mente despierta y un corazón agradecido te ayudarán no solo a orar mejor, sino también a vivir mejor. *Dame gracias y alaba mi Nombre.*

> *Dedíquense a la oración: perseveren en ella con agradecimiento.*
> —COLOSENSES 4.2

> *Cuando venga el Consolador, que yo les enviaré de parte del Padre, el Espíritu de verdad que procede del Padre, él testificará acerca de mí.*
> —JUAN 15.26

> *Entren por sus puertas con acción de gracias;*
> *vengan a sus atrios con himnos de alabanza;*
> *denle gracias, alaben su nombre.*
> —SALMOS 100.4

YO ME COMPLAZCO EN LOS QUE ME TEMEN, en los que confían en mi gran Amor. A menudo, la expresión «el temor del Señor» es mal entendida, pero constituye la base de la sabiduría y el conocimiento espiritual. Consiste en un temor reverencial, una actitud de adoración y una sumisión a mi voluntad. Te sometes a mí al cambiar *tus* actitudes y objetivos por los *míos.* Puesto que soy tu Creador, alinearte conmigo es la mejor manera de vivir. Cuando tu estilo de vida exhibe este temor bíblico, me produces una gran alegría. Trata de sentir mi alegría que brilla sobre ti en tales momentos.

Vivir de acuerdo a mi voluntad no es fácil; habrá muchos altibajos mientras caminamos juntos. No obstante, no importa lo que esté sucediendo, puedes encontrar esperanza en mi Amor inagotable. En tu mundo de hoy, muchas personas son víctimas de la desesperación. Se sienten desilusionadas porque pusieron su confianza en algo incorrecto. Sin embargo, mi gran Amor, *que nunca se acaba,* jamás te decepcionará. Aférrate a la esperanza, mi amado. Es un cordón de oro que te conecta a mí.

> *...sino que se complace en los que le temen,*
> *en los que confían en su gran amor.*
> —SALMOS 147.11

> *El temor del SEÑOR es el principio del conocimiento;*
> *los necios desprecian la sabiduría y la disciplina.*
> —PROVERBIOS 1.7

LEE TAMBIÉN: LAMENTACIONES 3.22, 23

SI DESEAS INFUNDIRLE MÁS GOZO A TU DÍA, aumenta tu convicción de que yo estoy contigo. Una forma sencilla de hacer esto es diciendo: «Gracias, Jesús, por tu Presencia». Esta es una oración tan breve que puedes usarla con frecuencia. La misma te conecta hermosamente conmigo, expresándome tu gratitud. No necesitas sentir mi cercanía para orar de esta manera; sin embargo, mientras más me agradeces por mi Presencia, más real me hago para ti. Alinea tu mente, corazón y espíritu con la realidad de que *en mí vives, te mueves y existes*.

La búsqueda de señales de mi Presencia invisible a tu alrededor también aumenta la convicción de que estoy contigo. Las bellezas de la naturaleza y las alegrías de tus seres queridos son recordatorios que te conducen a mí. Igualmente, me puedes encontrar en mi Palabra, porque yo soy la Palabra viva. Pídele a mi Espíritu que ilumine las Escrituras para ti al hacer brillar su Luz en tu corazón, ayudándote a ver la Gloria de mi Presencia.

…"puesto que en él vivimos, nos movemos y existimos". Como algunos de sus propios poetas griegos han dicho: "De él somos descendientes".

—HECHOS 17.28

En el principio ya existía el Verbo,
y el Verbo estaba con Dios,
y el Verbo era Dios.
Él estaba con Dios en el principio.

—JUAN 1.1, 2

Porque Dios, que ordenó que la luz resplandeciera en las tinieblas,
hizo brillar su luz en nuestro corazón para que conociéramos
la gloria de Dios que resplandece en el rostro de Cristo.

—2 CORINTIOS 4.6

CUANDO TE SIENTAS ABATIDO, el mejor remedio es *pensar en mí*. Recuerda quién soy yo: *tu Señor y tu Dios*, tu Salvador y Pastor, el Amigo que *nunca te abandonará*. Estoy plenamente consciente de cada una de tus circunstancias, así como de todos tus pensamientos y sentimientos. Todo lo que tiene que ver contigo me es importante, porque eres muy valioso para mí. Acuérdate de las muchas formas en que te he cuidado y ayudado. Agradéceme por cada una que viene a tu mente, y relájate en mi amorosa Presencia.

Háblame de las cosas que te están desalentando. Aunque sé todo acerca de ellas, decírmelas te proporcionará alivio de la pesada carga que has estado llevando. A la Luz de mi Presencia verás las cosas con más claridad. Juntos, tú y yo podremos determinar lo que es importante y lo que no lo es. Además, a medida que permanezcas conmigo, mi Rostro brillará sobre ti, bendiciéndote, alentándote y reconfortándote. Te aseguro que *volverás a alabarme por la ayuda de mi Presencia*.

Dios mío, mi alma está abatida en mí;
Me acordaré, por tanto, de ti desde la tierra del Jordán,
Y de los hermonitas, desde el monte de Mizar.
—SALMOS 42.6 RVR1960

—¡Señor mío y Dios mío! —exclamó Tomás.
—JUAN 20.28

Y Jehová va delante de ti; él estará contigo, no te dejará,
ni te desamparará; no temas ni te intimides.
—DEUTERONOMIO 31.8 RVR1960

LEE TAMBIÉN: SALMOS 42.5

Yo soy CLEMENTE Y COMPASIVO, lento para la ira y grande en Amor. Explora las maravillas de la gracia: un favor inmerecido que te he prodigado mediante mi obra completada en la cruz. *Por gracia has sido salvado mediante la fe; y esto no procede de ti, sino que es un regalo de Dios.* Es más, *mi compasión jamás se agota. Cada mañana se renuevan mis bondades.* Así que empieza tu día con expectación, listo para recibir bendiciones nuevas. No dejes que los fracasos de ayer te desalienten. Aprende de tus errores y confiesa los pecados de los que eres consciente, pero no dejes que se apoderen de tu atención. En lugar de eso, mantén los ojos en mí.

Yo soy *lento para la ira.* Así que no te apresures a juzgarte a ti mismo, ni tampoco a otros. Más bien, alégrate de que yo soy *grande en Amor.* En realidad, el Amor es la esencia misma de quien soy. Tu crecimiento en la gracia implica aprender a estar más atento a mí y ser más receptivo a mi amorosa Presencia. Esto requiere un esfuerzo vigilante, porque el diablo odia que estemos cerca. Esfuérzate para mantenerte alerta y recuerda: *¡No hay condenación para los que están unidos a mí!*

> *El Señor es clemente y compasivo,*
> *lento para la ira y grande en amor.*
> *El Señor es bueno con todos;*
> *él se compadece de toda su creación.*
>
> —SALMOS 145.8, 9

> *Porque por gracia ustedes han sido salvados mediante la fe; esto*
> *no procede de ustedes, sino que es el regalo de Dios,*
>
> —EFESIOS 2.8

LEE TAMBIÉN: LAMENTACIONES 3.22, 23; ROMANOS 8.1

VEN A MÍ, y descansa en mi Presencia. Yo estoy *constantemente pensando en ti*, y quiero que seas cada vez más consciente de mí. La certidumbre de mi Presencia puede *darte descanso* incluso cuando estés muy ocupado. Una paz interior fluye de saber que *yo estoy contigo siempre*. Este conocimiento de mí impregna tu corazón, mente y espíritu, y puede llenarte de profunda alegría.

Muchos de mis seguidores están tan concentrados en los problemas que ven y en las predicciones que escuchan que pierden su Gozo. Se quedan enterrados bajo múltiples capas de preocupación y miedo. Cuando te des cuenta de que esto te empieza a ocurrir a ti, tráeme todas tus preocupaciones; háblame de cada una de ellas y solicita mi ayuda y dirección. Pídeme también que remueva de ti aquellas capas de ansiedad que han sepultado tu Gozo. Al confiar tus preocupaciones a mi cuidado, tu Gozo comenzará a emerger de nuevo. Alimenta esta alegría declarando o cantando alabanzas *al Rey de la Gloria* que te ama eternamente.

> *Vengan a mí todos ustedes que están cansados y agobiados,*
> *y yo les daré descanso.*
> —MATEO 11.28

> *¡Cuán preciosos, oh Dios, me son tus pensamientos!*
> *¡Cuán inmensa es la suma de ellos!*
> —SALMOS 139.17

> *...enseñándoles a obedecer todo lo que les he mandado a ustedes. Y les*
> *aseguro que estaré con ustedes siempre, hasta el fin del mundo.*
> —MATEO 28.20

LEE TAMBIÉN: SALMOS 24.7

NO TE PREOCUPES POR TU INSUFICIENCIA; en lugar de eso, acéptala. Tu insuficiencia posibilita el enlace perfecto con mi capacidad ilimitada. Cuando tus recursos parecen agotarse, tu inclinación natural es preocuparte. La mejor manera de resistirte a esta tentación es reconociendo sinceramente tus incapacidades y agradeciéndome por ellas. Esto te liberará de tratar de ser lo que no eres: tu propio Salvador y Proveedor. Debido a que eres débil y pecador, necesitas un Salvador fuerte y perfecto, y un Proveedor que pueda *satisfacer todo lo que necesites.*

Podrás acceder a mis recursos ilimitados estando *tanto* tranquilo *como* activo. Pasar tiempo a solas conmigo, esperando en mi Presencia, mejorará nuestra conexión. *Yo actúo a favor de quienes confían en mí,* haciendo por ti lo que no puedes hacer por ti mismo. Sin embargo, hay muchas cosas que *puedes* hacer. Cuando tengas que emprender alguna tarea que dependa *del poder que te proveo, yo seré alabado* y tú serás bendecido.

La próxima vez que te sientas insuficiente, ven a mí de inmediato. Yo te esperaré amorosamente en el lugar de tu necesidad.

> *Así que mi Dios les proveerá de todo lo que necesiten, conforme*
> *a las gloriosas riquezas que tiene en Cristo Jesús.*
> —FILIPENSES 4.19

> *Fuera de ti, desde tiempos antiguos*
> *nadie ha escuchado ni percibido,*
> *ni ojo alguno ha visto,*
> *a un Dios que, como tú,*
> *actúe en favor de quienes en él confían.*
> —ISAÍAS 64.4

LEE TAMBIÉN: 1 PEDRO 4.11

Yo no voy a acabar de romper la caña quebrada ni apagaré la mecha que apenas arde. Sé que a veces te sientes tan débil e indefenso como una caña doblada o una llama que apenas alumbra. Acepta tu debilidad y tu quebrantamiento, mi amado; permite que esa debilidad y ese quebrantamiento me abran tu corazón. Puedes llenarte por completo de mí, porque yo te entiendo perfectamente. Al hablarme de tus problemas, te refrescaré y te ofreceré la *Paz que sobrepasa todo entendimiento.* En lugar de tratar de resolverlo todo tú solo, apóyate y *confía en mí* de forma plena. Abandona toda actividad por unos momentos confiando en que te estoy cuidando y trabajo a tu favor.

Mi obra de sanidad en tu interior es más eficaz cuando permaneces en reposo bajo mi cuidado estricto. *Aunque cambien de lugar las montañas y se tambaleen las colinas, no cambiará mi fiel amor por ti, ni vacilará mi pacto de paz, porque yo tengo compasión de ti.* Siempre que te sientas débil y herido, acude confiadamente a mi Presencia para recibir abundante Amor y Paz.

> *No acabará de romper la caña quebrada,*
> *ni apagará la mecha que apenas arde.*
> *Con fidelidad hará justicia.*
>
> —Isaías 42.3

> *No se inquieten por nada; más bien, en toda ocasión, con oración y ruego, presenten sus peticiones a Dios y denle gracias. Y la paz de Dios, que sobrepasa todo entendimiento, cuidará sus corazones y sus pensamientos en Cristo Jesús.*
>
> —Filipenses 4.6, 7

Lee también: Proverbios 3.5; Isaías 54.10

Tú eres una carta mía, escrita en la tabla de tu corazón no con tinta, sino con el Espíritu del Dios viviente. ¡Debido a que eres uno de mis seguidores, el Espíritu Santo está en ti! Él te equipa y te capacita para hacer mucho más de lo que podrías haber hecho por ti mismo. Por lo tanto, no te dejes intimidar por las circunstancias desafiantes o las épocas duras. ¡La tercera Persona de la Trinidad vive *en* ti! Piensa en las implicaciones de esta gloriosa verdad. Cuando andas en mis caminos, puedes hacer mucho más de lo que crees posible, pidiéndole *al Consolador* que te fortalezca mientras avanzas conmigo, paso a paso.

El Espíritu escribe en la tabla de tu corazón no solo para bendecirte, sino también para atraer a otros a mí. Cuando estás con personas que no me conocen, Él puede hacer de ti una carta viva. Una de las oraciones más cortas, pero más efectivas, es: «Ayúdame, Espíritu Santo». Usa esta oración tan a menudo como te sea posible, invitándome a comunicar las verdades vivas del evangelio a través de ti.

Es evidente que ustedes son una carta de Cristo, expedida por nosotros, escrita no con tinta, sino con el Espíritu del Dios viviente; no en tablas de piedra, sino en tablas de carne, en los corazones.

—2 Corintios 3.3

Sin embargo, ustedes no viven según la naturaleza pecaminosa, sino según el Espíritu, si es que el Espíritu de Dios vive en ustedes. Y, si alguno no tiene el Espíritu de Cristo, no es de Cristo.

—Romanos 8.9

Cuando venga el Consolador, que yo les enviaré de parte del Padre, el Espíritu de verdad que procede del Padre, él testificará acerca de mí.

—Juan 15.26

Si es posible, y en cuanto dependa de ti, vive en paz con todos. En ocasiones habrá alguien que esté decidido a oponerse a ti sin una buena razón. En tal caso, no te haré responsable por el conflicto. Sin embargo, más a menudo tú has contribuido con algo a la discordia. Cuando esto ocurra, deberás arrepentirte por tu parte en el conflicto y hacer todo lo que puedas a fin de restablecer una relación pacífica. En *cualquier* situación, necesitarás perdonar a la persona que te ofendió. También es posible que tengas que perdonarte a ti mismo.

Mi amado, *debes estar listo para escuchar, y ser lento para hablar y para enojarte.* Tómate tu tiempo no solo a fin de pensar con cuidado en lo que quieres decir, sino de modo que puedas *escuchar* a la otra persona. Si oyes con atención y piensas antes de responder, será mucho menos probable que te enojes.

Cada vez que hayas dejado de vivir en paz con otros y tengas la culpa, no te desesperes. Yo pagué la pena por *todos* tus pecados para que pudieras tener Paz permanente conmigo.

Si es posible, y en cuanto dependa de ustedes,
vivan en paz con todos.
—Romanos 12.18

Mis queridos hermanos, tengan presente esto: Todos deben estar
listos para escuchar, y ser lentos para hablar y para enojarse.
—Santiago 1.19

En consecuencia, ya que hemos sido justificados mediante la fe,
tenemos paz con Dios por medio de nuestro Señor Jesucristo.
—Romanos 5.1

No te sorprendas por los muchos asuntos sin resolver que hay en tu vida. Siempre van a ser parte de tu experiencia en este mundo caído. Cuando creé a Adán y Eva, los coloqué en un ambiente perfecto: el Jardín del Edén. Dado que tú eres uno de sus descendientes, tu anhelo por la perfección resulta natural. Y también es sobrenatural. Debido a que eres mi seguidor, tu destino final es el cielo: ¡un lugar magnífico y glorioso más allá de lo que te puedas imaginar! Tus anhelos serán completamente satisfechos allí.

Cuando los asuntos sin resolver de este mundo quebrantado te estén desanimando, detente y mírame a mí. Recuerda que yo, el Perfecto, estoy contigo. Háblame de tus problemas, y déjame que te ayude con ellos. Busca mi guía para establecer prioridades de acuerdo con mi voluntad para ti. Dedica un tiempo a descansar en mi Presencia y adorarme. Alabándome, alejas tu atención del mundo con todo su quebrantamiento y la diriges a mí en todo mi Esplendor. Mientras te encuentras ocupado adorándome, estás participando en mi Gloria.

Dios el Señor tomó al hombre y lo puso en el jardín
del Edén para que lo cultivara y lo cuidara.
—Génesis 2.15

Pero yo siempre estoy contigo,
pues tú me sostienes de la mano derecha.
Me guías con tu consejo,
y más tarde me acogerás en gloria.
—Salmos 73.23, 24

Lee también: Salmos 29.2

A TODOS LOS QUE ME RECIBEN, a los que creen en mi Nombre, les doy el derecho de ser hijos de Dios. Existe una estrecha relación entre recibirme y creer en mi Nombre, la esencia de quien soy. Recibir un regalo demanda un cierto grado de receptividad, ¡y yo soy el mejor Regalo imaginable! Reconocerme como tu Dios-Salvador te permite creer que mi oferta de Vida eterna es real y es para ti.

¡Ser un hijo de Dios resulta indescriptiblemente glorioso! Yo soy tanto tu Salvador como tu Compañero constante. A medida que avanzas a través de este mundo oscuro, estoy contigo en cada paso que das. Te proveo Luz no solo para tu camino, sino también para tu mente y tu corazón. Me deleito en darte Gozo, ahora y por toda la eternidad. ¡Tu más brillante momento en la tierra se verá algún día muy oscuro en comparación con la Luz-Gloria del cielo! Allí podrás *ver mi Rostro* en todo su brillante esplendor, y *te bastará con* sentirte en un océano interminable de Amor.

> *El que era la luz ya estaba en el mundo, y el mundo fue creado por medio de él, pero el mundo no lo reconoció. Vino a lo que era suyo, pero los suyos no lo recibieron. Mas a cuantos lo recibieron, a los que creen en su nombre, les dio el derecho de ser hijos de Dios.*
> —JUAN 1.10-12

> *Porque tanto amó Dios al mundo que dio a su Hijo unigénito, para que todo el que cree en él no se pierda, sino que tenga vida eterna.*
> —JUAN 3.16

> *Pero yo en justicia contemplaré tu rostro;*
> *me bastará con verte cuando despierte.*
> —SALMOS 17.15

Cuando tu mundo parezca oscuro y amenazante, ven a mí. *Ábreme tu corazón* sabiendo que estoy escuchando y que todo lo que tiene que ver contigo me importa. Encuentra consuelo en mi soberanía: yo estoy en control, incluso cuando los acontecimientos mundiales parezcan terriblemente desordenados. En realidad, muchas cosas *no* son como deberían ser, *no* son como fueron creadas para que fueran. Haces bien en añorar el bien perfecto. Algún día esos anhelos serán maravillosamente satisfechos.

Piensa en el profeta Habacuc mientras esperaba la invasión babilónica de Judá. Él sabía que el ataque sería brutal, y luchaba profundamente con este conocimiento profético. Sin embargo, finalmente escribió un himno lleno de absoluta confianza en mí. Después de describir por completo aquellas circunstancias tan desesperadas, concluyó: *«Aun así, yo me regocijaré en el Señor, ¡me alegraré en Dios, mi libertador!».*

Siéntete libre de batallar conmigo con respecto a tus preocupaciones. No obstante, recuerda que la meta es llegar a un lugar de confianza segura y Gozo trascendente. No vas a entender mis caminos misteriosos, pero puedes hallar esperanza y ayuda en mi Presencia. *¡Yo soy tu Fuerza!*

> *Confía siempre en él, pueblo mío;*
> *ábrele tu corazón cuando estés ante él.*
> *¡Dios es nuestro refugio!*
> —Salmos 62.8

> *Ya no habrá noche; no necesitarán luz de lámpara ni de sol, porque el*
> *Señor Dios los alumbrará. Y reinarán por los siglos de los siglos.*
> —Apocalipsis 22.5

Lee también: Habacuc 3.17-19; Salmos 42.5

SI TU OBJETIVO PRINCIPAL es complacerte a ti mismo, tu vida va a estar llena de frustraciones. Esa actitud de querer que las cosas marchen de esa manera está basada en una premisa falsa: que tú eres el centro de tu mundo. La verdad es que Yo soy el centro y todo gira en torno de mí. Así que es mejor hacer tus planes tentativamente, *buscando mi Rostro* y mi voluntad en todo lo que haces. Esta es una situación beneficiosa para todos: si las cosas van de acuerdo con tus planes, alégrate y dame las gracias. Cuando tus deseos se vean frustrados, comunícate conmigo y apréstate a subordinar tu voluntad a la mía.

Recuerda, mi amado, que tú me perteneces. *Ya no eres tu propio dueño*. Esta conciencia de que perteneces a Otro puede ser un gran alivio para ti, ya que aparta tu enfoque de ti mismo y lo que quieres. En lugar de esforzarte por hacer que las cosas salgan a tu manera, tu meta principal viene a ser agradarme a mí. Quizás pienses que esto es demasiado oneroso, pero en realidad resulta bastante liberador. *Mi yugo es suave y mi carga es liviana*. Saber que me perteneces te dará un *descanso para tu alma* profundo y satisfactorio.

> *Recurran al SEÑOR y a su fuerza;*
> *busquen siempre su rostro.*
> —SALMOS 105.4

¿Acaso no saben que su cuerpo es templo del Espíritu Santo, quien está en ustedes y al que han recibido de parte de Dios? Ustedes no son sus propios dueños.
—1 CORINTIOS 6.19

LEE TAMBIÉN: 2 CORINTIOS 5.9; MATEO 11.29, 30

EL TESORO MÁS RICO que te ofrezco es *la Luz de mi glorioso evangelio*. Esto es lo que hace que el evangelio sea una buena noticia tan sorprendente. ¡Abre el camino hacia mi Gloria!

Cuando confiaste en mí como tu Salvador, coloqué tus pies en el camino al cielo. El perdón de los pecados y un futuro en el cielo son bendiciones maravillosas, pero tengo todavía más para ti. *He hecho que mi Luz brille en tu corazón para que conozcas la Gloria que resplandece en mi Rostro*. Yo quiero que *busques mi Rostro* de todo corazón, para que puedas disfrutar del radiante conocimiento de mi gloriosa Presencia.

«Conocimiento» es una palabra muy rica. Algunos de sus significados son: *entendimiento adquirido por la experiencia o por el estudio* y *la suma de lo que se ha percibido, descubierto o aprendido*. De modo que conocerme implica un *entendimiento* de mí, una experimentación de mi Presencia. También implica *percibirme*. *El dios de este siglo ha cegado la mente de los incrédulos*, ¡pero tú puedes conocerme a través de percibir la Luz de mi Gloria!

> *El dios de este mundo ha cegado la mente de estos incrédulos, para que no vean la luz del glorioso evangelio de Cristo, el cual es la imagen de Dios.*
> —2 CORINTIOS 4.4

> *Porque Dios, que ordenó que la luz resplandeciera en las tinieblas, hizo brillar su luz en nuestro corazón para que conociéramos la gloria de Dios que resplandece en el rostro de Cristo.*
> —2 CORINTIOS 4.6

LEE TAMBIÉN: SALMOS 27.8

Octubre

El gran amor del Señor envuelve a los que en él confían.

SALMOS 32.10

QUIERO QUE TE RELAJES y disfrutes de este día. Es fácil para ti mantenerte tan concentrado tratando de alcanzar tus metas que te exijas demasiado y te olvides de tu necesidad de descanso. Tiendes a juzgarte sobre la base de cuánto has logrado hacer. Ciertamente, hay un tiempo y un lugar para ser productivo usando las oportunidades y las habilidades que te proveo. No obstante, quiero que seas capaz de aceptarte lo mismo cuando descansas que cuando trabajas.

Descansa en la seguridad de que eres un hijo de Dios, *salvado por gracia mediante la fe* en mí. Esta es tu identidad máxima y fundamental. Tú ostentas una posición de realeza en mi reino eterno. ¡Recuerda quién eres!

Cuando te sientas lo suficiente cómodo con tu verdadera identidad como para establecer un balance entre trabajo y descanso, serás más efectivo en mi reino. Una mente fresca es capaz de pensar de manera más clara y bíblica. Un *alma restaurada* es más atractiva y amorosa en las interacciones con otros. Así que toma tiempo conmigo, y déjame *conducirte junto a aguas tranquilas.*

Al llegar el séptimo día, Dios descansó
porque había terminado la obra que había emprendido.
Dios bendijo el séptimo día, y lo santificó,
porque en ese día descansó de toda su obra creadora.
—GÉNESIS 2.2, 3

Porque por gracia ustedes han sido salvados mediante la fe; esto
no procede de ustedes, sino que es el regalo de Dios,
—EFESIOS 2.8

LEE TAMBIÉN: SALMOS 23.2, 3

Yo voy a juzgar al mundo con justicia y a los pueblos con fidelidad. Esta promesa está llena de bendición y aliento. Quiere decir que algún día el mal será juzgado; ¡mi justicia perfecta finalmente —y para siempre— prevalecerá! Debido a que eres mi seguidor, vestido con mi propia justicia, no tienes nada que temer. Sin embargo, aquellos que se niegan a confiar en mí como Salvador tienen que temerle a *todo.* Llegará el día en que el tiempo se acabará y mi ira será terrible para todos los que persisten en su incredulidad. Estos incluso *gritarán a las montañas y a las peñas: «¡Caigan sobre nosotros y escóndannos de la mirada del que está sentado en el trono y de la ira del Cordero!».*

Juzgaré a todos según mi verdad. El concepto de verdad absoluta es ampliamente rechazado en el mundo de hoy en día; sin embargo, este constituye una realidad tan sólida como la roca. Los incrédulos finalmente chocarán contra esta certeza crean en ella o no. Para ti —y para todos los creyentes— mi verdad es un fundamento firme sobre el que puedes vivir y trabajar, disfrutar y alabar. ¡Esta es una buena razón para *cantar con júbilo!*

> *¡Canten delante del Señor, que ya viene!*
> *¡Viene ya para juzgar la tierra!*
> *Y juzgará al mundo con justicia,*
> *y a los pueblos con fidelidad.*
> —Salmos 96.13

> *Todos gritaban a las montañas y a las peñas: «¡Caigan sobre nosotros y*
> *escóndannos de la mirada del que está sentado en el trono y de la ira del Cordero,*
> —Apocalipsis 6.16

Lee también: Isaías 61.10; Salmos 95.1

OCTUBRE 3

¡MIS JUICIOS SON INDESCIFRABLES e impenetrables mis caminos! Es por eso que confiar en mí es la mejor respuesta a mis planes para ti. Mi *sabiduría y conocimiento* son demasiado profundos como para explicártelos. Esto no debería sorprenderte, ya que yo soy infinito y eterno. He existido siempre. Y soy Dios *desde los tiempos antiguos y hasta los tiempos postreros.*

También soy *la Palabra que se hizo hombre y habitó entre la gente.* Yo me identifiqué con la humanidad absolutamente, tomando un cuerpo humano y muriendo una muerte terrible para salvar a los pecadores que creen en mí. Mi vida y muerte expiatorias ofrecen una razón más que suficiente para que confíes en mí, aun cuando no entiendas todos mis caminos. ¡Alégrate de que tu amoroso Salvador y Señor soberano es infinitamente sabio! Y puedes acercarte a mí en cualquier momento susurrando amorosamente mi Nombre. Yo estoy siempre a la distancia de susurro: ahora, durante tu vida terrenal, y por toda la eternidad. Yo soy *Emanuel —Dios contigo—* y nunca te dejaré.

> *¡Qué profundas son las riquezas*
> *de la sabiduría y del conocimiento de Dios!*
> *¡Qué indescifrables sus juicios*
> *e impenetrables sus caminos!*
> —ROMANOS 11.33

> *Y el Verbo se hizo hombre y habitó entre nosotros. Y hemos contemplado su gloria,*
> *la gloria que corresponde al Hijo unigénito del Padre, lleno de gracia y de verdad.*
> —JUAN 1.14

LEE TAMBIÉN: SALMOS 90.2; MATEO 1.23

No DEJES QUE EL MIEDO a los errores te inmovilice o te provoque ansiedad. En esta vida habrá veces en que te equivoques por el solo hecho de ser humano, con conocimientos y entendimientos limitados. Cuando estés frente a una decisión importante, investiga al respecto todo lo que puedas. *Busca mi Rostro* y mi ayuda. *Yo te guiaré con mi consejo* cuando pienses en mi Presencia. Y llegado el momento, da un paso adelante y haz la decisión, aun cuando no estés completamente seguro del resultado. Ora para que en tal situación se haga mi voluntad, y déjame a mí los resultados.

El que teme espera el castigo. Si has sido castigado injustamente o maltratado con severidad, es natural que temas cometer errores. Cuando sea el momento de hacer una decisión, es posible que la ansiedad oscurezca tu pensamiento, incluso hasta inmovilizarte. El remedio es recordar *que siempre estoy contigo* y obro a tu favor. No tienes que alcanzar el grado de perfección para que yo te siga amando. ¡Absolutamente nada, incluyendo tus peores errores, *te podrá apartar de mi amor*!

> *El corazón me dice: «¡Busca su rostro!*
> *Y yo, Señor, tu rostro busco.*
> —SALMOS 27.8

> *Pero yo siempre estoy contigo,*
> *pues tú me sostienes de la mano derecha.*
> *Me guías con tu consejo,*
> *y más tarde me acogerás en gloria.*
> —SALMOS 73.23, 24

LEE TAMBIÉN: 1 JUAN 4.18; ROMANOS 8.38, 39

QUIERO QUE *NO LES TENGAS* miedo a las malas noticias. La única manera de lograrlo es teniendo un *corazón firme que confíe en mí*. En el mundo hay abundancia de malas noticias, pero no es necesario tenerles miedo. En lugar de eso, confía plenamente en mí, *cree* en mí. Encontrarás aliento en mi muerte sacrificial en la cruz y mi resurrección milagrosa. ¡Yo, tu Salvador vivo, soy Dios Todopoderoso! Tengo *soberanía* sobre los acontecimientos mundiales. Sigo estando en control.

Cuando las cosas a tu alrededor o en el mundo parezcan girar fuera de control, ven a mí y *ábreme tu corazón*. En vez de preocuparte, dedica tu energía a la oración. Ven a mí no solo buscando consuelo, sino también dirección; yo te ayudaré a encontrar el camino. Además, tendré en cuenta tus oraciones con el mismo cuidado con que gobierno tu planeta: de formas que están muchísimo más allá de tu capacidad de entendimiento.

No le temas a las malas noticias ni dejes que te asusten. En lugar de eso, mantén firme tu corazón y conserva la calma al confiar en mí.

No temerá recibir malas noticias;
su corazón estará firme, confiado en el SEÑOR.
—SALMOS 112.7

Miren, el SEÑOR omnipotente llega con poder,
y con su brazo gobierna.
Su galardón lo acompaña;
su recompensa lo precede.
—ISAÍAS 40.10

LEE TAMBIÉN: SALMOS 62.8; ISAÍAS 9.6

PÍDEME QUE TE DÉ SABIDURÍA, mi amado. ¡Yo sé cuánto la necesitas! El rey Salomón pidió *discernimiento* y recibió sabiduría en abundancia. Este don precioso es también fundamental para ti, especialmente cuando estás haciendo planes y decisiones. Así es que ven a mí por lo que necesitas, y *ten fe* en que te lo daré en una medida plena.

Un aspecto de la sabiduría es reconocer tu necesidad de mi ayuda en todo lo que haces. Con una mente perezosa es fácil que te olvides de mí y te lances a tus tareas y actividades por tu cuenta. Sin embargo, antes de mucho tiempo, tropezarás con un obstáculo y entonces te verás enfrentado a hacer una decisión: o sigues solo sin medir las consecuencias, o te detienes y me pides sabiduría, entendimiento y dirección. Mientras más cerca de mí estés, más rápidamente y con mayor frecuencia acudirás a mí por ayuda.

El temor del Señor es el principio del conocimiento. Aunque soy tu Amigo, recuerda quién soy en mi *gran Poder y Gloria*. El temor piadoso —el asombro reverencial y la admiración como una forma de adoración— provee la mejor base para la sabiduría.

Si a alguno de ustedes le falta sabiduría, pídasela a Dios, y él se la
dará, pues Dios da a todos generosamente sin menospreciar a nadie.
Pero que pida con fe, sin dudar, porque quien duda es como las olas
del mar, agitadas y llevadas de un lado a otro por el viento.
—SANTIAGO 1.5, 6

El temor del SEÑOR es el principio del conocimiento;
los necios desprecian la sabiduría y la disciplina.
—PROVERBIOS 1.7

LEE TAMBIÉN: 1 REYES 3.9; 4.29 ; MARCOS 13.26

OCTUBRE 7

¡ENTRENA TU MENTE para que genere grandes pensamientos sobre mí! Muchos cristianos sufren derrotas porque insisten en concentrarse en cosas menos importantes: las noticias, el estado del tiempo, la economía, los problemas de sus seres queridos, sus propios problemas y otras cosas por el estilo. De acuerdo, *en este mundo afrontarás aflicciones*, pero no debes dejar que lleguen a ser la preocupación central de tu vida. Acuérdate de que yo estoy contigo y *he vencido al mundo*. Aunque soy el Dios infinito: *Rey de reyes y Señor de señores*, estoy más cerca de ti que el aire que respiras. También soy tu Salvador amoroso y tu Amigo fiel.

Una de las mejores maneras de estar cada vez más consciente de mi grandeza es adorándome. Este ejercicio espiritual te conectará con la Trinidad (Padre, Hijo y Espíritu Santo) de una forma gloriosa. La verdadera adoración expande mi reino de Luz en el mundo, haciendo retroceder a la oscuridad. Una exquisita manera de alabarme es leyendo o cantando salmos. Llena tu mente con la verdad bíblica que te ayudará a resistir el desánimo. Cuando los problemas te asalten, ejercítate pensando en quién soy yo: ¡tu Salvador y Amigo, Dios Todopoderoso!

> *Yo les he dicho estas cosas para que en mí hallen paz. En este mundo afrontarán aflicciones, pero ¡anímense! Yo he vencido al mundo.*
>
> —JUAN 16.33

> *En su manto y sobre el muslo lleva escrito este nombre:*
> *Rey de reyes y Señor de señores.*
>
> —APOCALIPSIS 19.16

LEE TAMBIÉN: APOCALIPSIS 1.8

QUIERO QUE TE OCUPES cada vez más en mí. El defecto de muchas personas es pensar excesivamente en ellas mismas. Mis seguidores no son inmunes a este problema, el cual los afecta en el proceso de crecer en gracia.

Cuando un hombre y una mujer están profundamente enamorados, su tendencia es preocuparse mucho el uno del otro. De igual manera, la forma de ocuparte de mí es amándome más intensamente, *con todo tu corazón, con todo tu ser y con toda tu mente*. Este es el *más importante de los mandamientos*, y es a la misma vez la meta de más alto valor. Por supuesto, mientras vivas en este mundo no podrás alcanzar la perfección en tu amor por mí. No obstante, mientras mejor entiendas y te deleites en el maravilloso y *gran Amor* que te tengo, más ardientemente me responderás. ¡Tener mi Espíritu te ayudará en esta búsqueda gloriosa!

En esta aventura hay dos partes: una, aprender a recibir mi Amor con la mayor profundidad, amplitud y constancia; y la otra, responder con un amor hacia mí cada vez más grande. Así te podrás liberar de las ataduras de pensar excesivamente en ti mismo y llegar a estar cada vez más ocupado en mí. ¡Yo me deleito en tu liberación!

> —*"Ama al Señor tu Dios con todo tu corazón, con todo tu ser y con toda tu mente" —le respondió Jesús—. Este es el primero y el más importante de los mandamientos.*
>
> —MATEO 22.37, 38

> *Nosotros amamos porque él nos amó primero.*
>
> — 1 JUAN 4.19

LEE TAMBIÉN: SALMOS 52.8; JUAN 8.36

CUÍDATE DE NO RELACIONAR tu sentido de valor con tu desempeño. Cuando no estés satisfecho con algo que hayas dicho o hecho, ven a hablar conmigo. Pídeme que te ayude a identificar lo que es verdaderamente pecaminoso y lo que no lo es. Confiésame cualquier pecado del que estés consciente y recibe mi perdón con agradecimiento. Luego, vive en la libertad de saber que eres mi creyente amado. No dejes que tus errores y pecados atenten contra tu autoestima. ¡Recuerda que has sido declarado «No culpable» para siempre! *No hay ninguna condenación para los que están unidos a mí,* para quienes me pertenecen. Tú eres precioso para mí y *me deleito en ti*, así que rechaza de plano cualquiera idea de autocondenación.

Tu rendimiento imperfecto te recuerda que eres humano. Esta condición te humilla y te presiona para que te identifiques con la humanidad imperfecta. Dado que el orgullo es un pecado mortal, que fue precisamente el que condujo a la expulsión de Satanás del cielo, ser humilde es realmente una bendición. Así que agradéceme por las circunstancias que han disminuido tu orgullo y te acercan más a mí. ¡Recibe *mi gran y precioso Amor* en medida plena!

Si confesamos nuestros pecados, Dios, que es fiel y justo,
nos los perdonará y nos limpiará de toda maldad.
—1 JUAN 1.9

Por lo tanto, ya no hay ninguna condenación para
los que están unidos a Cristo Jesús.
—ROMANOS 8.1

LEE TAMBIÉN: SOFONÍAS 3.17; SALMOS 36.7

UN PROBLEMA FASTIDIOSO puede convertirse en un ídolo en tu mente. Si piensas constantemente en algo —agradable o desagradable— más que en mí, estarás practicando una forma sutil de idolatría. Por eso es necesario que mantengas un control permanente sobre tus pensamientos.

Muchas personas consideran como ídolos solo a las cosas que traen placer. Sin embargo, una dificultad crónica puede cautivar tu mente, ocupando cada vez más de su actividad. Tomar conciencia de esta forma de esclavitud es un paso muy importante hacia la liberación. Cuando te encuentres atrapado en un problema persistente, tráemelo y confiesa la esclavitud mental de que estás siendo objeto. Pídeme que te ayude y te perdone, lo que haré libre y gustosamente. Te ayudaré a *llevar cautivo todo pensamiento para que se someta a mí*.

Te estoy enseñando a que *fijes tus pensamientos en mí* cada vez más. Para lograr este objetivo, necesitas tanto la disciplina como la intención. Es vital que encuentres placer en pensar en mí, regocijándote en mi amorosa Presencia. *Deléitate en mí*, mi amado; conviérteme en el Deseo de tu corazón.

De él dan testimonio todos los profetas, que todo el que cree en él recibe, por medio de su nombre, el perdón de los pecados.
—HECHOS 10.43

Destruimos argumentos y toda altivez que se levanta contra el conocimiento de Dios, y llevamos cautivo todo pensamiento para que se someta a Cristo.
—2 CORINTIOS 10.5

LEE TAMBIÉN: HEBREOS 3.1; SALMOS 37.4

Yo soy tu Fuerza y tu Escudo. No dejo de trabajar —a veces de formas maravillosas— para vigorizarte y protegerte. ¡Mientras más confíes en mí, más *saltará de alegría* tu corazón!

Quiero que confíes absolutamente en mí, descansando en mi control soberano sobre el universo. Cuando en el mundo las circunstancias parezcan estar dando vueltas fuera de control, aférrate a mí con la seguridad de que yo sé lo que estoy haciendo. Yo organizo cada uno de los acontecimientos de tu vida para tu beneficio en este mundo y el siguiente.

Mientras te encuentras en medio de la adversidad, tu mayor reto es seguir confiando en que yo soy soberano y bueno. No esperes entender mis formas y estilos, *porque como los cielos son más altos que la tierra, así son mis caminos y pensamientos más altos que los tuyos.* Cuando reaccionas ante tus tribulaciones con acción de gracias, convencido de que yo puedo sacar algo bueno de las más difíciles situaciones, haces que me sienta muy feliz. Este acto de fe te anima y me glorifica. ¡Yo me regocijo cuando mis hijos me dan las *gracias con cánticos* mientras luchan con sus problemas!

> *El Señor es mi fuerza y mi escudo;*
> *mi corazón en él confía;*
> *de él recibo ayuda.*
> *Mi corazón salta de alegría,*
> *y con cánticos le daré gracias.*
> —SALMOS 28.7

LEE TAMBIÉN: SALMOS 18.1, 2; ISAÍAS 55.9

APRENDE A APOYARTE en mí cada vez más. Yo conozco todas tus debilidades y es en ellas donde mi poderosa Presencia se reúne contigo. Mi fuerza y tu debilidad se complementan perfectamente en una maravillosa cooperación diseñada mucho antes de que nacieras. En realidad, mi Poder *se perfecciona en la debilidad.* Esto resulta algo contrario a la intuición y misterioso, sin embargo, es verdad.

Es importante que te apoyes en mí cuando te sientas débil o abrumado. Recuerda que tú y yo *juntos* somos más que suficientes. Para sentir mi cercanía, intenta cerrar tu mano como si estuvieras tomado de la mía. *Yo te sostengo de tu mano derecha y te digo: «No temas, yo te ayudaré».*

Quiero que dependas de mí aun cuando te sientas capaz de manejar las cosas por ti mismo. Esto requiere estar consciente tanto de mi Presencia como de tu necesidad. Soy infinitamente sabio, así que déjame guiar tu pensamiento cuando haces planes y tomas decisiones. Apoyarte en mí produce entre nosotros una cálida intimidad. *Yo soy Aquel que nunca te dejará ni te abandonará.*

> *Pero él me dijo: «Te basta con mi gracia, pues mi poder se perfecciona en la debilidad». Por lo tanto, gustosamente haré más bien alarde de mis debilidades, para que permanezca sobre mí el poder de Cristo.*
> —2 CORINTIOS 12.9

> *Todo lo puedo en Cristo que me fortalece.*
> —FILIPENSES 4.13

LEE TAMBIÉN: ISAÍAS 41.13, DEUTERONOMIO 31.6

MANTENTE ALERTA y persevera en tus oraciones. Con la ayuda de mi Espíritu, puedes aprender a estar cada vez más atento a mí. Esta no es una tarea fácil, porque el mundo trata de desviar tu atención lo más lejos posible. El exceso de ruido y las estimulaciones visuales hacen que te sea difícil encontrarme en medio de tales distracciones. Sin embargo, yo estoy siempre cerca, a la distancia de una oración susurrada.

Los enamorados anhelan estar solos para poder concentrarse el uno en el otro. Yo soy el Enamorado de tu alma, y anhelo que pases tiempo a solas conmigo. Cuando cancelas toda otra distracción para concentrarte solo en mí, despierto tu alma a *la alegría de mi Presencia.* Esto aumenta tu amor por mí y te ayuda a mantenerte espiritualmente alerta. Orar se hace más fácil cuando estas consciente de mi Presencia radiante.

Orar no solo te bendice, sino que te proporciona una vía para servirme. Alégrate de que puedes colaborar conmigo a través de la oración en la obra de establecer mi reino en la tierra.

Oren en el Espíritu en todo momento, con peticiones y ruegos.
Manténganse alerta y perseveren en oración por todos los santos.
—EFESIOS 6.18

Esto lo hizo Dios para que todos lo busquen y, aunque sea a tientas, lo
encuentren. En verdad, él no está lejos de ninguno de nosotros, "puesto
que en él vivimos, nos movemos y existimos". Como algunos de sus
propios poetas griegos han dicho: "De él somos descendientes".
—HECHOS 17.27, 28

LEE TAMBIÉN: SALMOS 21.6; MATEO 6.10

YO TE GUIARÉ POR SIEMPRE. Alégrate de que el Único que va contigo a través de cada día nunca te abandonará. Yo soy el Constante con el que siempre puedes contar; Aquel que va delante de ti, pero que al mismo tiempo se mantiene siempre a tu lado. Nunca te suelto de la mano, *y te guío con mi consejo y más tarde te acogeré en la Gloria.*

Muchas personas dependen demasiado de los líderes humanos, porque quieren que alguien tome sus decisiones por ellas. Los líderes sin escrúpulos pueden manipular a sus seguidores e inducirlos a hacer cosas que por ellos mismos no harían. Sin embargo, todo el que confía en mí como Salvador tiene un Líder que es totalmente digno de confianza.

Yo te encamino en mi verdad y te enseño mis preceptos, de modo que puedas tomar buenas decisiones. Te he provisto de un mapa maravillosamente confiable: la Biblia. *Mi Palabra es una lámpara a tus pies y una luz en tu sendero.* Sigue esta Luz, y sígueme a *mí,* porque yo soy el Único que conoce el mejor camino que puedas tomar en tu vida.

¡Este Dios es nuestro Dios eterno!
¡Él nos guiará para siempre!
—SALMOS 48.14

Pero yo siempre estoy contigo,
pues tú me sostienes de la mano derecha.
Me guías con tu consejo,
y más tarde me acogerás en gloria.
—SALMOS 73.23, 24

LEE TAMBIÉN: SALMOS 25.5; SALMOS 119.105

Octubre 15

Yo TE CUBRO CON EL ESCUDO *de mi salvación, y mi diestra te sostiene.* Mediante mi crucifixión sacrificial y mi milagrosa resurrección, gané la victoria final. Todo esto lo hice por *ti* y por todos los que confían en mí como su Dios-Salvador. ¡Y lo logré todo! Tu parte es solo *creer*: creer que necesitas un Salvador que pague la culpa por tus pecados y que *yo soy* el único Camino de salvación.

Tu fe salvadora te ha colocado en el camino al cielo. Mientras tanto, mi escudo victorioso te protege cuando vas caminando por este mundo. Usa *el escudo de la fe para apagar las flechas encendidas del maligno.* Cuando te encuentres en el fragor de la batalla, dime: «¡Ayúdame, Señor! ¡En *ti* confío!».

Al vivir en estrecha dependencia de mí, mi diestra te sostendrá, manteniéndote en pie. ¡Yo tengo un Poder indescriptible! Sin embargo, uso mi poderosa diestra no solo para protegerte, sino para guiarte con ternura y ayudarte a seguir avanzando. ¡De vez en cuando *te recojo en mis brazos y te llevo junto a mi pecho*!

> *Tú me cubres con el escudo de tu salvación,*
> *y con tu diestra me sostienes;*
> *tu bondad me ha hecho prosperar.*
> —SALMOS 18.35

> *—Yo soy el camino, la verdad y la vida —le contestó*
> *Jesús—. Nadie llega al Padre sino por mí.*
> —JUAN 14.6

LEE TAMBIÉN: EFESIOS 6.16; ISAÍAS 40.11

LAS CIRCUNSTANCIAS DIFÍCILES VAN y vienen, pero yo me encuentro constantemente contigo. Estoy escribiendo la historia de tu vida a través de los buenos *y* los malos tiempos. Puedo ver el panorama completo: desde antes de tu nacimiento hasta más allá de la tumba. Sé exactamente cómo vas a ser cuando el cielo se convierta en tu hogar para siempre, y estoy trabajando sin descanso a fin de transformarte en esa perfecta creación. ¡Tú eres parte de la realeza en mi reino!

La constancia de mi Presencia es un tesoro glorioso que muchos creyentes subestiman. Se les ha enseñado que *yo estoy siempre con ellos*, pero a menudo piensan y actúan como si estuvieran solos. ¡Cómo me aflige esa actitud!

Cuando susurras amorosamente mi nombre, permaneciendo cerca de mí aun en los tiempos difíciles, tanto tú como yo somos bendecidos. Esta sencilla oración demuestra tu confianza en que estoy contigo y cuido de ti. La realidad de mi Presencia supera las dificultades por las que estás pasando, sin importar lo duras que parezcan. Así que *ven a mí*, cuando te sientas *cansado y agobiado, que yo te daré descanso.*

Nosotros, en cambio, siempre debemos dar gracias a Dios por ustedes, hermanos amados por el Señor, porque desde el principio Dios los escogió para ser salvos, mediante la obra santificadora del Espíritu y la fe que tienen en la verdad.

—2 TESALONICENSES 2.13

Pero yo siempre estoy contigo,
pues tú me sostienes de la mano derecha.

—SALMOS 73.23

Vengan a mí todos ustedes que están cansados y agobiados,
y yo les daré descanso.

—MATEO 11.28

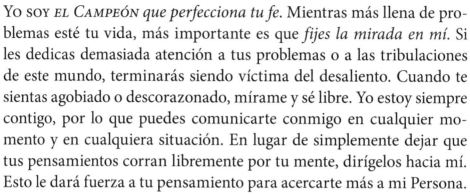

Yo soy EL CAMPEÓN *que perfecciona tu fe*. Mientras más llena de problemas esté tu vida, más importante es que *fijes la mirada en mí*. Si les dedicas demasiada atención a tus problemas o a las tribulaciones de este mundo, terminarás siendo víctima del desaliento. Cuando te sientas agobiado o descorazonado, mírame y sé libre. Yo estoy siempre contigo, por lo que puedes comunicarte conmigo en cualquier momento y en cualquiera situación. En lugar de simplemente dejar que tus pensamientos corran libremente por tu mente, dirígelos hacia mí. Esto le dará fuerza a tu pensamiento para acercarte más a mi Persona.

Descansa en mis brazos por un rato, disfrutando de la fortalecedora protección de mi Presencia. Al observar el panorama que te ofrece este mundo en decadencia, regocíjate, porque *nada te podrá apartar de mi Amor*. Esta promesa se aplica a *cualquier cosa* con la que pudieras encontrarte. No importa cuán sombrías pudieren parecerte en ese momento las circunstancias, yo sigo estando en control. Yo, tu Campeón, que peleo por ti, me río de los que piensan que me pueden derrotar. ¡Recuerda *mi gran amor te envuelve*!

Por tanto, también nosotros, que estamos rodeados de una multitud tan grande de testigos, despojémonos del lastre que nos estorba, en especial del pecado que nos asedia, y corramos con perseverancia la carrera que tenemos por delante. Fijemos la mirada en Jesús, el iniciador y perfeccionador de nuestra fe, quien, por el gozo que le esperaba, soportó la cruz, menospreciando la vergüenza que ella significaba, y ahora está sentado a la derecha del trono de Dios.

—HEBREOS 12.1, 2

LEE TAMBIÉN: ROMANOS 8.38, 39; SALMOS 2.4; SALMOS 32.10

CONFÍA EN MI FIEL AMOR, agradeciéndome por las cosas que no ves. Cuando el mal aparentara estar floreciendo en el mundo que te rodea, puede parecer como si las cosas estuvieran girando fuera de control. Sin embargo, siéntete seguro: yo no estoy retorciéndome las manos sin poder hacer nada y preguntándome cuál será la próxima cosa que ocurra. Sigo estando en control y te puedo asegurar que tras el escenario el bien se encuentra en medio de la confusión. Así es que te reto a que me agradezcas no solo por las bendiciones que puedes ver, sino también por las que no percibes.

Mi *sabiduría y conocimiento* son más profundos y ricos que lo que las palabras pudieran expresar. *¡Mis juicios son indescifrables, y mis caminos impenetrables!* Esta es la razón por la que confiar en mí *en todo momento* resulta tan determinante. No se te ocurra dejarte confundir por las circunstancias que sacuden tu fe en mí. Cuando tu mundo parezca tambalearse, las disciplinas de confiar en mí y agradecerme servirán para estabilizarte. Recuerda, *yo estoy siempre contigo; te guío con mi consejo, y más tarde te acogeré en la Gloria.* ¡Permite que este tesoro oculto —tu herencia celestial— te guíe hacia una gozosa acción de gracias!

> *Aunque cambien de lugar las montañas*
> *y se tambaleen las colinas,*
> *no cambiará mi fiel amor por ti*
> *ni vacilará mi pacto de paz,*
> *—dice el SEÑOR, que de ti se compadece—.*
> —ISAÍAS 54.10

LEE TAMBIÉN: ROMANOS 11.33; SALMOS 62.8; SALMOS 73.23, 24

Quiero que vivas cerca de mí, manteniéndote asequible a mí: consciente de mi Persona, prestándome atención, confiando y agradeciéndome. Yo estoy siempre cerca de ti, así es que entrégate por completo —corazón, mente y espíritu— a mi Presencia viva. Siéntete libre de pedirle al Espíritu Santo que te ayude en este esfuerzo.

Mantente al tanto de mi Presencia a medida que transcurre el día. No hay un momento en el que yo no esté plenamente consciente de ti. Mostrar atención implica estar alerta, escuchar con cuidado y observar de cerca. Te animo a estar atento no solo a mí, sino a la gente que pongo en tu camino. Si escuchas a los demás atentamente, eso los bendecirá a ellos tanto como a ti. La Biblia está llena de instrucciones en cuanto a confiar en mí y agradecerme. ¡Recuerda, yo soy totalmente confiable! Por eso es siempre apropiado creer en mí y mis promesas. Yo entiendo tu debilidad, y te *ayudaré a aumentar tu fe*. Por último, dame las gracias a través del día. ¡Esta disciplina de la gratitud te ayudará a recibir mi Gozo en medida plena!

...y el que vive. Estuve muerto, pero ahora vivo por los siglos de los siglos, y tengo las llaves de la muerte y del infierno.
—APOCALIPSIS 1.18

Mis queridos hermanos, tengan presente esto: Todos deben estar listos para escuchar, y ser lentos para hablar y para enojarse.
—SANTIAGO 1.19

—¡Sí creo! —exclamó de inmediato el padre del muchacho—. ¡Ayúdame en mi poca fe!
—MARCOS 9.24

LEE TAMBIÉN: SALMOS 28.7

CUANDO LA TAREA QUE TIENES por delante te parezca desalentadora, no te dejes intimidar. Disciplina tu pensamiento para ver el desafío como un privilegio más que como un deber desagradable. Haz el esfuerzo de reemplazar tu mentalidad de «tengo que» con el enfoque de «yo lo haré». Esto producirá un cambio en tu perspectiva, transformando la pesadez en deleite. No se trata de un truco de magia; el trabajo aún está por hacerse. No obstante, el cambio en tu perspectiva te va a ayudar a enfrentar la tarea con alegría y confianza… y a terminarla.

A medida que avanzas en el trabajo, la perseverancia es esencial. Si comienzas a cansarte o desanimarte, recuérdate: «¡Tengo que terminar esto!». Luego, dame las gracias por haberte provisto la habilidad y la fuerza para hacer lo que necesitabas hacer. Dar gracias despeja la mente y te acerca más a mí. Recuerda que mi Espíritu, que vive en ti, *es el Consolador*; pídele que te ayude cuando estés confundido. Al reflexionar sobre los problemas y buscar soluciones, Él guiará tu mente. *¡Hagas lo que hagas, trabaja de buena gana, como si lo estuvieras haciendo para mí!*

Dedíquense a la oración: perseveren en ella con agradecimiento.
—COLOSENSES 4.2

Y yo le pediré al Padre, y él les dará otro Consolador
para que los acompañe siempre.
—JUAN 14.16

Hagan lo que hagan, trabajen de buena gana, como para
el Señor y no como para nadie en este mundo,
—COLOSENSES 3.23

No te aferres demasiado a las cosas, sino agárrate firmemente de mi mano. Para ser espiritualmente saludable, no debes poner un interés excesivo en tus posesiones. Todas son bendiciones que yo te he dado, por lo cual debes recibirlas *con gratitud*. Sin embargo, no te olvides que en última instancia yo soy el Dueño de todo.

También es importante relacionarte con los demás con manos abiertas. Exprésales cariño a tus familiares y amigos, pero sin convertirlos en tus ídolos. Si tu vida gira en torno a alguien que no sea yo, tienes que arrepentirte y cambiar de actitud. Vuélvete a mí, mi amado y hazme tu *Primer Amor*, buscando complacerme por sobre todos los demás.

Otra cosa que debes manejar con sumo cuidado es el control de tus circunstancias. Cuando tu vida está fluyendo sin problemas, es fácil sentir que tienes el control. Disfruta de estos periodos de paz, pero no te aferres a ellos o creas que son lo normal. En lugar de eso, agárrate firmemente a mi mano durante los tiempos buenos o difíciles; en una palabra, siempre. Los buenos tiempos son mejores y el sufrimiento es más manejable cuando dependes confiadamente en mí. ¡*Tu herencia eterna* es mi Presencia permanente!

Por eso, de la manera que recibieron a Cristo Jesús como Señor, vivan ahora en él.
—Colosenses 2.6

Sin embargo, tengo en tu contra que has abandonado tu primer amor. ¡Recuerda de dónde has caído! Arrepiéntete y vuelve a practicar las obras que hacías al principio. Si no te arrepientes, iré y quitaré de su lugar tu candelabro.

—Apocalipsis 2.4, 5

Lee también: Salmos 73.23-26

No TENGAS MIEDO de decirme cuán débil y cansado —incluso abrumado— te sientes a veces. Yo me doy cuenta perfectamente de la profundidad y la amplitud de tus dificultades. Nada está oculto para mí.

Aunque lo sé todo, espero tener noticias tuyas. *Ábreme tu corazón, porque yo soy tu Refugio.* Hay una intimidad tranquila en compartir tus luchas conmigo. En ese momento bajas la guardia y tus pretensiones; eres auténtico conmigo y contigo mismo. Luego, descansa en la seguridad de mi Presencia, confiando en que yo te entiendo perfectamente y *te amo con amor eterno.*

Relájate profundamente conmigo; deja de extremar tus esfuerzos en todo lo que haces. *Quédate quieto,* dejando que mi Presencia te refresque y renueve. Cuando estés listo, pídeme que te muestre el camino que tienes por delante. Recuerda que nunca me aparto de tu lado; yo *te sostengo de tu mano derecha.* Esto te da valor y confianza para continuar tu viaje. A medida que avanzas a lo largo del camino, escúchame decir: «*No temas, yo te ayudaré*».

> *Confía siempre en él, pueblo mío;*
> *ábrele tu corazón cuando estés ante él.*
> *¡Dios es nuestro refugio!*
> —SALMOS 62.8

> *Hace mucho tiempo se me apareció el SEÑOR y me dijo:*
> *«Con amor eterno te he amado;*
> *por eso te sigo con fidelidad,*
> —JEREMÍAS 31.3

LEE TAMBIÉN: SALMOS 46.10; ISAÍAS 41.13

NO DESPRECIES EL SUFRIMIENTO. El mismo te recuerda que estás en un peregrinaje a un lugar mucho mejor. Yo proveo algunos placeres y comodidades en el camino, pero son temporales. Cuando llegues a tu destino final —tu hogar en el cielo— te obsequiaré con *dicha eterna*. En ese lugar glorioso *no habrá más muerte, ni llanto, ni lamento ni dolor*. La *alegría* que experimentarás allí será permanente, interminable.

Debido a que eres mi seguidor apreciado, puedo asegurarte que algún día tus sufrimientos llegarán a su fin. Mientras tanto, trata de ver tus problemas como *ligeros y efímeros,* los cuales *producen una gloria eterna que vale muchísimo más que todo sufrimiento.*

Mientras continúas tu viaje a través de este mundo, sé agradecido por las comodidades y los placeres con que te bendigo. Y alcanza a otros que pudieren están sufriendo. *Te consuelo en todas tus tribulaciones, para que puedas consolar a todos.* Ofrecerle ayuda a las personas que sufren le da sentido a tu sufrimiento… ¡y Gloria a mí!

> *Me has dado a conocer la senda de la vida;*
> *me llenarás de alegría en tu presencia,*
> *y de dicha eterna a tu derecha.*
> —SALMOS 16.11

> *Él les enjugará toda lágrima de los ojos. Ya no habrá muerte, ni llanto,*
> *ni lamento ni dolor, porque las primeras cosas han dejado de existir.*
> —APOCALIPSIS 21.4

> *Pues los sufrimientos ligeros y efímeros que ahora padecemos producen*
> *una gloria eterna que vale muchísimo más que todo sufrimiento.*
> —2 CORINTIOS 4.17

LEE TAMBIÉN: 2 CORINTIOS 1.4

EL GOZO PERDURABLE solo se puede encontrar en mí. En el mundo hay muchas fuentes de felicidad, y a veces se desbordan en forma de Gozo, en especial cuando compartes tus deleites conmigo. Yo derramo bendiciones en tu vida, y me alegro cuando respondes a ellas con un corazón alegre y agradecido. Acude a mí con frecuencia ofreciéndome acciones de gracias y el Gozo de mi Presencia multiplicará los deleites de mis bendiciones.

Los días cuando el Gozo pareciera un recuerdo lejano, necesitas *buscar mi Rostro* más que nunca. No dejes que las circunstancias o los sentimientos te depriman. En cambio, recuérdate la verdad suprema: *yo estoy siempre contigo, sosteniéndote de la mano derecha y guiándote con mi consejo, y más tarde te acogeré en Gloria.* Al caminar a través de los escombros de este mundo estropeado, afírmate en estas verdades con todas tus fuerzas. Recuerda que yo mismo soy *la Verdad.* Aférrate a mí, sígueme, porque yo también soy *el Camino.* La Luz de mi Presencia está brillando sobre ti, iluminando la senda por la que vas.

Recurran al SEÑOR y a su fuerza;
busquen siempre su rostro.

—SALMOS 105.4

Pero yo siempre estoy contigo,
pues tú me sostienes de la mano derecha.
Me guías con tu consejo,
y más tarde me acogerás en gloria.

—SALMOS 73.23, 24

LEE TAMBIÉN: JUAN 14.6

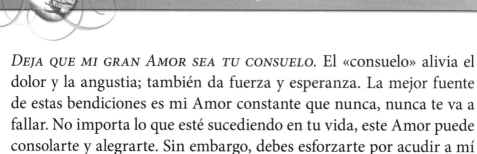

DEJA QUE MI GRAN AMOR SEA TU CONSUELO. El «consuelo» alivia el dolor y la angustia; también da fuerza y esperanza. La mejor fuente de estas bendiciones es mi Amor constante que nunca, nunca te va a fallar. No importa lo que esté sucediendo en tu vida, este Amor puede consolarte y alegrarte. Sin embargo, debes esforzarte por acudir a mí en busca de ayuda. Yo estoy siempre disponible para ti, y me deleito en darte todo lo que necesitas.

Tengo una comprensión completa y perfecta de ti y tus circunstancias. Mi entendimiento de tu situación es mucho mayor que el tuyo propio. Así que ten cuidado de ser excesivamente introspectivo, tratando de entender las cosas mirando en tu interior y dejándome a mí fuera de la ecuación. Cuando te des cuenta de que has hecho esto, vuélvete a mí con una breve oración: «¡Ayúdame, Jesús!». ¡Acuérdate de que yo soy la parte más importante de la ecuación de tu vida! Relájate conmigo por algún tiempo, dejando que mi amorosa Presencia te consuele. *En el mundo afrontarás aflicción, pero anímate, yo he vencido al mundo.*

> *Que sea tu gran amor mi consuelo,*
> *conforme a la promesa que hiciste a tu siervo.*
> —SALMOS 119.76

> *El SEÑOR fortalece a su pueblo;*
> *el SEÑOR bendice a su pueblo con la paz.*
> —SALMOS 29.11

LEE TAMBIÉN: SALMOS 42.5; JUAN 16.33

APRENDE A SER FELIZ cuando las cosas no salen como hubieras querido. No comiences tu día decidido a que todo ocurra como deseas. No habrá día en que no tropieces con por lo menos una cosa que no se corresponda con tu voluntad. Podría ser algo tan trivial como lo que ves en el espejo cuando te miras por las mañanas, o tan serio como una enfermedad o un accidente de un ser querido. Mi propósito para ti *no* es concederte todos tus deseos o hacer tu vida más fácil. Mi deseo es que aprendas a confiar en mí en cualquier circunstancia.

Si estás decidido a que las cosas salgan a tu manera, vas a vivir frustrado la mayor parte del tiempo. Yo no quiero que desperdicies tu energía lamentándote por cosas que ya ocurrieron. El pasado no puede modificarse, pero cuentas con mi ayuda para el presente y mi esperanza para el futuro. Así que trata de relajarte, confiando en el control que tengo sobre tu vida. Recuerda, yo estoy siempre cerca de ti, y *en mi Presencia te llenarás de alegría.* ¡En realidad, *te miro con agrado* y mi Gozo brilla sobre ti!

Confía siempre en él, pueblo mío;
ábrele tu corazón cuando estés ante él.
¡Dios es nuestro refugio!
—SALMOS 62.8

Cuentas con una esperanza futura,
la cual no será destruida.
—PROVERBIOS 23.18

LEE TAMBIÉN: HECHOS 2.28; NÚMEROS 6.25

VEN A MÍ, tú que estás cansado. En mi Presencia encontrarás un descanso reconstituyente. Yo estoy siempre a tu lado, ansioso por ayudarte, pero a veces te olvidas de mí.

Te distraen fácilmente las exigencias de otras personas. Ellas pueden expresar sus demandas de formas duras o suaves, con un énfasis de culpabilidad o amabilidad. No obstante, si estas exigencias son numerosas e importantes, con el tiempo te van a añadir una carga aplastante que no vas a poder llevar.

Cuando te encuentres agobiado bajo *pesadas cargas*, recurre a mí en busca de ayuda. Pídeme que las quite de tus hombros y las lleve por ti. Háblame de las cosas que te preocupan. Deja que la Luz de mi Presencia brille sobre ellas de tal modo que puedas ver el camino que tienes por delante. Esta misma Luz, al llegar hasta lo más profundo de tu ser, te da las fuerzas que necesitas.

Abre tu corazón a mi Presencia santa y sanadora. *Eleva tus manos* al cielo en gozosa adoración, dejando que mis bendiciones fluyan libremente hacia ti. Aparta un tiempo para descansar conmigo, mi amado; relájate *mientras te bendigo con la Paz*

Vengan a mí todos ustedes que están cansados y agobiados, y yo les daré descanso.
—MATEO 11.28

Eleven sus manos hacia el santuario
y bendigan al SEÑOR.
—SALMOS 134.2

El SEÑOR fortalece a su pueblo;
el SEÑOR bendice a su pueblo con la paz.
—SALMOS 29.11

HAY PERSONAS QUE ANTES DE ORAR hacen una selección de los asuntos que me van a presentar. Algunos dudan en cuanto a si traerme o no ciertas situaciones que consideran vergonzosas o embarazosas. Otros están tan acostumbrados a vivir con el dolor, la soledad, el miedo, la culpa y la vergüenza que no se les ocurre pedir ayuda para enfrentar tales cosas con el fin de derrotarlas. Incluso hay otros que están tan preocupados con sus luchas que se olvidan de que yo todavía estoy aquí. Esta no es la forma en que yo apruebo que sea tu relación conmigo, mi amado.

Hay cosas en tu vida que te están provocando dolor y quisiera sanar. Algunas han estado tanto tiempo contigo que has llegado a considerarlas partes de tu identidad. Las llevas a donde quiera que vayas, apenas consciente de su impacto en tu vida. Quiero ayudarte a aprender a caminar en libertad. Sin embargo, eres tan adicto a ciertos patrones dolorosos que se necesitará tiempo para liberarte de ellos. Solo exponerlos repetidamente a mi amorosa Presencia traerá a largo plazo la sanidad. ¡Mientras que llegas a ser gradualmente más libre, te vas a sentir en condiciones de experimentar mi Gozo en medidas cada vez mayores!

> *Por lo tanto, ya no hay ninguna condenación para*
> *los que están unidos a Cristo Jesús.*
> —ROMANOS 8.1

> *Desde mi angustia clamé al SEÑOR,*
> *y él respondió dándome libertad.*
> —SALMOS 118.5

LEE TAMBIÉN: SALMOS 126.3

NO TE DEJES VENCER POR EL MAL; al contrario, vence el mal con el bien. Habrá ocasiones en que te sientas bombardeado por todas las cosas malas que suceden en el mundo. Los reportes noticiosos son alarmantes, y la gente le está *llamando a lo malo bueno y a lo bueno malo.* Todo esto puede resultar abrumador a no ser que estés en comunicación conmigo. Los horrores que ves a tu alrededor me entristecen, pero no me sorprenden. Estoy plenamente consciente de la tendencia del ser humano hacia lo engañoso y lo malo. A menos que experimente la redención mediante la fe salvadora en mí, su potencial para hacer lo malo seguirá siendo ilimitado.

En lugar de desalentarse por la condición del mundo, deseo que mis seguidores sean luces que brillen en la oscuridad. Cuando el mal parezca estar ganando, quiero que tú estés más decidido que nunca a lograr *algo* bueno. Habrá ocasiones en que esto implique combatir frontalmente contra lo que te perturbe. En otras, será cuestión de que te esfuerces por hacer todo lo posible para promover las bondades bíblicas según tus dones, habilidades y circunstancias. De cualquier manera, concéntrate menos en lamentarte por la maldad imperante y más en trabajar para crear algo bueno.

No te dejes vencer por el mal; al contrario, vence el mal con el bien.
—ROMANOS 12.21

Nada hay tan engañoso como el corazón.
No tiene remedio.
¿Quién puede comprenderlo?
—JEREMÍAS 17.9

LEE TAMBIÉN: ISAÍAS 5.20

CAMINA CONMIGO CON ESTRECHOS y confiados lazos de Amor llenos de gozosa dependencia. La compañía que yo te ofrezco centellea con las preciosas promesas de la Biblia. Te amo con un *Amor eterno* y perfecto. Estoy siempre contigo, cada nanosegundo de tu vida. Sé todo sobre ti y ya he pagado la pena por todos tus pecados. *Tu herencia —reservada en el cielo para ti— es indestructible, incontaminada e inmarchitable.* Yo te guío a través de tu vida, *y más tarde te acogeré en Gloria.*

La dependencia es una característica ineludible de la condición humana. Muchos no le dan importancia a esta condición y trabajan duro para crearse la ilusión de ser autosuficientes. Sin embargo, yo te diseñé para que me necesitaras constantemente y disfrutaras de tu dependencia de mí. Reconocer y aceptar tu dependencia aumenta tu convicción de mi amorosa Presencia. Esto te acerca a mí y te ayuda a disfrutar de mi compañía.

Te invito a mantener el contacto conmigo —tu Compañero fiel— en cada vez más de tus momentos. Camina gozosamente conmigo por el camino de tu vida.

> *Hace mucho tiempo se me apareció el Señor y me dijo:*
> *«Con amor eterno te he amado;*
> *por eso te sigo con fidelidad.*
> —JEREMÍAS 31.3

¡Alabado sea Dios, Padre de nuestro Señor Jesucristo! Por su gran misericordia, nos ha hecho nacer de nuevo mediante la resurrección de Jesucristo, para que tengamos una esperanza viva y recibamos una herencia indestructible, incontaminada e inmarchitable. Tal herencia está reservada en el cielo para ustedes.

—1 PEDRO 1.3, 4

LEE TAMBIÉN: SALMOS 73.24

Yo soy un Escudo para todos los que en mí se refugian. Cuando sientas que tu mundo se torna inseguro y amenazante, reflexiona en esta preciosa promesa. Yo personalmente escudo y protejo a *todos* los que hacen de mí su refugio, su lugar seguro en medio de la angustia.

Encontrar refugio en mí implica *confiar en mí* y *abrirme tu corazón*. No importa lo que esté sucediendo en tu vida, siempre es el momento adecuado para decirme que confías en mí. Sin embargo, a veces será necesario que atiendas a las demandas de tus circunstancias antes de hacer una pausa para abrirme tu corazón. Susúrrame tu confianza y espera hasta que encuentres el momento y el lugar adecuados para expresarme tus emociones más sentidas. Luego, cuando las circunstancias lo permitan, habla libre en mi Presencia. Esta rica comunicación te proporcionará un verdadero alivio, a la vez que fortalecerá tu relación conmigo y te ayudará a encontrar el camino correcto.

Mi Presencia protectora está continuamente disponible para ti. Siempre que sientas algún tipo de miedo, vuélvete a mí y dime: «Señor Jesús, me refugio en ti».

El camino de Dios es perfecto;
la palabra del Señor es intachable.
Escudo es Dios a los que en él se refugian.

—2 SAMUEL 22.31

Dios es nuestro amparo y nuestra fortaleza,
nuestra ayuda segura en momentos de angustia.

—SALMOS 46.1

LEE TAMBIÉN: SALMOS 62.8

Noviembre

Confía siempre en él, pueblo mío; ábrele tu corazón
cuando estés ante él. ¡Dios es nuestro refugio!

SALMOS 62.8

Yo soy el Dios que te arma de valor y endereza tu camino. Ven a mí tal como estás: con todos tus pecados y debilidades. Confiésame tus pecados, y pídeme que los quite de ti y los mande tan lejos como *lejos del oriente está el occidente.* Luego, permanece en mi Presencia con todas tus deficiencias expuestas. Pídeme que te infunda fuerza, viendo tus debilidades como «vasos» listos para llenarlos con mi Poder. Agradéceme por tus insuficiencias, que te ayudan a mantenerte dependiendo de mí. ¡Regocíjate en mi suficiencia infinita!

Yo soy Aquel que hace tu camino seguro. Esto incluye protegerte de preocupaciones y planificaciones excesivas. En lugar de mirar hacia el futuro desconocido, trata de ser consciente de mí mientras transcurre el día. Permanece en comunicación conmigo, dejando que mi Presencia guiadora te mantenga en el curso correcto. Yo iré delante de ti así como a tu lado, quitando obstáculos de la senda que tienes por delante. Confía en que haré que las condiciones de tu camino sean las mejores.

> *Es él quien me arma de valor*
> *y endereza mi camino.*
> —SALMOS 18.32

> *Tan lejos de nosotros echó nuestras transgresiones*
> *como lejos del oriente está el occidente.*
> —SALMOS 103.12

> *Pero tenemos este tesoro en vasijas de barro para que se vea*
> *que tan sublime poder viene de Dios y no de nosotros.*
> —2 CORINTIOS 4.7

LEE TAMBIÉN: 2 CORINTIOS 12.9

CUANDO EN TI LA ANGUSTIA vaya en aumento, vuélvete a mí en busca de *consuelo*. Otras palabras para «consuelo» podrían ser *confort, compasión, empatía, ayuda, estímulo, tranquilidad y alivio*. Yo gustosamente les proveo todas estas atenciones —y muchas más— a mis hijos. Sin embargo, tu tendencia natural cuando te sientes ansioso es centrarte en ti mismo o tus problemas. Mientras más haces eso, más te olvidas de mí y de toda la ayuda que te puedo dar. ¡Ese enfoque estrictamente humano solo aumenta tu ansiedad! Es mucho mejor que dejes que la incomodidad que te está perturbando sea una voz de alerta avisándote de que te estás olvidando de mí. Susurra mi Nombre e invítame a encargarme de tus dificultades.

Busca mi Rostro y encontrarás consuelo en mi compasión y empatía. Vuélvete a mí para hallar aliento, tranquilidad y ayuda. Yo sé todo acerca de tus problemas y también sé cuál es la mejor manera de tratar con ellos. En la medida que te tranquilices en mi amorosa Presencia, te fortaleceré y proporcionaré alivio en medio de tu ansiedad. Te aseguro que no hay *cosa alguna en toda la creación que pueda apartarte de mi Amor*. Mi consuelo está lleno de bendiciones, mi amado; *este le traerá alegría a tu alma*.

> *Cuando en mí la angustia iba en aumento,*
> *tu consuelo llenaba mi alma de alegría.*
>
> —SALMOS 94.19

> *El corazón me dice: «¡Busca su rostro!»*
> *Y yo, SEÑOR, tu rostro busco.*
>
> —SALMOS 27.8

LEE TAMBIÉN: ROMANOS 8.38, 39

RENUNCIA A LA ILUSIÓN de que tienes el control de tu vida. Cuando las cosas van bien, es fácil que sientas como si fueras tu propio amo y señor. Sin embargo, te puedo asegurar que mientras más cómodo te halles en este papel ilusorio, más dura puede ser la caída que experimentes.

Yo quiero que disfrutes de momentos apacibles y me los agradezcas. Sin embargo, no te conviertas en adicto a esta sensación de dominio sobre tu vida, y no consideres que esto es la norma. Las tormentas *vendrán*, y las inseguridades se asomarán en el horizonte. Si insistes en querer controlar las cosas y sentirte con el derecho de esperar que todo te salga bien, es probable que termines hundiéndote cuando lleguen las dificultades.

Te estoy entrenando para que *confíes en mí siempre, porque yo soy tu Refugio*. Yo uso la adversidad para liberarte de la ilusión de que tú tienes el control. Cuando tus circunstancias y tu futuro estén llenos de incertidumbres, mírame a mí. Encontrarás tu seguridad en *conocerme a mí,* el Amo y Señor de las tormentas que pudieren venir sobre tu vida; en realidad, soy Amo y Señor sobre todo.

Ahora escuchen esto, ustedes que dicen: «Hoy o mañana iremos a tal o cual ciudad, pasaremos allí un año, haremos negocios y ganaremos dinero». ¡Y eso que ni siquiera saben qué sucederá mañana! ¿Qué es su vida? Ustedes son como la niebla, que aparece por un momento y luego se desvanece.
—SANTIAGO 4.13, 14

Confía siempre en él, pueblo mío;
ábrele tu corazón cuando estés ante él.
¡Dios es nuestro refugio!
—SALMOS 62.8

LEE TAMBIÉN: JUAN 17.3

VIVIR EN ESTRECHA COMUNICACIÓN conmigo puede ser un anticipo del cielo. Es maravilloso, aunque requiere un nivel de concentración mental y espiritual que resulta extremadamente desafiante. En los Salmos, David escribió acerca de esta maravillosa forma de vida, declarando *que me tenía presente*. Habiendo pastoreado los rebaños de su padre, dispuso de mucho tiempo para buscar mi Rostro y disfrutar de mi Presencia. Así descubrió la belleza de los días vividos conmigo, siempre delante de él y siempre a su lado. Estoy entrenándote para que tú también vivas de esa manera. Este es un estilo que requiere un esfuerzo y una determinación persistentes. Sin embargo, en lugar de apartarte de lo que estás haciendo, tu cercanía a mí llenará tus actividades de una Vida vibrante.

Hagas lo que hagas, hazlo para mí, conmigo, a través de mí, en mí. Incluso las tareas domésticas brillan con el Gozo de mi Presencia cuando las haces para mí. Por último, *nada en toda la creación será nunca capaz de apartarte de mi lado*. ¡Así que esta aventura que hemos empezado a vivir estando tú en la tierra se prolongará por toda la eternidad!

Siempre tengo presente al SEÑOR;
con él a mi derecha, nada me hará caer.

—SALMOS 16.8

Hagan lo que hagan, trabajen de buena gana, como para el Señor y
no como para nadie en este mundo, conscientes de que el Señor los
recompensará con la herencia. Ustedes sirven a Cristo el Señor.

—COLOSENSES 3.23, 24

LEE TAMBIÉN: ROMANOS 8.39

NO TEMAS PELIGRO ALGUNO, *porque yo estoy a tu lado,* protegiéndote y guiándote a lo largo del camino. Aunque siempre estoy contigo, tú no siempre eres consciente de mi Presencia.

El temor puede significar una llamada de atención a tu corazón, alertándote para que vuelvas a conectarte conmigo. Cuando sientas que te estás poniendo ansioso, relájate y deja que la Luz de mi Presencia brille sobre ti y dentro de ti. Mientras reposas en el calor de mi Luz-Amor, ese miedo frío y duro comenzará a derretirse. Responde a mi Amor poniendo toda tu confianza en mí.

Recuerda que yo soy Dios que *te reconforto* y *guío* tus pasos. Si supieras de cuántos daños te he librado, te asombrarías. La protección más importante que te proveo es salvaguardar tu alma, que es eterna. Debido a que eres mi seguidor, tu alma está segura en mí, y *nadie te podrá arrebatar de mi mano.* Además, yo te guiaré mientras avanzas en tu camino al cielo. *Te guiaré para siempre.*

> *Aun si voy por valles tenebrosos,*
> *no temo peligro alguno*
> *porque tú estás a mi lado;*
> *tu vara de pastor me reconforta.*
>
> —SALMOS 23.4

> *Yo les doy vida eterna, y nunca perecerán, ni nadie*
> *podrá arrebatármelas de la mano.*
>
> —JUAN 10.28

> *¡Este Dios es nuestro Dios eterno!*
> *¡Él nos guiará para siempre!*
>
> —SALMOS 48.14

EL AMOR ES PACIENTE. En la larga lista del apóstol Pablo sobre las características del amor cristiano, la primera es la «paciencia». Esta constituye la capacidad de enfrentar las adversidades con calma: sin alterarse cuando haya que soportar una larga espera o tratar con personas o problemas difíciles. El énfasis de Pablo en la paciencia es contracultural, y a menudo mis seguidores lo pasan por alto. Esta virtud tan importante rara vez es lo primero que le viene a la mente a la gente cuando piensa en el amor. Sin embargo, hay una excepción común a esta regla: una madre o un padre dedicados. Las exigencias de los bebés y los niños pequeños ayudan a desarrollar la paciencia en los padres buenos. Ellos dejan a un lado sus propias necesidades para preocuparse por las de sus hijos, atendiéndolos tiernamente.

Yo quiero que mis seguidores se amen los unos a los otros demostrando abundante paciencia. Esta virtud es la cuarta característica que aparece en el fruto del Espíritu. Por lo tanto, mi Espíritu puede dotarte para que desarrolles con éxito esta importante expresión del amor. Recuerda que yo te amo con un *Amor grande* y perfecto. Pídele al Espíritu Santo que te ayude a preocuparte por los demás de la misma manera que yo me preocupo por ti: con mi Amor paciente y bondadosos.

> *El amor es paciente, es bondadoso. El amor no es envidioso ni jactancioso ni orgulloso.*
> —1 CORINTIOS 13.4

> *Alégrense en la esperanza, muestren paciencia en el sufrimiento, perseveren en la oración.*
> —ROMANOS 12.12

LEE TAMBIÉN: GÁLATAS 5.22, 23; SALMOS 147.11

Cada día tiene ya sus problemas. Una implicación lógica de esta verdad es que no hay día en que no encontremos algún tipo de dificultad. Mi interés es ayudarte a manejar con calma y confiadamente los problemas con los que te vayas encontrando en el camino de tu vida. Los hechos que te sorprenden a ti a mí no me causan ninguna sorpresa, porque yo lo sé todo incluso desde antes de que las cosas ocurran. Yo soy *el Principio y el Fin.* Además, estoy completamente disponible para ti a fin de guiarte y consolarte cuando pases por tiempos turbulentos.

Los problemas de cada día te pueden ayudar a vivir en el presente. Tu mente siempre en actividad busca desafíos que enfrentar. Sin suficientes cosas en qué ocuparte, es más probable que te empieces a preocupar por el futuro. Yo te estoy entrenando para mantener tu atención en mi Presencia en el día de hoy.

Las dificultades no tienen por qué disuadirte de disfrutar de mi Presencia. Por el contrario, ellas te acercan más a mí en la medida en que colabores conmigo a fin de manejarlas. Al ocuparnos de tus problemas tú y yo *juntos,* adquirirás más confianza en tu capacidad de enfrentarlos y vencerlos. ¡Y el placer de mi Compañía aumentará grandemente tu Gozo!

> *Por lo tanto, no se angustien por el mañana, el cual tendrá*
> *sus propios afanes. Cada día tiene ya sus problemas.*
> —Mateo 6.34

> *También me dijo: «Ya todo está hecho. Yo soy el Alfa y la Omega, el Principio y el*
> *Fin. Al que tenga sed le daré a beber gratuitamente de la fuente del agua de la vida.*
> —Apocalipsis 21.6

Lee también: Romanos 12.12

Cuídate de preferir recibir honores de los hombres más que de parte de Dios. Uno de los efectos de la Caída es que las personas están demasiado preocupadas por lo que los demás piensen de ellas: su forma de comportarse social y profesionalmente, su atractivo físico. Los anuncios de cosméticos y ropa de moda tienden a alimentar esta tendencia dañina.

Yo no quiero que estés preocupado por la forma en que otras personas te ven. Te he protegido amorosamente para que no seas capaz de leer la mente de los demás. Lo que piensen de ti, realmente, no es de tu incumbencia. Los pensamientos de la gente no son confiables, pues están influidos por su propia pecaminosidad, sus debilidades e inseguridades. Incluso si te alaban en tu propia cara, algunos de sus pensamientos sobre ti pueden ser muy diferentes de lo que están queriendo demostrar.

Yo soy el Único que te ve como realmente eres. A pesar de que estás lejos de ser perfecto, te veo radiante, ataviado con el manto de mi justicia perfecta. En lugar de buscar la alabanza y los *honores de los hombres*, trata de verme mientras te observo. Mi amorosa aprobación de ti está brillando desde mi Rostro.

> *Preferían recibir honores de los hombres más que de parte de Dios.*
> —Juan 12.43

Lee también: Isaías 61.10; Números 6.25, 26

PON TU CONFIANZA EN MÍ, que quiero guiarte paso a paso a lo largo de este día. La Luz con que ilumino tu caminar es suficiente para un día a la vez. Si intentas mirar hacia el futuro, te vas a encontrar tratando de ver en la oscuridad. *Mi Rostro brilla sobre ti* solo en el presente. Aquí es donde encuentras mi Amor infalible que nunca se extinguirá y es más fuerte que el vínculo que hay entre una madre y su bebé. *Aunque ella lo olvidara, yo nunca me olvidaré de ti.* Tú me eres tan precioso que incluso *he grabado* tu nombre *en las palmas de mis manos.* Olvidarte está fuera de toda posibilidad.

Quiero que de verdad *llegues a conocer* —prácticamente, a través de experimentarlo— *mi Amor, que sobrepasa el simple conocimiento.* El Espíritu Santo, que vive en tu ser más íntimo, te ayudará. Pídele que te llene por completo con mi plenitud, de modo que puedas *ser lleno de la plenitud divina,* convirtiéndote en un cuerpo completamente inundado de mí. De este modo podrás experimentar mi Amor en la más completa extensión.

> *...el SEÑOR te mire con agrado*
> *y te extienda su amor.*
> —NÚMEROS 6.25

> *Ni las muchas aguas pueden apagarlo,*
> *ni los ríos pueden extinguirlo.*
> *Si alguien ofreciera todas sus riquezas*
> *a cambio del amor,*
> *solo conseguiría el desprecio.*
> —CANTAR DE LOS CANTARES 8.7

LEE TAMBIÉN: ISAÍAS 49.15, 16; EFESIOS 3.19

YO QUIERO QUE CONSUELES a otros *con el mismo consuelo que has recibido de mí.* No importa qué circunstancias estés soportando, mi Presencia y mi consuelo son suficientes para tus necesidades. Como cristiano, todo lo que tengas que soportar tiene un significado y un propósito. El sufrimiento puede edificar tu carácter y prepararte para ayudar a otros que estén sufriendo. Así que háblame libremente acerca de las dificultades de tu vida, y pídeme que las use para mis propósitos. Por supuesto, puedes buscar alivio de tus sufrimientos, pero ten cuidado de no pasar por alto las bendiciones ocultas en ellos. En la medida en que te acerques más a mí durante tus tiempos de pruebas buscando mi ayuda, crecerás en madurez y sabiduría. Esto te preparará para que ayudes a otros mientras soportan sus propias adversidades. Tu empatía por las personas que sufren se derramará sobre sus vidas. Y vas a darte cuenta de que serás más efectivo en consolar a los que están pasando por pruebas porque tú ya las habrás atravesado.

La disciplina de las dificultades te permitirá desarrollar mejor un carácter pacífico. Aunque es dolorosa en el momento, *más tarde produce una cosecha de justicia.*

Alabado sea el Dios y Padre de nuestro Señor Jesucristo, Padre misericordioso y Dios de toda consolación, quien nos consuela en todas nuestras tribulaciones para que, con el mismo consuelo que de Dios hemos recibido, también nosotros podamos consolar a todos los que sufren.
—2 CORINTIOS 1.3, 4

Así que mi Dios les proveerá de todo lo que necesiten, conforme a las gloriosas riquezas que tiene en Cristo Jesús.
—FILIPENSES 4.19

LEE TAMBIÉN: HEBREOS 12.11

LA GRATITUD ES EL MEJOR antídoto contra un sentido de derecho; es decir, contra la actitud ponzoñosa de creer que «el mundo me debe algo». Este es un concepto erróneo que se ha transformado en una epidemia en el mundo actual y es totalmente contrario a la enseñanza bíblica. El apóstol Pablo les ordenó a los cristianos «que se aparten de todo hermano que esté viviendo como un vago» y enseñó con su ejemplo, *trabajando arduamente y sin descanso para ser él mismo un modelo a seguir por otros*. Incluso dijo: «El que no quiera trabajar, que tampoco coma».

Una definición de este sentido de derecho es *creer que mereces que te den algo*. El sentido de gratitud es todo lo contrario: una actitud de sentirte contento con lo que tienes. Si te hubiese dado lo que merecías, tu destino final sería el infierno y no tendrías la más mínima esperanza de salvación. Así que agradece que yo sea *rico en misericordia; es por gracia que has sido salvado*.

Pretender que mereces más de lo que realmente tienes hará de ti una persona miserable, pero una actitud agradecida te llenará de Gozo. Además, cuando eres agradecido, me estás *adorando como a mí me agrada, con temor reverente*.

Hermanos, en el nombre del Señor Jesucristo les ordenamos que se aparten de todo hermano que esté viviendo como un vago y no según las enseñanzas recibidas de nosotros. Ustedes mismos saben cómo deben seguir nuestro ejemplo. Nosotros no vivimos como ociosos entre ustedes, ni comimos el pan de nadie sin pagarlo. Al contrario, día y noche trabajamos arduamente y sin descanso para no ser una carga a ninguno de ustedes. Y lo hicimos así no porque no tuviéramos derecho a tal ayuda, sino para darles buen ejemplo. Porque, incluso cuando estábamos con ustedes, les ordenamos: «El que no quiera trabajar, que tampoco coma».

—2 TESALONICENSES 3.6-10

LEE TAMBIÉN: EFESIOS 2.4, 5; SALMOS 107.1; HEBREOS 12.28

ESTOY LLENO DE GRACIA Y DE VERDAD. La «gracia» se refiere a un favor inmerecido y al Amor que te tengo. Recibir algo que no mereces te humilla, pero eso es algo bueno, pues te protege del orgullo. La gracia es un regalo de valor ilimitado que te asegura tu salvación eterna. Debido a que me conoces como tu Salvador, siempre estaré de tu lado, mi amado. El Amor que te tengo es infalible e inmerecido. Nunca te lo habrías podido ganar con tu esfuerzo. Por eso, nunca lo vas a perder. *Solo confía en este gran Amor, y regocíjate en mi salvación.*

No solo estoy lleno de verdad, sino que *yo soy la Verdad.* La gente hoy en día está siendo bombardeada por noticias y mensajes llenos de fantasías y mentiras. Como resultado, el cinismo abunda en el mundo. No obstante, en mí y en la Biblia encontrarás la Verdad absoluta y que no cambia. Conocerme a mí *pone tus pies sobre una roca y te planta en un terreno firme.* Este fundamento seguro para tu vida hace de ti un faro que alumbra en un mundo relativista y oscuro. *Deja que tu luz brille* delante de todos, de tal manera que *muchos puedan verla y pongan su confianza en mí.*

Y el Verbo se hizo hombre y habitó entre nosotros. Y hemos contemplado su gloria, la gloria que corresponde al Hijo unigénito del Padre, lleno de gracia y de verdad.
—JUAN 1.14

—Yo soy el camino, la verdad y la vida —le contestó Jesús—. Nadie llega al Padre sino por mí.
—JUAN 14.6

LEE TAMBIÉN: SALMOS 13.5, 6; MATEO 5.16

QUIERO QUE TENGAS UNA APACIBLE confianza en mí, tu Dios vivo. Como escribió el profeta Isaías: «*En la serenidad y la confianza está su fuerza*». Hay personas que para imponerse sobre los demás hablan a gritos o hacen promesas que no van a cumplir. Estas voces altisonantes pueden dar la impresión de ser poderosas, ofreciendo salud y riqueza a quienes les den dinero, pero en la realidad no son más que parásitos que sobreviven exprimiendo los preciosos recursos que pueden sacar de los demás.

La verdadera fuerza se obtiene a través de confiar calmadamente en mí y mis promesas. Alégrate de que yo sea tu Dios *vivo* y no un ídolo inanimado. *Yo soy el que vive; el que estuvo muerto, pero ahora vive por los siglos de los siglos.* Mi Poder es infinito; sin embargo, me acerco a ti dulce y amorosamente. Pasemos tiempo juntos, mi amado, relacionándonos en un ambiente de confianza plena. Mientras descansas conmigo, yo te fortalezco preparándote para enfrentar los desafíos que vas a encontrar en el camino. Mientras te concentras en mi Presencia, usa las Escrituras para que te ayuden a orar. Puedes acercarte más a mí al susurrar: «*¡Cuánto te amo, Señor, fuerza mía!*».

> *Porque así dice el SEÑOR omnipotente, el Santo de Israel:*
> *«En el arrepentimiento y la calma está su salvación,*
> *en la serenidad y la confianza está su fuerza,*
> *¡pero ustedes no lo quieren reconocer!*
>
> —ISAÍAS 30.15

> *...y el que vive. Estuve muerto, pero ahora vivo por los siglos de los siglos, y tengo las llaves de la muerte y del infierno.*
>
> —APOCALIPSIS 1.18

LEE TAMBIÉN: SALMOS 18.1

Yo estoy siempre contigo, mi amado, seas o no consciente de mi Presencia. A veces, aunque el lugar donde te encuentras luzca desolado y desprovisto de mi amorosa compañía, clama a mí y verás que estoy a tu lado, dispuesto a acudir en tu ayuda. *Yo estoy cerca quienes me invocan.* Susurra mi Nombre con tierna confianza, despojándote de toda duda. Háblame de tus problemas y pídeme que te guíe con respecto a ellos; luego, cambia de asunto. ¡Alábame por mi grandeza, mi gloria, mi poder y majestad! Agradéceme por las cosas buenas que he hecho y estoy haciendo en tu vida. Me encontrarás ricamente presente en tu alabanza y acción de gracias.

¡Pruébame y ve cuán bueno soy! Mientras más te concentres en mí y mis bendiciones, mejor podrás degustar mi bondad. Deléitate con la dulzura de *mi fiel Amor.* Disfruta el sabor delicioso de mi fuerza. Satisface el hambre de tu corazón con el Gozo y la Paz de mi Presencia. *Yo estoy contigo, y te protegeré por dondequiera que vayas.*

> *El Señor está cerca de quienes lo invocan,*
> *de quienes lo invocan en verdad.*
> —Salmos 145.18

> *Prueben y vean que el Señor es bueno;*
> *dichosos los que en él se refugian.*
> —Salmos 34.8

> *Yo estoy contigo. Te protegeré por dondequiera que vayas, y te traeré de vuelta a esta tierra. No te abandonaré hasta cumplir con todo lo que te he prometido.*
> Génesis 28.15

Lee también: Isaías 54.10

VEN A MÍ, y descansa en mi Presencia. Yo soy el *Príncipe de Paz*. Tú necesitas mi Paz continuamente, así como me necesitas a mí todo el tiempo. Cuando las cosas transcurren sin problemas en tu vida, tu tendencia es olvidar cuán dependientc de mí eres en realidad. Después, cuando encuentras obstáculos en el camino, te pones ansioso y te desesperas. Entonces te acuerdas de regresar a mí en busca de mi Paz. Y yo, con toda mi alegría, te doy este precioso regalo. Por lo general, tendrás que calmarte para empezar a disfrutarlo. ¡Cuánto mejor es permanecer cerca a mí en todo momento!

¡Recuerda que yo, tu Príncipe, soy de la realeza! *Toda autoridad me ha sido dada en el cielo y en la tierra.* Cuando estés experimentando tiempos difíciles en tu vida, ven a mí y cuéntame tus angustias. ¡Pero no olvides quién soy yo! No me muestres el puño ni me exijas que haga las cosas a tu manera. En lugar de eso, haz tuya esta alentadora oración de David: *«Pero yo, Señor, en ti confío, y digo: "Tú eres mi Dios". Mi vida entera está en tus manos».*

Vengan a mí todos ustedes que están cansados y agobiados, y yo les daré descanso.
—MATEO 11.28

Porque nos ha nacido un niño,
se nos ha concedido un hijo;
la soberanía reposará sobre sus hombros,
y se le darán estos nombres:
Consejero admirable, Dios fuerte,
Padre eterno, Príncipe de paz.
—ISAÍAS 9.6

LEE TAMBIÉN: MATEO 28.18; SALMOS 31.14, 15

En mí estás a salvo, seguro y completo. De modo que detén tu ansiedad y ven a mí con las cosas que te preocupan. Confía en mí lo suficiente para ser franco y honesto mientras me cuentas tus angustias. *Deposita en mí toda ansiedad, porque yo cuido de ti.* Tú eres mi gran preocupación, así que te invito a que vengas a mí y descanses *al amparo de mi Presencia.*

Si te alejas de mí y me dejas fuera de tu vida, pronto sentirás que algo importante te falta. La inquietud que te asalta en ese tiempo es un regalo que yo te mando para que recuerdes que debes volver a mí, tu *Primer Amor.* Yo quiero ser el centro de tus pensamientos y tus sentimientos, tus planes y tus acciones. Esto le dará sentido a todo lo que hagas, de acuerdo a mi voluntad. Vas camino al cielo, y yo soy tu Compañero constante. No te acobardes cuando encuentres problemas en el camino que vamos siguiendo tú y yo juntos. No olvides que *yo he vencido al mundo.* En mí estás absolutamente seguro. Seguro y completo.

Depositen en él toda ansiedad, porque él cuida de ustedes.
—1 Pedro 5.7

Sin embargo, tengo en tu contra que has abandonado tu primer amor.
—Apocalipsis 2.4

Yo les he dicho estas cosas para que en mí hallen paz. En este mundo afrontarán aflicciones, pero ¡anímense! Yo he vencido al mundo.
—Juan 16.33

Lee también: Salmos 31.19, 20

LA SUMA DE MIS PALABRAS es la verdad. ¡Una verdad absoluta, inmutable y eterna! Cada vez más personas están cayendo en la trampa de la mentira de que la verdad es relativa o simplemente no existe. Estas personas son demasiado cínicas o están demasiado heridas para ver las cosas que son *verdaderas, respetables, justas, puras, amables, dignas de admiración.* Ellas tienden a centrarse en lo que es falso, equivocado, impuro y feo. Este enfoque dañino lleva a muchos a la desesperación o a conductas autodestructivas. *El dios de este mundo ha cegado la mente de los incrédulos para que no vean la Luz de mi glorioso evangelio.*

El evangelio irradia una Luz pura y poderosa, que ilumina mi Gloria: ¡la maravilla de quién soy y lo que he hecho! Esta buena noticia tiene Poder ilimitado para transformar vidas, sacándolas de la desesperación y trayéndolas al deleite más puro. Todos mis hijos, llenos de mi Espíritu, están bien equipados para ser portadores de la Luz del evangelio de modo que alumbre a otros. Yo quiero que *tú* te unas a esta gloriosa empresa, usando tus dones y las oportunidades que te proporciono. Sé que eres débil, pero eso encaja perfectamente con mis propósitos. *Mi Poder se perfecciona en la debilidad.*

> *La suma de tus palabras es la verdad;*
> *tus rectos juicios permanecen para siempre.*
> —SALMOS 119.160

> *Por último, hermanos, consideren bien todo lo verdadero, todo lo respetable, todo lo justo, todo lo puro, todo lo amable, todo lo digno de admiración, en fin, todo lo que sea excelente o merezca elogio.*
> —FILIPENSES 4.8

LEE TAMBIÉN: 2 CORINTIOS 4.4; 2 CORINTIOS 12.9

YO, EL SEÑOR, *SOY TU FORTALEZA*. En los días en que te sientes seguro, es posible que esta verdad no te sea tan evidente. Sin embargo, la misma es una cuerda de salvamento llena de aliento y esperanza que está siempre disponible para ti. Cada vez que te sientas débil, búscame y aférrate firmemente a esta cuerda. Y clama con toda tu alma: «¡*Señor, sálvame!*».

Deja que mi *gran Amor sea tu consuelo*. Cuando te parezca que te estás hundiendo en las arenas movedizas de tus luchas, es urgente que te aferres a algo que no te va a fallar, algo a lo que le puedas confiar tu vida. Mi poderosa Presencia no solo te fortalecerá, sino que te sostendrá y no dejará que te hundas. Yo tengo un firme control sobre ti, mi amado.

Debido a que siempre estoy cerca, no tienes por qué tenerles miedo a tus debilidades. En realidad, *mi poder se perfecciona en la debilidad*. Así que dame las gracias por tus debilidades y no dejes en ningún momento de confiar en mi Fuerza siempre presente.

A ti, fortaleza mía, te cantaré salmos,
pues tú, oh Dios, eres mi protector.
¡Tú eres el Dios que me ama!
—SALMOS 59.17

Pero, al sentir el viento fuerte,
tuvo miedo y comenzó a hundirse. Entonces gritó:
—¡Señor, sálvame!
—MATEO 14.30

Que sea tu gran amor mi consuelo,
conforme a la promesa que hiciste a tu siervo.
—SALMOS 119.76

LEE TAMBIÉN: 2 CORINTIOS 12.9

NO TENGAS MIEDO DE ENFRENTAR tus pecados. Excepto yo, no ha existido una persona que no haya pecado nunca. *Si tú dices que no tienes pecado, te estás engañando a ti mismo y no tienes la verdad.* En realidad, es bastante liberador *confesar tus pecados*, sabiendo que *te perdonaré y te limpiaré de toda maldad.* La buena noticia es que ya te he redimido y pagado la pena completa por todos tus pecados. Cuando confiesas tus malas acciones, te estás alineando con la verdad. Puesto que *yo soy la Verdad*, tu confesión te acerca más a mí. También *te libera* de seguir experimentando sentimientos de culpa.

Cuando te des cuenta de que has pecado con tus pensamientos, palabras o acciones, admítelo inmediatamente. Tu confesión no tiene por qué ser larga o elocuente. Puede ser tan simple como: «¡Perdóname y límpiame, Señor!». Yo ya hice la parte más difícil: morir en la cruz por tus pecados. Tu parte es vivir en la Luz de la Verdad. *Yo, tu Salvador, soy la Luz del mundo.*

*Si afirmamos que no tenemos pecado, nos engañamos a nosotros mismos
y no tenemos la verdad. Si confesamos nuestros pecados, Dios, que es
fiel y justo, nos los perdonará y nos limpiará de toda maldad.*

—1 JUAN 1.8, 9

*—Yo soy el camino, la verdad y la vida —le contestó
Jesús—. Nadie llega al Padre sino por mí.*

—JUAN 14.6

...y conocerán la verdad, y la verdad los hará libres.

—JUAN 8.32

LEE TAMBIÉN: JUAN 8.12

DÉJAME ENSEÑARTE CÓMO OCUPAR más de tu tiempo en el presente. El futuro, en la forma en que la mayoría de la gente lo conceptualiza, en realidad no existe. Cuando te asomas a tus mañanas haciendo predicciones, estás simplemente ejercitando tu imaginación. Yo soy el único que tengo acceso a lo que «todavía no es», porque no estoy limitado por el tiempo. A medida que avanzas paso a paso a través de cada día, yo despliego el futuro ante ti. Sin embargo, mientras avanzas en el tiempo, nunca pondrás un pie en lo que va a ocurrir sin que antes hayas estado en el momento presente. Reconocer lo inútil que es pretender ver lo que está por venir te puede liberar para vivir más plenamente en el hoy.

Llegar a ser libre es un proceso complicado, porque tu mente está acostumbrada a deambular a voluntad hacia el futuro. Cuando te encuentres atrapado en tales pensamientos, reconoce que has caído en la tierra de la fantasía. Despertarte a esta verdad te ayudará a regresar al presente, donde yo te estoy esperando ansioso para envolverte en mi *gran Amor*.

...que no sabe lo que está por suceder, ni hay quien se lo pueda decir.
—ECLESIASTÉS 8.7

«Yo soy el Alfa y la Omega —dice el Señor Dios—, el que es y que era y que ha de venir, el Todopoderoso».
—APOCALIPSIS 1.8

Muchas son las calamidades de los malvados, pero el gran amor del SEÑOR envuelve a los que en él confían.
—SALMOS 32.10

CUANDO TE SIENTES AGRADECIDO, *me adoras como a mí me agrada, con temor reverente.* Acción de Gracias no es solo una festividad que se celebra una vez al año. Es una actitud del corazón que produce Gozo. También constituye un mandato bíblico. Tú no puedes adorarme aceptablemente con un corazón desagradecido. Puedes cumplir con las formalidades, pero tu ingratitud te refrenará.

Cada vez que te encuentres luchando espiritual o emocionalmente, detente y comprueba tu «medidor de agradecimiento». Si la lectura es baja, pídeme que te ayude a aumentar tu nivel de gratitud. Busca motivos para agradecerme. Anótalos si lo deseas. Tu perspectiva cambiará gradualmente de centrarte en todo lo que es erróneo a alegrarte en las cosas que son correctas.

No importa lo que esté sucediendo, puedes *alegrarte en Dios tu Libertador.* Debido a mi obra terminada en la cruz, tienes un futuro glorioso que te está garantizado para siempre. Alégrate en este regalo gratuito de salvación para ti y todo el que confía en mí como Salvador. Deja que tu corazón se desborde de agradecimiento, y yo te llenaré con mi Gozo.

Así que nosotros, que estamos recibiendo un reino inconmovible, seamos agradecidos. Inspirados por esta gratitud, adoremos a Dios como a él le agrada, con temor reverente.
—HEBREOS 12.28

Entren por sus puertas con acción de gracias; vengan a sus atrios con himnos de alabanza; denle gracias, alaben su nombre.
—SALMOS 100.4

LEE TAMBIÉN: 1 CORINTIOS 13.6; HABACUC 3.17, 18

¡Agradéceme por el regalo glorioso de la gracia! *Porque por gracia has sido salvado mediante la fe. Y esto no procede de ti, sino que es el regalo de Dios, no por obras para que nadie se jacte.* Mediante mi obra acabada en la cruz y tu decisión de creer en mí como tu Salvador, has recibido el regalo más grande de todos: *la Vida eterna.* Hasta la fe necesaria para recibir la salvación es un regalo que yo te he hecho. La mejor respuesta a tal generosidad es un corazón agradecido. Nunca me agradecerás lo suficiente o con demasiada frecuencia por la forma en que te he bendecido.

Cada vez que desees darme las gracias, piensa en lo que significa tener todos tus pecados perdonados. Esto quiere decir que ya no estás camino al infierno; tu destino es ahora *un cielo nuevo y una tierra nueva.* También significa que cada día de tu vida es valioso. A medida que transcurre el día de hoy, agradéceme repetidamente por el increíble don de la gracia. Deja que esta gratitud te llene de Gozo y aumente tu agradecimiento por las muchas *otras* bendiciones que te proveo.

Porque por gracia ustedes han sido salvados mediante la fe; esto no procede de ustedes, sino que es el regalo de Dios, no por obras, para que nadie se jacte.
—Efesios 2.8, 9

Porque tanto amó Dios al mundo que dio a su Hijo unigénito, para que todo el que cree en él no se pierda, sino que tenga vida eterna.
—Juan 3.16

No teman a los que matan el cuerpo, pero no pueden matar el alma. Teman más bien al que puede destruir alma y cuerpo en el infierno.
—Mateo 10.28

Lee también: Apocalipsis 21.1

AGRADÉCEME PORQUE YO SOY BUENO; mi gran Amor perdura para siempre. Quiero que apartes un tiempo para pensar en las muchas bendiciones que te he provisto. Dame las gracias por el don de la vida: la tuya y la de tus seres queridos. Dame las gracias por cada provisión: alimento y agua, un techo que te cubra, ropa y muchas cosas más. Luego, recuerda el más grande don: la Vida eterna para los que me conocen como su Salvador.

Al reflexionar sobre todo lo que he hecho por ti, deléitate también en *quién yo soy*. ¡Yo soy cien por ciento Bueno! Nunca ha habido, ni nunca habrá el más mínimo ápice de oscuridad en mí. *¡Yo soy la Luz del mundo!* Además, mi Amor por ti perdurará y perdurará por toda la eternidad.

Incluso ahora mismo estás abrigado por mi amorosa Presencia. Independientemente de lo que pudiera estar sucediendo, yo estoy siempre cerca de mis seguidores. Así que no te preocupes si puedes percibir o no mi Presencia. Simplemente *confía* en que yo estoy contigo y busca consuelo en *mi gran Amor*. ¡Lo encontrarás!

> *Den gracias al SEÑOR, porque él es bueno;*
> *su gran amor perdura para siempre.*
> —SALMOS 107.1

> —*Ciertamente les aseguro que, antes de que Abraham naciera, ¡yo soy!*
> —JUAN 8.58

> *¡Que den gracias al SEÑOR por su gran amor,*
> *por sus maravillas en favor de los hombres!*
> —SALMOS 107.8

LEE TAMBIÉN: JUAN 8.12

Recibe con alegría y agradecimiento las bendiciones que derramo sobre ti. Sin embargo, no te aferres a ellas. Consérvalas con una actitud generosa y estando listo para devolvérmelas. Al mismo tiempo, quiero que disfrutes al máximo de la cosas buenas que te doy. La mejor manera de hacerlo es viviendo en el presente, negándote a preocuparte por el mañana. *Hoy* es el momento para disfrutar de las bendiciones que te he provisto. Dado que no sabes lo que pasará mañana, aprovecha al máximo lo que tienes hoy: familia, amigos, talentos, posesiones. Y busca oportunidades a fin de ser una bendición para otros.

Cuando te quito algo o a alguien que atesoras, es saludable que llores su pérdida. También es importante que te aproximes lo más que puedas a mí durante este tiempo. Aférrate a mí, mi amado, y no te sueltes. Recuerda que nunca nadie podrá apartarte de mí. Déjame ser *tu Roca en quien encuentras refugio*. Yo siempre estoy dándote nuevas bendiciones para consolarte y guiarte. ¡Mantente en la búsqueda de todo lo que tengo para ti!

Por lo tanto, no se angustien por el mañana, el cual tendrá sus propios afanes. Cada día tiene ya sus problemas.
—Mateo 6.34

—Marta, Marta —le contestó Jesús—, estás inquieta y preocupada por muchas cosas, pero solo una es necesaria. María ha escogido la mejor, y nadie se la quitará.
—Lucas 10.41, 42

Lee también: Salmos 18.2; Isaías 43.19

YO TE CREÉ PARA QUE ME GLORIFICARAS. Haz de este precepto tu punto focal mientras avanzas por tu camino en este día. La acción de gracias, la alabanza y la adoración son formas de glorificarme. Dame las gracias sin cesar; mantente en la búsqueda de mis bendiciones, como si fueran un tesoro escondido. Alábame no solo a través de la oración y de cánticos, sino en lo que les dices a otras personas. Háblales de mis obras maravillosas. ¡Cuéntales cuán grande soy! ¡Únete a otros para adorarme en la iglesia, donde el peso de mi Gloria puede palparse!

Cuando tengas que tomar decisiones, piensa en las que me glorificarían y me producirían alegría. Esto te puede ayudar a decidir sabiamente y a estar más consciente de mi Presencia. En lugar de quedarte atascado en la reflexión, pídeme que guíe tu mente. Yo conozco hasta el más mínimo detalle de tu vida y tus circunstancias. Mientras mejor me conozcas, más efectivamente puedo guiarte en tus decisiones; así que esfuérzate en aumentar tu conocimiento de mí. *Mi Palabra es una lámpara a tus pies y una luz en tu sendero.*

...den gracias a Dios en toda situación, porque esta es su voluntad para ustedes en Cristo Jesús.
—1 TESALONICENSES 5.18

Proclamen su gloria entre las naciones, sus maravillas entre todos los pueblos.
—SALMOS 96.3

Tu palabra es una lámpara a mis pies; es una luz en mi sendero.
—SALMOS 119.105

LEE TAMBIÉN: 2 CORINTIOS 4.17, 18

DARME LAS GRACIAS DESPIERTA TU CORAZÓN, agudiza tu mente y te ayuda a disfrutar de mi Presencia. Por eso, cuando en tu vida te sientas desenfocado o alejado de mí, agradéceme *por algo*. Siempre hay una abundancia de cosas para elegir: regalos eternos —como la salvación, la gracia y la fe— así como bendiciones ordinarias, de todos los días. Piensa en las últimas veinticuatro horas y toma nota de todas las cosas buenas que te haya provisto en tal periodo de tiempo. Esto no solo te levantará el ánimo, sino que despertará tu mente de modo que puedas pensar más claramente.

Recuerda que *tu enemigo el diablo ronda como león rugiente, buscando a quién devorar*. ¡Esta es la razón de que resulte tan importante el *dominio propio* y *mantenerse alerta*! Cuando dejas que tu mente divague desenfocada, eres mucho más vulnerable al maligno. Sin embargo, el remedio es simple. Tan pronto como te des cuenta de lo que te está sucediendo, podrás ahuyentar al enemigo dándome las gracias y alabándome. Esta es la guerra de adoración. ¡Y funciona!

Porque por gracia ustedes han sido salvados mediante la fe; esto no procede de ustedes, sino que es el regalo de Dios, no por obras, para que nadie se jacte.
—EFESIOS 2.8, 9

Practiquen el dominio propio y manténganse alerta. Su enemigo el diablo ronda como león rugiente, buscando a quién devorar.
—1 PEDRO 5.8

¡Gracias a Dios por su don inefable!
—2 CORINTIOS 9.15

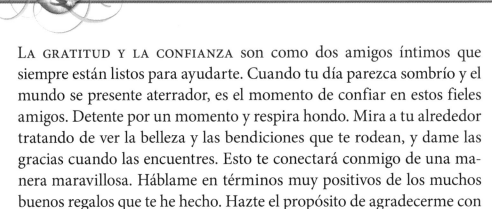

LA GRATITUD Y LA CONFIANZA son como dos amigos íntimos que siempre están listos para ayudarte. Cuando tu día parezca sombrío y el mundo se presente aterrador, es el momento de confiar en estos fieles amigos. Detente por un momento y respira hondo. Mira a tu alrededor tratando de ver la belleza y las bendiciones que te rodean, y dame las gracias cuando las encuentres. Esto te conectará conmigo de una manera maravillosa. Háblame en términos muy positivos de los muchos buenos regalos que te he hecho. Hazte el propósito de agradecerme con entusiasmo, independientemente de cómo te sientas. Al persistir en lo que respecta a expresarme tu gratitud, vas a descubrir que el gozo inundará tu alma.

También es útil acostumbrarte a expresar con frecuencia tu confianza en mí. ¡Esto te recuerda que yo estoy contigo y soy absolutamente confiable! En tu vida habrá siempre algunas áreas en las que tengas que confiar en mí más plenamente que en otras. Cuando vengan los días duros, recíbelos como oportunidades para ampliar el ámbito de tu confianza *viviendo por fe* en estas épocas difíciles. No malgastes las oportunidades; úsalas para acercarte más a mí. ¡Yo te estaré esperando con los brazos abiertos para darte la bienvenida!

> *¡Cuán bueno, SEÑOR, es darte gracias*
> *y entonar, oh Altísimo, salmos a tu nombre.*
> —SALMOS 92.1, 2

> *Tú eres mi Dios, por eso te doy gracias;*
> *tú eres mi Dios, por eso te exalto.*
> —SALMOS 118.28

LEE TAMBIÉN: 2 CORINTIOS 5.7; SANTIAGO 4.8

TÚ ME AMAS PORQUE YO te amé primero. La verdad es que *estabas muerto en tus pecados* —siendo completamente incapaz de amarme— hasta que mi Espíritu obró en lo íntimo de tu ser para hacerte espiritualmente vivo. Esto te permitió arrepentirte de tu pecaminosidad y recibir no solo la Vida eterna, sino también mi Amor eterno. Al meditar en este milagroso regalo de la salvación, deja que la gratitud dentro de ti se exprese libremente y te llenes de Gozo.

Ser agradecido es sumamente importante para tu crecimiento en la gracia. Esto abre tu corazón y tu mente a mi Palabra, permitiéndote crecer en sabiduría y entendimiento. Una disposición a dar gracias te ayudará a descubrir la miríada de bendiciones que derramo sobre ti, incluso en medio de los tiempos difíciles. Un corazón agradecido te protegerá del desánimo y la autocompasión. Realzar tu conciencia de mi Presencia continua te ayudará a comprender más plenamente las vastas dimensiones de mi Amor por ti. Así que cultiva tu gratitud, mi amado. Tu agradecimiento fomentará tu amor por mí. ¡Y lo hará más luminoso y fuerte!

> *Nosotros amamos porque él nos amó primero.*
>
> —1 JUAN 4.19

> *Le pido que, por medio del Espíritu y con el poder que procede de sus gloriosas riquezas, los fortalezca a ustedes en lo íntimo de su ser, para que por fe Cristo habite en sus corazones. Y pido que, arraigados y cimentados en amor, puedan comprender, junto con todos los santos, cuán ancho y largo, alto y profundo es el amor de Cristo.*
>
> —EFESIOS 2.1

LEE TAMBIÉN: EFESIOS 3.16-18

EL FUTURO DE LOS JUSTOS ES HALAGÜEÑO. Esto significa que tu futuro es excelente, porque yo te he vestido con el *manto de la justicia*. Así que comienza cada día con ansias de recibir el Gozo que tengo reservado para ti.

Algunos de mis seguidores no logran encontrar los disfrutes que he preparado para ellos, ya que se concentran demasiado en los problemas de la vida y las vicisitudes del mundo. En lugar de *tener una vida abundante*, viven cautelosamente, tratando de minimizar los dolores y los riesgos. Al hacerlo, también están reduciendo sus tiempos de Gozo y su eficacia en mi reino. Este *no es* el estilo de vida que he previsto para ti.

Al despertar cada mañana, busca mi Rostro con esperanzada anticipación. Invítame a que te prepare no solo para enfrentar alguna dificultad que se te presente durante el día, sino también para disfrutar de los deleites que he plantado a lo largo de tu camino. Luego, toma mi mano y déjame compartir en todo lo que encuentres a lo largo de la senda por la que avanzas… ¡incluyendo todo el Gozo!

> *El futuro de los justos es halagüeño;*
> *la esperanza de los malvados se desvanece.*
> —PROVERBIOS 10.28

> *El ladrón no viene más que a robar, matar y destruir; yo he*
> *venido para que tengan vida, y la tengan en abundancia.*
> —JUAN 10.10

LEE TAMBIÉN: ISAÍAS 61.10

El Gozo es una opción, una decisión con la que te enfrentarás muchas veces cada día mientras vives en este mundo. Cuando vayas al cielo, un Gozo indescriptiblemente glorioso será tuyo, sin ningún esfuerzo de tu parte. No tendrás que ejercer tu voluntad para ser feliz. Esto se producirá naturalmente y será constante.

Mientras vas por este mundo caído, quiero ayudarte a hacer decisiones más sabias cada vez. Necesitas tomar conciencia —y mantenerte consciente— de que puedes elegir ser positivo y tener esperanza momento a momento. Establece la meta de encontrar el Gozo en medio de tu día. Si notas que te estás desanimando, frustrándote, o te atacan otros sentimientos negativos, deja que esas emociones punzantes te lleven a recordarme. *Busca mi Rostro* y habla conmigo. Puedes orar algo así como: «Señor Jesús, elijo ser feliz, porque tú eres *Dios, mi Libertador,* y nada me puede separar de tu amorosa Presencia».

Vive victoriosamente, mi amado, tratando de encontrarme en cada vez más de tus momentos.

El corazón me dice: «¡Busca su rostro!»
Y yo, Señor, tu rostro busco.
—Salmos 27.8

...aun así, yo me regocijaré en el Señor,
¡me alegraré en Dios, mi libertador!
—Habacuc 3.18

Lee también: Romanos 8.38, 39

Diciembre

Con alegría sacarán ustedes agua de las fuentes de la salvación.

ISAÍAS 12.3

HAGAS LO QUE HAGAS, trabaja de buena gana, como si lo estuvieras haciendo para mí y no para nadie de este mundo. La falta de entusiasmo no me agrada y no creo que sea buena para ti. La tentación es hacer lo más rápido que se pueda los quehaceres rutinarios y de manera descuidada. Sin embargo, esta actitud negativa, si la cultivas, te desvalorizará a ti y a tu trabajo. No obstante, si cumples las mismas tareas con un corazón agradecido, encontrarás placer en ellas y la calidad del producto final será mucho mejor.

Es bueno que recuerdes que cada momento de tu vida es un regalo de mi parte. En lugar de sentirte con derecho a circunstancias mejores, aprovecha al máximo todo lo que te proveo, incluyendo tu trabajo. Cuando puse a Adán y Eva en el Jardín del Edén, les dije que lo *cultivaran y lo cuidaran.* Aun cuando era un ambiente perfecto, no se trataba de un lugar lleno de ocio ni de holgazanería.

Hagas lo que hagas, mi amado, estarás *haciéndolo para mí.* De modo que dame tus mejores esfuerzos y yo te daré lo mejor de mi Gozo.

> *Hagan lo que hagan, trabajen de buena gana, como para el Señor y no como para nadie en este mundo.*
> —COLOSENSES 3.23

> *Dios el SEÑOR tomó al hombre y lo puso en el jardín del Edén para que lo cultivara y lo cuidara.*
> —GÉNESIS 2.15

LEE TAMBIÉN: 2 TESALONICENSES 3.11, 12

AL QUE TENGA SED le daré a beber gratuitamente de la fuente del agua de la Vida. Bébela con intensidad y así yo podré vivir abundantemente en ti. Deja que el agua de la Vida llegue hasta las profundidades de tu ser, refrescándote y renovándote. Como esta agua de Vida es gratis, puedes disponer de toda la que quieras… puedes tener tanto como desees de mí. *¡Yo soy Cristo en ti, la esperanza de Gloria!*

Mi deseo es que tengas mucha *sed de mí, tu Dios*. La sed es un deseo muy poderoso; el agua sostiene la vida, incluso más que el alimento. El agua pura es mucho más saludable que las bebidas enlatadas llenas de azúcares o productos químicos. De igual manera, beber de mí primero que nada y ante todo es determinante para tu salud espiritual. Aunque otras cosas pudieren satisfacerte durante un tiempo, no van a apagar la sed de tu alma.

¡Alégrate de que lo que más necesitas es gratuito! *Saca agua de las fuentes de la salvación con alegría.*

> *También me dijo: «Ya todo está hecho. Yo soy el Alfa y la Omega, el Principio y el Fin. Al que tenga sed le daré a beber gratuitamente de la fuente del agua de la vida.*
> —APOCALIPSIS 21.6

> *A estos Dios se propuso dar a conocer cuál es la gloriosa riqueza de este misterio entre las naciones, que es Cristo en ustedes, la esperanza de gloria.*
> —COLOSENSES 1.27

> *Con alegría sacarán ustedes agua de las fuentes de la salvación*
> —ISAÍAS 12.3

LEE TAMBIÉN: SALMOS 63.1

A PESAR DE QUE NO ME VES, tú crees en mí. Yo soy más real —completo, inmutable, ilimitado— que las cosas que puedes ver. Al creer en mí, estás confiando en una Realidad que es una roca sólida. Yo soy la *Roca* indestructible en la cual te puedes parar confiado, sin que importen las circunstancias Y debido a que me perteneces, estoy dedicado a ti. Mi amado, te animo a que *busques refugio en mí.*

Creer en mí, tiene innumerables beneficios. ¡El más precioso es *la salvación* de tu alma para siempre! Creer en mí realza también tu vida presente de forma notable, por lo que es más fácil saber quién eres y a Quién perteneces. Al mantenerte en comunicación conmigo, te ayudo a encontrar tu camino a través de este mundo caído y estropeado sin que se afecte la esperanza que abrigas en tu corazón. Todo esto amplía tu capacidad para disfrutar de la auténtica felicidad. ¡Mientras más me busques y más completamente me conozcas, más podré llenarte con mi *Gozo indescriptible y glorioso*!

Ustedes lo aman a pesar de no haberlo visto; y, aunque no lo ven ahora, creen en él y se alegran con un gozo indescriptible y glorioso.
—1 PEDRO 1.8, 9

El SEÑOR es mi roca, mi amparo, mi libertador;
es mi Dios, el peñasco en que me refugio.
Es mi escudo, el poder que me salva,
¡mi más alto escondite!
—SALMOS 18.2

Pero, si esperamos lo que todavía no tenemos, en la espera mostramos nuestra constancia.
—ROMANOS 8.25

QUIERO QUE CONFÍES en mí lo suficiente como para relajarte y disfrutar de mi Presencia. Yo no te diseñé para que vivieras en un estado de extrema vigilancia, sintiendo y actuando como si estuvieras permanentemente en medio de una emergencia. Tu cuerpo está diseñado de manera maravillosa para «aumentar las revoluciones» cuando sea necesario y «disminuir las revoluciones» cuando la crisis haya pasado. Sin embargo, debido a que vives en un mundo tan deteriorado, te parece difícil bajar la guardia y relajarte. Quiero que recuerdes que yo estoy contigo todo el tiempo y que soy totalmente digno de tu confianza. *Ábreme tu corazón.* Encomienda a mi cuidado soberano todo lo que te está preocupando o molestando.

Mientras más te apoyas en mí, más plenamente vas a poder disfrutar de mi Presencia. Al descansar bajo mi Luz sanadora, yo proyectaré Paz en tu mente y tu corazón. Tu seguridad de mi Presencia contigo se hará más fuerte y *mi gran Amor* inundará lo íntimo de tu ser. *Confía en mí,* mi amado, *de todo corazón y con toda tu mente.*

Confía siempre en él, pueblo mío;
ábrele tu corazón cuando estés ante él.
¡Dios es nuestro refugio!
—SALMOS 62.8

Pero yo soy como un olivo verde
que florece en la casa de Dios;
yo confío en el gran amor de Dios
eternamente y para siempre.
—SALMOS 52.8

LEE TAMBIÉN: PROVERBIOS 3.5

YO TE CREÉ *A MI IMAGEN*, con la asombrosa capacidad de comunicarte conmigo. Como portador de mi imagen, eres capaz de elegir el enfoque de tu mente. Muchos de tus pensamientos van y vienen espontáneamente, pero puedes controlarlos más de lo que crees. El Espíritu Santo inspiró a Pablo a escribir: *«Consideren bien todo lo verdadero, todo lo respetable, todo lo justo...»*. Yo no te pediría que pensaras de esta manera si no fuera posible que lo hicieras.

Debido a que el mundo contiene tanto el bien como el mal, puedes optar por concentrarte en lo *excelente* o *digno de elogio* o en cosas malsanas o perturbadoras. A veces tienes que lidiar con las desgracias de todo tipo que ocurren a tu alrededor, pero cada día trae momentos en los que puedes sentirte libre para pensar en cosas *puras y amables*. Cuando tu mente está desocupada, tiende a moverse hacia enfoques negativos, lamentándose de cosas que ocurrieron en el pasado o preocupándose por el futuro. Mientras tanto, yo estoy *contigo* en el presente, a la espera de que te acuerdes de mi Presencia. Entrénate para volverte a mí con la mayor frecuencia. Esto hará brillar aun tus tiempos más difíciles, aumentando tu Gozo.

Y Dios creó al ser humano a su imagen;
lo creó a imagen de Dios.
Hombre y mujer los creó.
—GÉNESIS 1.27

Por último, hermanos, consideren bien todo lo verdadero, todo lo
respetable, todo lo justo, todo lo puro, todo lo amable, todo lo digno de
admiración, en fin, todo lo que sea excelente o merezca elogio.
—FILIPENSES 4.8

LEE TAMBIÉN: MATEO 1.23; HECHOS 2.28

CONFÍA EN MÍ, MI AMADO. Cada vez que te asalte un pensamiento de ansiedad o miedo, tienes que mirar mi Rostro múltiples veces y pronunciar mi Nombre para acordarte de que yo estoy cerca y listo para ayudarte. Cítame algunos pasajes de las Escrituras, como: *«Señor, en ti confío, y digo: "Tú eres mi Dios". Mi vida entera está en tus manos».* Exprésame tu amor, diciendo: *«Cuánto te amo, Señor, fuerza mía».* Recuerda que yo —tu Salvador y Rey— *me deleito en ti.* ¡Tú eres un miembro muy querido de mi familia real!

Conectarte conmigo interrumpe los pensamientos negativos que tienden a correr a través de tu mente. Mientras más constante sea tu comunicación conmigo, más libre serás. Como *yo soy la Verdad,* vivir cerca de mí te ayudará a reconocer y liberarte de distorsiones y mentiras.

Confiar en mí y amarme se encuentran en el corazón mismo de tu relación conmigo. Estas hermosas formas de estar cerca de mí evitan que te concentres demasiado en ti mismo y tus miedos. Vuélvete a mí una y otra vez, seguro en mi Presencia protectora.

> *Pero yo, SEÑOR, en ti confío,*
> *y digo: «Tú eres mi Dios».*
> *Mi vida entera está en tus manos;*
> *líbrame de mis enemigos y perseguidores.*
> —SALMOS 31.14, 15

> *¡Cuánto te amo, SEÑOR, fuerza mía!*
> —SALMOS 18.1

LEE TAMBIÉN: SOFONÍAS 3.17; —JUAN 14.6

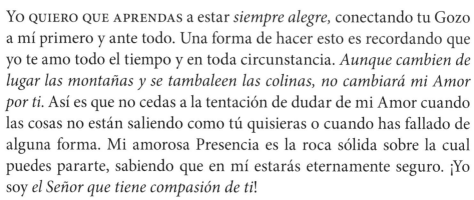

YO QUIERO QUE APRENDAS a estar *siempre alegre,* conectando tu Gozo a mí primero y ante todo. Una forma de hacer esto es recordando que yo te amo todo el tiempo y en toda circunstancia. *Aunque cambien de lugar las montañas y se tambaleen las colinas, no cambiará mi Amor por ti.* Así es que no cedas a la tentación de dudar de mi Amor cuando las cosas no están saliendo como tú quisieras o cuando has fallado de alguna forma. Mi amorosa Presencia es la roca sólida sobre la cual puedes pararte, sabiendo que en mí estarás eternamente seguro. ¡Yo soy *el Señor que tiene compasión de ti*!

Otra forma de aumentar tu Gozo es *dándome gracias en toda situación.* Pídele a mi Espíritu que te ayude a ver tu vida a través del lente del agradecimiento. Busca las bendiciones que están desperdigadas a lo largo de tu camino aun en los tiempos difíciles y agradéceme por cada una. Te animo a que mires firmemente a través de los lentes de la gratitud *pensando en todo lo que sea excelente o merezca elogio.*

> *Estén siempre alegres, oren sin cesar, den gracias a Dios en toda situación, porque esta es su voluntad para ustedes en Cristo Jesús.*
> —1 TESALONICENSES 5.16-18

> *Aunque cambien de lugar las montañas*
> *y se tambaleen las colinas,*
> *no cambiará mi fiel amor por ti*
> *ni vacilará mi pacto de paz,*
> —*dice el SEÑOR, que de ti se compadece*—.
> —ISAÍAS 54.10

LEE TAMBIÉN: FILIPENSES 4.8

YO SOY *EL SEÑOR DE PAZ*, la única fuente de Paz genuina. Te doy este regalo, no como algo separado de mí mismo, sino como parte de quien soy. No tomes esta bendición a la ligera. Separa un tiempo para concentrarte en mí y disfrutar de mi Presencia.

Tú vives en medio de una guerra espiritual intensa y mi Paz es una parte esencial de tu armadura. A fin de mantenerte en pie en esta batalla, deberás usar fuertes botas de combate: el calzado del *evangelio de la Paz*. Esta buena noticia te asegura que te amo y que estoy *de tu parte*.

Algunos de mis seguidores pierden la Paz porque creen que yo estoy siempre tratando de encontrar algo malo que han hecho para castigarlos. Por el contrario, yo te contemplo a través de ojos llenos de Amor perfecto. En lugar de castigarte cuando has hecho algo incorrecto, recuerdo que mi muerte en la cruz cubre todos tus pecados. ¡Te amo con un *Amor inagotable*, simplemente porque eres mío! Alégrate en este evangelio de la Paz; es tuyo para que lo disfrutes *siempre y en todas las circunstancias*.

> *Que el Señor de paz les conceda su paz siempre y en todas*
> *las circunstancias. El Señor sea con todos ustedes.*
> —2 TESALONICENSES 3.16

> *...y calzados con la disposición de proclamar el evangelio de la paz.*
> —EFESIOS 6.15

> *¿Qué diremos frente a esto? Si Dios está de nuestra*
> *parte, ¿quién puede estar en contra nuestra?*
> —ROMANOS 8 31

LEE TAMBIÉN: SALMOS 90.14

A MEDIDA QUE AVANZAS conmigo en este viaje por la vida, observa la esperanza del cielo brillando en tu camino y alumbrando tu perspectiva. Recuerda que tú eres uno de mi *linaje escogido, que me pertenece. Yo te llamé de las tinieblas a mi Luz admirable.* Saborea la riqueza de estos conceptos: *Yo te escogí antes de la creación del mundo*, por eso nada puede separarte de mí. ¡Eres mío para siempre! Yo te saqué de la oscuridad del *pecado y de la muerte* y te traje a la Luz exquisita de la Vida eterna.

El brillo de mi Presencia te ayudará de múltiples maneras. Mientras más cerca de mí vivas, más claramente podrás ver el camino que tienes por delante. A medida que dejes que esta Luz-Amor te inunde, *te fortaleceré y te bendeciré con mi Paz.* Mi resplandor no solo te bendecirá a ti, sino también a otras personas a medida que impregne todo tu ser. Este tiempo dedicado a mí te ayudará a ser más como yo, permitiéndote brillar en las vidas de otros. Yo estoy continuamente trayendo a mis amados de la oscuridad a mi Luz gloriosa.

> *Pero ustedes son linaje escogido, real sacerdocio, nación santa, pueblo que pertenece a Dios, para que proclamen las obras maravillosas de aquel que los llamó de las tinieblas a su luz admirable.*
> —1 PEDRO 2.9

> *Dios nos escogió en él antes de la creación del mundo, para que seamos santos y sin mancha delante de él.*
> —EFESIOS 1.4

> *...pues por medio de él la ley del Espíritu de vida me ha liberado de la ley del pecado y de la muerte.*
> —ROMANOS 8.2

LEE TAMBIÉN: SALMOS 29.11

GUARDA SILENCIO ANTE MÍ y espera con paciencia que yo actúe. Pasar tiempo de calidad conmigo es muy bueno para ti, mi amado. Yo me gozo cuando te desentiendes de muchas cosas que reclaman tu atención y te concentras con todo tu ser en mí. Sé lo difícil que es para ti permanecer tranquilo y en silencio, así que no espero perfección. En lugar de eso, valoro tu persistencia en cuanto a buscar mi Rostro. Mi amorosa aprobación brilla sobre ti mientras *me buscas de todo corazón*. Esta conexión íntima entre nosotros te ayuda a esperar confiado a que yo actúe.

No te irrites por el éxito de otros, de los que maquinan planes malvados. Confía en que yo sigo en control y finalmente prevalecerá la justicia. *Yo juzgaré al mundo con justicia y a los pueblos con fidelidad.* Mientras tanto, busca formas de hacer avanzar mi reino en este mundo. Mantén tus ojos en mí a medida que avanzas en el día de hoy, y mantente dispuesto a seguir a donde quiera que yo te lleve. *¡No te dejes vencer* [o desalentar] *por el mal; al contrario, vence el mal con el bien*!

> *Guarda silencio ante el SEÑOR,*
> *y espera en él con paciencia;*
> *no te irrites ante el éxito de otros,*
> *de los que maquinan planes malvados.*
> —SALMOS 37.7

> *Me buscarán y me encontrarán cuando me busquen de todo corazón.*
> —JEREMÍAS 29.13

> *No te dejes vencer por el mal; al contrario, vence el mal con el bien.*
> —ROMANOS 12.21

LEE TAMBIÉN: SALMOS 96.12, 13

Yo soy la Roca que es más alta que tú y tus circunstancias. Yo soy *tu* Roca, en quien encuentras refugio en cualquier momento y lugar. Ven a mí, mi amado: descansa en la Paz de mi Presencia. Tómate un respiro en tu intento de querer resolverlo todo. Admite que muchas, muchas cosas están más allá de tu comprensión y tu control. *Mis caminos y pensamientos son más altos que los tuyos, como los cielos son más altos que la tierra.*

Cuando el mundo que te rodea se vea confuso y el mal parezca triunfar, recuerda esto: yo soy la Luz que sigue brillando en todas las situaciones. Y la luz *siempre* derrota a la oscuridad cuando estas dos fuerzas se encuentran cara a cara.

Dado que eres mi seguidor, quiero que brilles poderosamente en este mundo atribulado. Susurra mi Nombre; canta canciones de alabanza. Cuéntales a los demás *las buenas noticias que son motivo de mucha alegría:* ¡que yo soy el *Salvador, Cristo el Señor*! También soy el Único que está contigo permanentemente. Mantén la mirada en mí, y mi Presencia iluminará tu camino.

> *Desde los confines de la tierra te invoco,*
> *pues mi corazón desfallece;*
> *llévame a una roca donde esté yo a salvo.*
> —SALMOS 61.2

> *El Señor es mi roca, mi amparo, mi libertador;*
> *es mi Dios, el peñasco en que me refugio.*
> *Es mi escudo, el poder que me salva,*
> *¡mi más alto escondite!*
> —SALMOS 18.2

LEE TAMBIÉN: ISAÍAS 55.9; LUCAS 2.10, 11

CUANDO ENTRÉ EN TU MUNDO como el Dios-Hombre, *vine a lo que era mío*. ¡Todo me pertenece! La mayoría de la gente piensa que ellos son dueños de lo que tienen, pero la verdad es que yo soy el dueño de todo. Aunque en ocasiones te puedes sentir aislado y solo, esto es solamente una ilusión. Yo te compré a un precio astronómico, por lo que eres mío, mi tesoro. ¡El precio colosal que pagué da fe de lo precioso que eres para mí! Recuerda esta poderosa verdad cada vez que empieces a dudar de tu valía. Tú eres mi amado, *salvado por gracia mediante la fe en* mí, tu Salvador.

Debido a que eres tan precioso para mí, quiero que te cuides: espiritual, emocional y físicamente. Dedica tiempo a reflexionar en las Escrituras en tu mente y tu corazón. Protégete, tanto en lo emocional como en lo físico, de los que quieran aprovecharse de ti. Recuerda que *tu cuerpo es templo del Espíritu Santo*. También quiero que ayudes a otros a descubrir las gloriosas buenas noticias, el don de la *Vida eterna para todo el que cree en mí*.

Vino a lo que era suyo, pero los suyos no lo recibieron.
—JUAN 1.11

Porque por gracia ustedes han sido salvados mediante la fe; esto no procede de ustedes, sino que es el regalo de Dios, no por obras, para que nadie se jacte.
—EFESIOS 2.8, 9

¿Acaso no saben que su cuerpo es templo del Espíritu Santo, quien está en ustedes y al que han recibido de parte de Dios? Ustedes no son sus propios dueños; fueron comprados por un precio. Por tanto, honren con su cuerpo a Dios.
—1 CORINTIOS 6.19, 20

LEE TAMBIÉN: JUAN 3.16

TODO EL QUE ESTÁ DE PARTE de la verdad me escucha. Yo soy la Verdad encarnada. La razón por la que nací y entré en tu mundo fue para *dar testimonio de la verdad.*

Muchos creen que no hay absolutos y todo es relativo. Las personas inescrupulosas capitalizan esta opinión predominante manipulando información para promover sus propias agendas. Presentan lo malo como bueno, y lo bueno como malo. ¡Esto resulta abominable para mí! Como dije acerca de todos los mentirosos impenitentes, su lugar será en *el lago de fuego y azufre.*

Recuerda que *el diablo es un mentiroso y el padre de la mentira.* Mientras más escuches de mí, especialmente a través la lectura de las Escrituras, más valorarás la verdad y te deleitarás en mí, la Verdad viviente. El Espíritu Santo es *el Espíritu de Verdad.* Pídele que te dé discernimiento. Él te ayudará a vivir en este mundo donde los engaños y las mentiras son comunes. Decídete a *estar de parte de de la verdad* y así podrás vivir cerca de mí y disfrutar de mi Presencia.

> — ¡Así que eres rey! —le dijo Pilato.
> — Eres tú quien dice que soy rey. Yo para esto nací, y para esto vine al mundo: para dar testimonio de la verdad. Todo el que está de parte de la verdad escucha mi voz.
> —JUAN 18.37

> Pero los cobardes, los incrédulos, los abominables, los asesinos, los que cometen inmoralidades sexuales, los que practican artes mágicas, los idólatras y todos los mentirosos recibirán como herencia el lago de fuego y azufre. Esta es la segunda muerte.
> —APOCALIPSIS 21.8

LEE TAMBIÉN: JUAN 8.44; JUAN 16.13

NO TE CANSES NI PIERDAS EL ÁNIMO. Cuando estás contendiendo con dificultades que persisten, es fácil estar tan cansado que te sientes tentado a darte por vencido. Los problemas crónicos pueden terminar desgastándote. Si te concentras demasiado en estos problemas, estarás en peligro de caer en el agujero negro de la autocompasión o la desesperación.

Hay varios tipos de cansancio. El cansancio físico continuo te hace vulnerable al agotamiento emocional y la fatiga espiritual, al desánimo. Sin embargo, te he equipado para que trasciendas tus problemas al *poner tu mirada en mí.* Yo pagué un alto precio por esta provisión *soportando la cruz* por ti. Meditar en mi disposición a sufrir tanto puede fortalecerte para soportar tus propios sufrimientos.

Adorarme es una maravillosa manera de renovar tu fuerza en mi Presencia. Cuando en medio de las dificultades des pasos de fe alabándome, mi gloriosa Luz brillará sobre ti. Y al mantenerte concentrado en mí, *estarás reflejando mi Gloria a otros, y tú serás transformado a mi semejanza con más y más Gloria.*

> *Fijemos la mirada en Jesús, el iniciador y perfeccionador de nuestra fe, quien, por el gozo que le esperaba, soportó la cruz, menospreciando la vergüenza que ella significaba, y ahora está sentado a la derecha del trono de Dios. Así, pues, consideren a aquel que perseveró frente a tanta oposición por parte de los pecadores, para que no se cansen ni pierdan el ánimo.*
>
> —HEBREOS 12.2, 3

> *Vivimos por fe, no por vista.*
>
> —2 CORINTIOS 5.7

LEE TAMBIÉN: 2 CORINTIOS 3.18

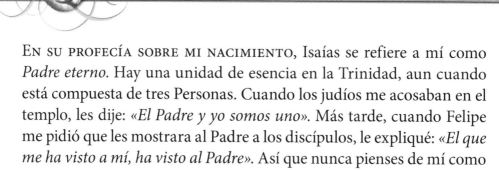

En su profecía sobre mi nacimiento, Isaías se refiere a mí como *Padre eterno*. Hay una unidad de esencia en la Trinidad, aun cuando está compuesta de tres Personas. Cuando los judíos me acosaban en el templo, les dije: «*El Padre y yo somos uno*». Más tarde, cuando Felipe me pidió que les mostrara al Padre a los discípulos, le expliqué: «*El que me ha visto a mí, ha visto al Padre*». Así que nunca pienses de mí como si fuera solo un gran maestro. Yo soy Dios, y el Padre y yo vivimos en perfecta unidad.

Cuando me llegues a conocer con mayor profundidad y anchura, te darás cuenta de que también estás más cerca del Padre. No dejes que la misteriosa riqueza de la Trinidad te confunda. Simplemente ven a mí, reconoce que yo soy todo lo que podrías necesitar que fuera. Yo —tu único Salvador— soy suficiente para ti.

En medio de esta ajetreada temporada de Adviento, vuelve a poner el enfoque de tu vida en mi santa Presencia. ¡Recuerda que *Emanuel* ha venido! ¡Regocíjate!

Porque nos ha nacido un niño,
se nos ha concedido un hijo;
la soberanía reposará sobre sus hombros,
y se le darán estos nombres:
Consejero admirable, Dios fuerte,
Padre eterno, Príncipe de paz.
—Isaías 9.6

El Padre y yo somos uno.
—Juan 10.30

Lee también: Juan 14.9; Mateo 1.23

CUANDO UN ÁNGEL ANUNCIÓ MI NACIMIENTO a unos *pastores que pasaban la noche en el campo* cerca de Belén, les dijo: «*No tengan miedo. Miren que, les traigo buenas noticias que serán motivo de mucha alegría*». La instrucción a no tener miedo se repite en la Biblia más que cualquier otro mandato. Es una instrucción tierna y misericordiosa. ¡Y es para ti! Yo sé cuán propenso a temer eres, y no te condeno por eso. Sin embargo, quiero ayudarte para que te liberes de esa tendencia.

¡El Gozo es un poderoso antídoto contra el miedo! Y mientras mayor es el Gozo, más efectivo es el antídoto. El anuncio del ángel a los pastores fue *motivo de mucha alegría*. ¡Nunca pierdas de vista lo increíbles que son las *buenas noticias* del evangelio! Tú te arrepientes de tus pecados y confías en mí como tu Salvador. Yo perdono *todos* tus pecados y cambio tu destino final del infierno al cielo. Además, *me doy* a ti, prodigándote mi Amor y prometiéndote mi Presencia para siempre. Aparta un tiempo para meditar en la gloriosa proclamación del ángel a los pastores. ¡*Alégrate en mí*, mi amado!

> *En esa misma región había unos pastores que pasaban la noche en el campo, turnándose para cuidar sus rebaños. Sucedió que un ángel del Señor se les apareció. La gloria del Señor los envolvió en su luz, y se llenaron de temor. Pero el ángel les dijo: «No tengan miedo. Miren que les traigo buenas noticias que serán motivo de mucha alegría para todo el pueblo.*
> —LUCAS 2.8-10

> *¡Fíjense qué gran amor nos ha dado el Padre, que se nos llame hijos de Dios! ¡Y lo somos! El mundo no nos conoce, precisamente porque no lo conoció a él.*
> —1 JUAN 3.1

LEE TAMBIÉN: FILIPENSES 4.4

CÁNTAME CON ALEGRÍA, que yo soy tu Fortaleza. La música de Navidad es una de las mejores bendiciones de la temporada, y no te cuesta nada. Puedes cantar los villancicos en la iglesia o la intimidad de tu hogar, o incluso en tu auto. Cuando estés cantando, ponles atención a las palabras. Son todas acerca de mí y mi entrada milagrosa en tu mundo a través del nacimiento virginal. Cantar con el corazón aumenta tanto tu Gozo como tu energía. ¡También me bendice a mí!

Yo te creé para que me glorificaras y disfrutaras de mí para siempre. Así que no es de extrañar que te sientas más lleno de vida cuando me glorificas a través del canto. Quiero que aprendas a disfrutarme en cada vez más aspectos de tu vida. Antes de que te levantes de tu cama cada mañana, trata de sentir mi Presencia contigo. Recuérdate: «En realidad, el Señor está en este lugar». Esto despertará tu conciencia a las maravillas de mi continua cercanía. *¡Te llenaré de alegría en mi Presencia!*

Canten alegres a Dios, nuestra fortaleza;
¡aclamen con regocijo al Dios de Jacob!
—SALMOS 81.1

Pero que se alegren todos los que en ti buscan refugio;
¡que canten siempre jubilosos!
Extiéndeles tu protección, y que en ti se regocijen
todos los que aman tu nombre.
—SALMOS 5.11

LEE TAMBIÉN: GÉNESIS 28.16; HECHOS 2.28

¡YO, TU SALVADOR, SOY *DIOS FUERTE!* Mucho del énfasis durante el Adviento está puesto en el bebé en el pesebre. Yo comencé mi vida en la tierra en esta humilde condición. Dejé mi Gloria y tomé forma humana. Sin embargo, continué siendo Dios, capaz de vivir una vida perfecta y sin pecado y de hacer milagros portentosos. *¡Yo, tu Dios, estoy contigo como guerrero victorioso!* Sé bendecido por esta combinación de mi tierna cercanía y mi Poder maravilloso.

Cuando entré en el mundo, *llegué a lo que era mío,* porque todo fue hecho por medio de mí. *Sin embargo, lo que era mío no me recibió, pero a todos los que me recibieron, a los que creyeron en mi Nombre, les di el derecho de ser hijos de Dios.* Este regalo de la salvación es de un valor infinito. Le da sentido y dirección a tu vida y hace del cielo tu destino final. Durante este tiempo de dar y recibir regalos, recuerda que el don supremo es la Vida eterna. ¡Responde a este glorioso regalo *regocijándote en mí siempre!*

Porque nos ha nacido un niño,
se nos ha concedido un hijo;
la soberanía reposará sobre sus hombros,
y se le darán estos nombres:
Consejero admirable, Dios fuerte,
Padre eterno, Príncipe de paz.
—ISAÍAS 9.6

Alégrense siempre en el Señor. Insisto: ¡Alégrense!
— FILIPENSES 4.4

LEE TAMBIÉN: SOFONÍAS 3.17; JUAN 1.11, 12

Yo soy EMANUEL, *Dios contigo* en todo momento. Esta promesa provee una base sólida para tu Gozo. Muchas personas tratan de condicionar su placer a cosas temporales, pero mi Presencia contigo es eterna. Alégrate en gran medida, mi amado, sabiendo que tu Salvador *nunca te dejará ni te abandonará*.

La naturaleza del tiempo puede hacer que resulte difícil para ti disfrutar de tu vida. En los escasos días en que todo va bien, tu percepción de que las condiciones ideales son fugaces pueden afectar tu disfrute de esos momentos. Incluso las más deliciosas vacaciones deben con el tiempo llegar a su fin. Las estaciones de la vida también van y vienen, a pesar de tu anhelo a veces de «detener el reloj» y dejar las cosas tal como están.

No pongas tus esperanzas en los placeres temporales, sino más bien reconoce sus limitaciones y su imposibilidad de saciar la sed de tu alma. Tu búsqueda de Gozo duradero fallará a menos que hagas de mí tu objetivo final. *Yo te mostraré la senda de la Vida. Te llenaré de alegría en mi Presencia.*

> «La virgen concebirá y dará a luz un hijo, y lo llamarán
> Emanuel» (que significa «Dios con nosotros»).
> —MATEO 1.23

> *El SEÑOR mismo marchará al frente de ti y estará contigo; nunca*
> *te dejará ni te abandonará. No temas ni te desanimes.*
> —DEUTERONOMIO 31.8

> *Me has dado a conocer la senda de la vida;*
> *me llenarás de alegría en tu presencia,*
> *y de dicha eterna a tu derecha.*
> —SALMOS 16.11

NO IMPORTA LO SOLITARIO que te sientas, nunca estarás solo. La Navidad puede ser una época difícil para quienes están separados de sus seres queridos. La separación tal vez sea el resultado de la muerte, el divorcio, la distancia u otras causas. La alegría de la celebración alrededor de ti puede intensificar tu sensación de soledad. Sin embargo, todos mis hijos tienen un recurso que es más que adecuado para ayudarlos: mi Presencia continua.

Recuerda esta profecía acerca de mí: *«La virgen [...] dará a luz un hijo, y lo llamarán Emanuel», que significa «Dios con nosotros».* Mucho antes de que yo naciera, fui proclamado el Dios que está *contigo*. Esta verdad es una roca sólida de la que nadie ni ninguna circunstancia podrán jamás separarte.

Cada vez que te sientas solo, aparta un tiempo para disfrutar de mi Presencia. Dame las gracias por *cubrirte con el manto de la justicia*, haciéndote de esta manera justo. Pídeme que te llene de Gozo y Paz. Entonces, a través de la ayuda de mi Espíritu, podrás *rebosarte de esperanza* hacia las vidas de otras personas.

> *«La virgen concebirá y dará a luz un hijo, y lo llamarán Emanuel» (que significa «Dios con nosotros»).*
> —MATEO 1.23

> *Al que no cometió pecado alguno, por nosotros Dios lo trató como pecador, para que en él recibiéramos la justicia de Dios.*
> — 2 CORINTIOS 5.21

LEE TAMBIÉN: ISAÍAS 61.10; ROMANOS 15.13

Yo *ME HICE POBRE para que tú pudieras llegar a ser rico*. Mi encarnación —que es la esencia de la Navidad— fue un regalo de un valor infinito. ¡Sin embargo, me empobreció inmensamente! Renuncié a los esplendores majestuosos del cielo para convertirme en un bebé indefenso. Mis padres eran pobres, jóvenes, y estaban lejos de casa cuando nací en un establo de Belén.

Durante mi vida realicé muchos milagros, todos en beneficio de los demás, no del mío. Después de ayunar cuarenta días y cuarenta noches en el desierto, fui tentado por el diablo para que *convirtiera unas piedras en pan*. Sin embargo, me rehusé a hacer ese milagro, a pesar de que estaba hambriento. Durante años viví sin tener una casa que pudiera haber considerado mía.

¡Debido a que estuve dispuesto a experimentar una vida de pobreza, tú eres increíblemente rico! Mi vida, muerte y resurrección abrieron el camino para que mis seguidores llegaran a ser *hijos de Dios* y herederos de una riqueza gloriosa y eterna. Mi Presencia permanente es también un regalo precioso. ¡Celebra todos estos regalos maravillosos con gratitud y un Gozo desbordante!

Ya conocen la gracia de nuestro Señor Jesucristo,
que, aunque era rico, por causa de ustedes se hizo pobre, para
que mediante su pobreza ustedes llegaran a ser ricos.
—2 CORINTIOS 8.9

Mas a cuantos lo recibieron, a los que creen en su
nombre, les dio el derecho de ser hijos de Dios.
—JUAN 1.12

LEE TAMBIÉN: MATEO 4.1-4; LUCAS 2.10

¡Yo soy la Luz del mundo! Muchos celebran la temporada de Adviento iluminando sus casas con luces de colores y decorando los arbolitos de Navidad. Esta es una manera de simbolizar mi venida al mundo: la Luz eterna irrumpiendo a través de la oscuridad y abriendo el camino al cielo. Nada puede revertir este plan glorioso de la salvación. Todos los que confían en mí como Salvador son adoptados en mi familia real para siempre.

Mi Luz resplandece en las tinieblas, y las tinieblas no han prevalecido sobre ella. No importa cuánta maldad e incredulidad veas en este mundo lleno de oscuridad, yo continúo brillando, como un faro de esperanza para aquellos que tienen ojos que realmente ven. Por eso es fundamental mantener tu mirada en la Luz tanto como te sea posible. *¡Fija tus ojos en mí,* mi amado! A través de miles de elecciones bien pensadas, puedes encontrarme —«verme»— mientras vas haciendo tu camino por la vida. Tener mi Espíritu te ayudará a perseverar en la encantadora disciplina de mantener tus ojos en mí. *El que me sigue no andará en tinieblas, sino que tendrá la Luz de la Vida.*

> *Una vez más Jesús se dirigió a la gente, y les dijo:*
> *— Yo soy la luz del mundo. El que me sigue no andará*
> *en tinieblas, sino que tendrá la luz de la vida.*
> —JUAN 8.12

> *...nos predestinó para ser adoptados como hijos suyos por medio*
> *de Jesucristo, según el buen propósito de su voluntad.*
> —EFESIOS 1.5

LEE TAMBIÉN: JUAN 1.5; HEBREOS 12.2

LOS QUE CONFÍAN en mí renovarán sus fuerzas. Pasar tiempo a solas conmigo es muy bueno para ti, aunque resulta cada vez más contracultural. Tener varios trabajos a la vez y estar siempre ocupados en algo se ha convertido en la norma. Durante la época de Adviento, hay todavía más cosas que hacer y más lugares a donde ir. Te animo a que por un tiempo te liberes de toda actividad y compromiso. *Busca mi Rostro* y disfruta de mi Presencia, recordando que todo en la Navidad tiene que ver conmigo.

Esperar en mí es un acto de fe, confiando en que la oración realmente es determinante. *Ven a mí con tu cansancio y tus cargas.* Sé sincero y auténtico conmigo. Descansa en mi Presencia y háblame de tus preocupaciones. Déjame quitar las cargas de sobre tus hombros doloridos. Confía en que *yo puedo hacer mucho más que todo lo que puedas imaginar o pedir.*

A medida que concluyes estos momentos de tranquilidad, escúchame diciéndote en un susurro: «Yo estaré contigo durante todo el día». Alégrate por las *renovadas fuerzas* que has adquirido al pasar tiempo conmigo.

> *...pero los que confían en el SEÑOR*
> *renovarán sus fuerzas,*
> *volarán como las águilas:*
> *correrán y no se fatigarán,*
> *caminarán y no se cansarán.*
> —ISAÍAS 40.31

> *El corazón me dice: «¡Busca su rostro!»*
> *Y yo, SEÑOR, tu rostro busco.*
> —SALMOS 27.8

LEE TAMBIÉN: MATEO 11.28; EFESIOS 3.20

PREPARA TU CORAZÓN para la celebración de mi nacimiento. Escucha a Juan el Bautista diciendo: «*Preparen el camino del Señor, háganle sendas derechas*».

La Navidad es el tiempo para alegrarse de mi milagrosa encarnación, cuando *el Verbo se hizo hombre y habitó entre la gente*. Yo me identifiqué con la humanidad al grado sumo, convirtiéndome en un hombre y fijando mi residencia en tu mundo. No dejes que la familiaridad de este asombroso milagro disminuya su efecto sobre ti. Reconoce que yo soy el Regalo por sobre todos los regalos. *¡Y alégrate en mí!*

Ábreme tu corazón. Hazme un lugar en él y medita en las maravillas de mi entrada en la historia humana. Considera estos acontecimientos desde la perspectiva de los pastores, que velaban y guardaban sus rebaños en la noche. Ellos vieron primero a un ángel y luego a una *multitud* de ellos iluminando el cielo y proclamando: «*¡Gloria a Dios en las alturas, y en la tierra paz a los que gozan de su buena voluntad!*». Admira la Gloria de mi nacimiento, como lo hicieron los pastores, y responde con el asombro de un niño.

> «*Voz de uno que grita en el desierto:
> "Preparen el camino del Señor,
> háganle sendas derechas"*».
>
> —MARCOS 1.3

> *Y el Verbo se hizo hombre y habitó entre nosotros.
> Y hemos contemplado su gloria, la gloria que corresponde al
> Hijo unigénito del Padre, lleno de gracia y de verdad.*
>
> —JUAN 1.14

LEE TAMBIÉN: FILIPENSES 4.4; LUCAS 2.13, 14

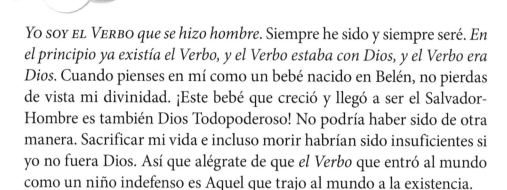

Yo soy EL VERBO *que se hizo hombre.* Siempre he sido y siempre seré. *En el principio ya existía el Verbo, y el Verbo estaba con Dios, y el Verbo era Dios.* Cuando pienses en mí como un bebé nacido en Belén, no pierdas de vista mi divinidad. ¡Este bebé que creció y llegó a ser el Salvador-Hombre es también Dios Todopoderoso! No podría haber sido de otra manera. Sacrificar mi vida e incluso morir habrían sido insuficientes si yo no fuera Dios. Así que alégrate de que *el Verbo* que entró al mundo como un niño indefenso es Aquel que trajo al mundo a la existencia.

Aunque era rico, por ti me hice pobre, para que mediante mi pobreza tú llegaras a ser rico. ¡Ningún regalo de Navidad jamás podría compararse con el tesoro que tienes en mí! *Yo echo tus transgresiones tan lejos como lejos del oriente está el occidente,* liberándote de toda condenación. ¡Te regalo una Vida gloriosa inimaginable que no tendrá fin! La mejor respuesta a este asombroso Regalo es recibirlo alegre y agradecidamente.

> *En el principio ya existía el Verbo,*
> *y el Verbo estaba con Dios,*
> *y el Verbo era Dios.*
> *Y el Verbo se hizo hombre y habitó entre nosotros.*
> *Y hemos contemplado su gloria, la gloria que corresponde al*
> *Hijo unigénito del Padre, lleno de gracia y de verdad.*
>
> —JUAN 1.1, 14

Dios, que muchas veces y de varias maneras habló a nuestros antepasados en otras épocas por medio de los profetas, en estos días finales nos ha hablado por medio de su Hijo. A este lo designó heredero de todo, y por medio de él hizo el universo.

—HEBREOS 1.1, 2

LEE TAMBIÉN: 2 CORINTIOS 8.9; SALMOS 103.12

¡YO SOY EL MÁS GRANDE REGALO IMAGINABLE! Cuando me tienes a mí, tienes todo lo que precisas para esta vida y la siguiente. Yo he prometido *proveer todo lo que necesitas, conforme a mis gloriosas riquezas*. Sin embargo, en ocasiones mis amados no disfrutan de las riquezas que les doy debido a la ingratitud. En lugar de regocijarse con todo lo que tienen, anhelan tener lo que no tienen. Como resultado, se vuelven descontentos y hasta amargados.

Yo te estoy entrenando para que aprendas a practicar *el sacrificio de gratitud*, agradeciéndome *en toda circunstancia*. Primero, da gracias por las bendiciones que puedes ver en tu vida. Luego, detente y piensa en el increíble regalo de conocerme. Yo soy tu Dios viviente, tu amoroso Salvador, tu Compañero constante. No importa lo mucho o lo poco que tengas en este mundo, tu relación conmigo te hace inmensamente rico. De modo que cada vez que cuentes tus bendiciones, asegúrate de incluir la riqueza infinita que tienes en mí. Agrégame a la ecuación, y tu gratitud crecerá de manera exponencial. ¡Lo que sea que tengas + Yo = una fortuna incalculable!

> *Así que mi Dios les proveerá de todo lo que necesiten, conforme a las gloriosas riquezas que tiene en Cristo Jesús.*
> —FILIPENSES 4.19

> *Te ofreceré un sacrificio de gratitud e invocaré, SEÑOR, tu nombre.*
> —SALMOS 116.17

> *...den gracias a Dios en toda situación, porque esta es su voluntad para ustedes en Cristo Jesús.*
> —1 TESALONICENSES 5.18

DICIEMBRE 27

YO TE DOY UN GOZO que es independiente de las circunstancias. ¡Yo mismo me doy a ti! *Todos los tesoros de la sabiduría y del conocimiento están escondidos en mí.* Debido a que soy infinitamente sabio y lo sé todo, nunca se acabarán los tesoros que podrás hallar.

Soy una fuente de Gozo y ansío desbordarme en tu vida. Ábreme tu corazón, mente y espíritu de par en par para recibirme en una medida plena. Mi Gozo no es de este mundo, por lo que puede coexistir con las circunstancias más complejas. Sin que importe lo que esté sucediendo en tu vida, *la Luz de mi Presencia* continúa brillando sobre ti. Mírame con un corazón confiado. Si persistes en buscarme, mi Gozo-Luz irrumpirá con poder a través de las más oscuras nubes de tormenta que cubran el cielo de tu vida. Deja que esta Luz celestial te inunde, ilumine tu perspectiva y te llene de una alegría perdurable.

Recuerda que tienes en el cielo *una herencia indestructible, incontaminada e inmarchitable.* Puesto que *crees en mí, el Gozo indescriptible y glorioso* es tuyo. ¡Ahora y para siempre!

...en quien están escondidos todos los tesoros
de la sabiduría y del conocimiento.
—COLOSENSES 2.3

Dichosos los que saben aclamarte, SEÑOR,
y caminan a la luz de tu presencia;
los que todo el día se alegran en tu nombre
y se regocijan en tu justicia.
—SALMOS 89.15, 16

LEE TAMBIÉN: 1 PEDRO 1.3-4, 8

¡CUÁN PRECIOSO ES MI GRAN AMOR! Verdaderamente, este es un regalo de proporciones celestiales. Recuerda el precio indecible que pagué a fin de asegurar este regalo para ti: soporté la tortura, la humillación y la muerte. Mi disposición a sufrir tanto por ti demuestra cuánto te amo.

Quiero que comprendas cuán asombrosamente valioso eres en mí. ¡Te he dado el tesoro inapreciable de mi Amor eterno! Este regalo te hace muchísimo más rico que un multimillonario, aun cuando pudieras poseer muy pocas cosas en este mundo. Así que mantén la cabeza bien alta mientras avanzas por la vida, sabiendo que este glorioso tesoro interno que tienes es tu porción a cada paso del camino.

Alégrate de que mi Amor además de no tener precio, sea *también* inagotable. Siempre puedes contar con él porque es aún más confiable que la salida del sol cada mañana. Deja que este Amor mío por ti te llene de Gozo exuberante mientras vas recorriendo *la senda de la Vida* conmigo.

> *¡cuán precioso, oh Dios, es tu gran amor!*
> *Todo ser humano halla refugio*
> *a la sombra de tus alas.*
> —SALMOS 36.7

> *Pero tenemos este tesoro en vasijas de barro para que se vea*
> *que tan sublime poder viene de Dios y no de nosotros.*
> —2 CORINTIOS 4.7

> *Me has dado a conocer la senda de la vida;*
> *me llenarás de alegría en tu presencia,*
> *y de dicha eterna a tu derecha.*
> —SALMOS 16.11

DEJA QUE MI PAZ GOBIERNE EN TU CORAZÓN, y sé agradecido. Y permite que mi Espíritu te ayude para que lo logres. El Espíritu Santo vive en ti, por lo que su fruto —*Amor, Gozo, Paz*— está siempre disponible para ti. Una forma sencilla de pedirle que te ayude es orando: «Espíritu Santo, lléname con tu Paz». Trata de permanecer quieto en algún lugar tranquilo hasta que te sientas relajado y en calma. Cuando llegues a ese estado de tranquilidad de espíritu te será más fácil buscar mi Rostro y disfrutar de mi Presencia.

Mientras descansas conmigo, dedica un tiempo a darme las gracias por las muchas cosas buenas que te doy. Al concentrarte en mí y mis bendiciones abundantes, deja que tu corazón se inflame con gratitud e incluso *salte de alegría.* Uno de los más preciosos dones imaginables es mi *manto de justicia* que cubre tus pecados. Estas gloriosas *ropas de salvación* constituyen una bendición inapreciable para todos los que confían en mí como Salvador. El regalo de la justicia eterna, adquirido a través de mi sangre, te provee un fundamento firme para la Paz y el Gozo.

> *Que gobierne en sus corazones la paz de Cristo, a la cual fueron llamados en un solo cuerpo. Y sean agradecidos.*
>
> —COLOSENSES 3.15

> *En cambio, el fruto del Espíritu es amor, alegría, paz, paciencia, amabilidad, bondad, fidelidad, humildad y dominio propio. No hay ley que condene estas cosas.*
>
> —GÁLATAS 5.22, 23

LEE TAMBIÉN: SALMOS 28.7; ISAÍAS 61.10

Yo soy el Alfa y la Omega, el Principio y el Fin. Mi perspectiva no está limitada por el tiempo. Debido a que soy infinito, soy capaz de ver y entender todo al mismo tiempo. Esto me hace la Persona ideal para estar a cargo de tu vida. Conozco el final de tu vida terrestre tan bien como el comienzo, y sé todo lo que sucede en el intermedio. Tú eres un ser finito y caído; tu comprensión es limitada y está lejos de ser perfecta. Así que confiar en mí en lugar de confiar en *tu propia inteligencia* es la manera más razonable de vivir, y también la más gozosa.

El final de tu vida no es algo que debes temer. Es simplemente el último paso en tu viaje al cielo. Puedo ver ese suceso tan claramente como te estoy viendo ahora. Además, debido a que yo soy la Omega —el Fin— ya estoy ahí. Te estaré esperando cuando llegues a este destino glorioso. Así que cada vez que sientas la tensión de tu viaje por este mundo, fija tus ojos en *el Fin…* ¡y alégrate!

> *También me dijo: «Ya todo está hecho.*
> *Yo soy el Alfa y la Omega, el Principio y el Fin. Al que tenga sed le*
> *daré a beber gratuitamente de la fuente del agua de la vida.*
> —APOCALIPSIS 21.6

> *Confía en el Señor de todo corazón,*
> *y no en tu propia inteligencia.*
> —PROVERBIOS 3.5

> *Me guías con tu consejo,*
> *y más tarde me acogerás en gloria.*
> —SALMOS 73.24

LEE TAMBIÉN: HEBREOS 12.2

AHORA QUE ESTÁS LLEGANDO AL FINAL de este año, mira hacia atrás… y también hacia adelante. Pídeme que te ayude a repasar los aspectos más destacados de este año que termina: los tiempos difíciles tanto como los tiempos felices. Trata de percibir *mi Presencia* en estos recuerdos, pues siempre he estado junto a ti en cada paso que has dado.

Cuando te aferraste a mí en busca de ayuda en medio de los tiempos difíciles te consolé con mi amorosa Presencia. También estuve siempre presente en las circunstancias que te llenaron de gran Gozo. Permanecí a tu lado tanto en las cumbres de las montañas como en la profundidad de los valles y en todos los lugares intermedios.

Tu futuro se extiende ante ti desde aquí hasta la eternidad. Yo soy el Compañero que nunca te dejará, el Guía que conoce cada paso del camino que tienes por delante. ¡El Gozo que te espera en el paraíso es *indescriptible y glorioso*! Mientras te dispones a entrar en un nuevo año, deja que la Luz del cielo brille sobre ti y despeje tu camino.

> *Porque yo soy el SEÑOR, tu Dios,*
> *que sostiene tu mano derecha;*
> *yo soy quien te dice:*
> *"No temas, yo te ayudaré".*
>
> —ISAÍAS 41.13

> *Me has dado a conocer la senda de la vida;*
> *me llenarás de alegría en tu presencia,*
> *y de dicha eterna a tu derecha.*
>
> —SALMOS 16.11

LEE TAMBIÉN: SALMOS 48.14; 1 PEDRO 1.8, 9

ACERCA DE LA AUTORA

LOS ESCRITOS DEVOCIONALES de Sarah Young son reflexiones personales surgidas de sus tiempos diarios de quietud leyendo la Biblia, orando y recopilando ideas para sus libros. Con ventas sobre los dieciséis millones de ejemplares en todo el mundo, *Jesús te llama* ha aparecido en todas las principales listas de éxitos de ventas. Sus escritos incluyen *Jesús te llama, Jesús hoy, Jesús te llama: mi primer libro de historias bíblicas; Jesús te llama: para pequeñitos-Bilingüe, Jesús te llama: 365 devocionales para niños*, cada uno animando a sus lectores a buscar una verdadera intimidad con Cristo. Sarah y su marido fueron misioneros en Japón y Australia. Actualmente viven en los Estados Unidos. Ella escribió *Jesús te llama* pensando en ayudar a sus lectores a conectarse no solo con Jesús, la Palabra viva, sino también con la Biblia, la Palabra de Dios infalible y eterna.

Sarah se esfuerza por mantener sus escritos devocionales siendo coherentes con esas normas inmutables. Muchos lectores han escrito diciendo que sus libros los han ayudado a perfeccionar su amor por la Palabra de Dios. Como ella lo dice en la Introducción de *Jesús te llama*: «Los devocionales [...] son para leerse lentamente, en lo posible en un lugar tranquilo y con la Biblia abierta».

Sarah es bíblicamente conservadora en su fe y reformada en su doctrina. Obtuvo una maestría en estudios bíblicos y consejería en el Covenant Theological Seminary, St. Louis, Missouri. Es miembro de la Iglesia Presbiteriana en Norteamérica (PCA), donde su esposo,

Stephen, es un ministro ordenado. Ellos continúan siendo misioneros a través de *Mission to the World*, la junta para las misiones de la PCA.

Sarah pasa gran parte de su tiempo en oración, leyendo la Biblia y memorizando versículos. Disfruta orando diariamente por los lectores de sus libros.

Si te gustó leer este libro, tú también puedes
disfrutar estos otros títulos de:

Sarah Young

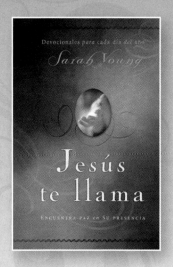

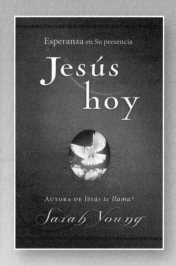

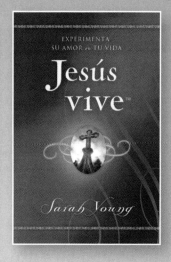

Jesús te llama ™
ISBN: 9781602559172

Jesús hoy ™
ISBN: 9781602559684

Jesús vive ™
ISBN: 9780718093471